高等法律职业教育系列教材
审定委员会

主　　任　万安中

副 主 任　许　冬

委　　员　（按姓氏笔画排序）

　　　　　王　亮　刘　斌　刘　洁　刘晓晖
　　　　　李忠源　陈晓明　陆俊松　周静茹
　　　　　项　琼　顾　伟　盛永彬　黄惠萍

高等法律职业教育系列教材

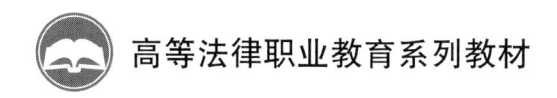

亚伟速录技术的司法应用(下)

YAWEI SULU JISHU DE SIFA YINGYONG(XIA)

总主编 ○ 盛永彬
主　编 ○ 李　娜　李元华
撰稿人 ○ (按姓氏笔画排序)
　　　　王　芳　杨凤妍　李　娜　李元华
　　　　李东生　张　瑶　唐　骥　盛永彬

中国政法大学出版社

2019·北京

声　明　1. 版权所有，侵权必究。

　　　　2. 如有缺页、倒装问题，由出版社负责退换。

图书在版编目（CIP）数据

亚伟速录技术的司法应用. 下/李娜，李元华主编. —北京：中国政法大学出版社，2019.2
ISBN 978-7-5620-8828-8

Ⅰ.①亚… Ⅱ.①李…②李… Ⅲ.①法律－工作－汉字－速记－教材②法律－工作－汉字信息处理－教材 Ⅳ.①D92②H126.1

中国版本图书馆CIP数据核字(2019)第036111号

出 版 者	中国政法大学出版社
地　　址	北京市海淀区西土城路25号
邮　　箱	fadapress@163.com
网　　址	http://www.cuplpress.com（网络实名：中国政法大学出版社）
电　　话	010-58908435（第一编辑部）58908334（邮购部）
承　　印	北京鑫海金澳胶印有限公司
开　　本	787mm×1092mm 1/16
印　　张	18
字　　数	373千字
版　　次	2019年2月第1版
印　　次	2019年2月第1次印刷
印　　数	1~3000册
定　　价	49.00元

总序 Preface

高等法律职业化教育已成为社会的广泛共识。2008年,由中央政法委等15部委联合启动的全国政法干警招录体制改革试点工作,更成为中国法律职业化教育发展的里程碑。这也必将带来高等法律职业教育人才培养机制的深层次变革。顺应时代法治发展需要,培养高素质、技能型的法律职业人才,是高等法律职业教育亟待破解的重大实践课题。

目前,受高等职业教育大趋势的牵引、拉动,我国高等法律职业教育开始了教育观念和人才培养模式的重塑。改革传统的理论灌输型学科教学模式,吸收、内化"校企合作、工学结合"的高等职业教育办学理念,从办学"基因"——专业建设、课程设置上"颠覆"教学模式:"校警合作"办专业,以"工作过程导向"为基点,设计开发课程,探索出了富有成效的法律职业化教学之路。为积累教学经验、深化教学改革、凝塑教育成果,我们着手推出"基于工作过程导向系统化"的法律职业系列教材。

《国家(2010~2020年)中长期教育改革和发展规划纲要》明确指出,高等教育要注重知行统一,坚持教育教学与生产劳动、社会实践相结合。该系列教材的一个重要出发点就是尝试为高等法律职业教育在"知"与"行"之间搭建平台,努力对法律教育如何职业化这一教育课题进行研究、破解。在编排形式上,打破了传统篇、章、节的体例,以司法行政工作的法律应用过程为学习单元设计体例,以职业岗位的真实任务为基础,突出职业核心技能的培养;在内容设计上,改变传统历史、原则、概念的理论型解读,采取"教、学、练、训"一体化的编写模式。以案例等导出问题,根据内容设计相应的情境训练，将相关原理与实操训练有机地结合，围绕关键知识点引入相关实例，归纳总结理论，分析判断解决问题的途径，充分展现法律职业活动的演进过程和应用法律的流程。

  法律的生命不在于逻辑，而在于实践。法律职业化教育之舟只有驶入法律实践的海洋当中，才能激发出勃勃生机。在以高等职业教育实践性教学改革为平台进行法律职业化教育改革的路径探索过程中，有一个不容忽视的现实问题：高等职业教育人才培养模式主要适用于机械工程制造等以"物"作为工作对象的职业领域，而法律职业教育主要针对的是司法机关、行政机关等以"人"作为工作对象的职业领域，这就要求在法律职业教育中对高等职业教育人才培养模式进行"辩证"地吸纳与深化，而不是简单、盲目地照搬照抄。我们所培养的人才不应是"无生命"的执法机器，而是有法律智慧、正义良知、训练有素的有生命的法律职业人员。但愿这套系列教材能为我国高等法律职业化教育改革作出有益的探索，为法律职业人才的培养提供宝贵的经验、借鉴。

2016 年 6 月

序言 Foreword

党的十九大报告明确指出"深化司法体制综合配套改革，全面落实司法责任制，努力让人民群众在每一个司法案件中感受到公平正义"，为司法体制改革进入新境界提出了要求，提供了空间。

如今，司法改革已进行多年，随着法院、检察院、公安机关、司法行政机关等部门司法改革的深入开展，司法辅助性人才的缺口越来越凸现。编者通过对公检法以及律师事务所等司法相关部门进行调研发现，一名优秀的司法辅助人员，无论是书记员、法官助理、律师助理，对提高办事、办案效率都起到非常重要的作用。因此，提高司法辅助人员的工作效率，是司法体制改革中重要的一环。

本书正是在此背景下，结合司法实践，针对司法辅助人员现实工作需要，有针对性地对法院、检察院、公安机关、律师事实所等部门常用文书进行了梳理。对每一具体文书的阐述，坚持以法学基础理论和相关法律法规的规定为主线，以公安部、最高人民检察院、最高人民法院、司法部、国务院最新出台的法律文书格式（样本）及制作要求为依托和蓝本，并将上册所讲速录技能融合其中，理论与实践相结合，既深入浅出、通俗易懂，又结构规范，逻辑严密，可满足司法助理、书记员、律师助理等工作岗位相关文书的写作需求，突出体现了本书的独特性、针对性及适用性。因此，本书既可作为高职高专类速录相关专业学生拓展就业方向的辅助性教材，也可作为法律专业的学生学习法律文书写作的有效参考。

《亚伟速录技术的司法应用》系列教材分上、下两册，盛永彬任总主编，下册由李娜、李元华任主编，唐骥对书中的基础理论部分进行编审。《亚伟速录技术的司法应用》下册设六个单元，具体分工为：单元一和单元六由张瑶编写，单元二由李元华编写，单元三由李东生编写，单元四和单元五由李娜编写。

该书在编写过程中参阅和借鉴了有关学者与业务部分的有关文献资料，并得到了中国中文信息学会速记专业委员会杨凤妍、王芳二位同志和广州中级人民法院、广州铁路法院等相关单位的大力支持和帮助，在此一并表示衷心的感谢！同时，由于时间仓促，书中难免有疏漏和不足之处，忘读者和同行对不足之处，予以批评指正。

编　者

2018 年 9 月

目录

单元一　速录在公安机关法律实践中的应用 ······················ 1
   项目一　受案登记表 ·· 1
   项目二　刑事案件立案报告书 ··· 9
   项目三　破案报告书 ·· 14
   项目四　呈请刑事拘留报告书 ······································· 17
   项目五　提请批准逮捕书 ·· 19
   项目六　预审终结报告 ·· 23
   项目七　起诉意见书 ·· 26
   项目八　补充侦查报告书 ·· 29
   项目九　提请复核意见书 ·· 32

单元二　速录在检察机关法律实践中的应用 ···················· 35
   项目一　立案文书 ·· 35
   项目二　侦查法律文书 ·· 40
   项目三　起诉书 ·· 49
   项目四　不起诉决定书 ·· 56
   项目五　刑事抗诉书 ·· 62

单元三　速录在人民法院实践中的应用 ···························· 67
   项目一　第一审刑事判决书 ··· 67
   项目二　第二审刑事判决书 ··· 75
   项目三　刑事附带民事判决书 ····································· 89

项目四　刑事裁定书 ·· 100
　　项目五　第一审民事判决书 ·· 105
　　项目六　第二审民事判决书 ·· 111
　　项目七　民事裁定书 ·· 116
　　项目八　民事调解书 ·· 126
　　项目九　第一审行政判决书 ·· 129
　　项目十　第二审行政判决书 ·· 137
　　项目十一　行政裁定书 ·· 142

单元四　速录在监狱工作实践中的应用 ·· 148
　　项目一　罪犯入监登记表 ·· 148
　　项目二　对罪犯刑事判决提请处理意见书 ·· 153
　　项目三　罪犯奖惩审批表 ·· 155
　　项目四　使用戒具、罪犯禁闭审批表 ·· 160
　　项目五　监狱起诉意见书 ·· 166
　　项目六　提请减刑、假释建议书 ·· 169
　　项目七　暂予监外执行审批表、通知书、收监执行通知书 ························ 173
　　项目八　罪犯出监鉴定表、释放证明书 ·· 179

单元五　速录在律师工作中的应用 ·· 185
　　项目一　民事案件律师代书文书 ·· 185
　　项目二　刑事案件律师代书文书 ·· 206
　　项目三　行政案件律师代书文书 ·· 218

单元六　速录在其他法律实践中的应用 ·· 226
　　项目一　仲裁文书 ·· 226
　　项目二　公证文书 ·· 241
　　项目三　笔录 ··· 258

单元一

速录在公安机关法律实践中的应用

知识目标

通过本单元学习，使学生了解公安机关工作实践中常用到的各类文书的格式，并且能够熟练运用。

能力目标

使学生熟练掌握各类公安工作常用文书的格式，并且能够使用亚伟速录软件和文书进行结合，达到理论和实践相结合。

项目一 受案登记表

一、概念

受案登记表，是指公安机关在接受公民报案、控告、举报或犯罪嫌疑人自首时制作的法律文书。它是在报案笔录或者报案人的书面材料基础上填写的，它是公安机关接受刑事案件的法定证明文书，也是进一步审查确定是否立案的依据之一。

二、格式

（行政刑事通用）

受 案 登 记 表

（受案单位名称和印章） ×公（ ）受案字〔 〕 号

案件来源	□110指令 □工作中发现 □报案 □投案 □移送 □扭送 □其他						
报案人	姓 名		性别		出生日期		
	身份证件种类		证件号码				
	工作单位		联系方式				
	现住址						
移送单位		移送人			联系方式		
接报民警		接报时间	年 月 日 时 分		接报地点		
简要案情或者报案记录（发案时间、地点、简要过程、涉案人基本情况、受害情况等）以及是否接受证据：							
受案意见	□属本单位管辖的行政案件，建议及时调查处理 □属本单位管辖的刑事案件，建议及时立案侦查 □不属于本单位管辖，建议移送＿＿＿＿＿＿＿处理 □不属于公安机关职责范围，不予调查处理并当场书面告知当事人 □其他＿＿＿＿＿＿＿＿＿＿＿＿ 受案民警： 年 月 日						
受案审批	 受案部门负责人： 年 月 日						

一式两份，一份留存，一份附卷。

三、文本范例

受案登记表

（受案单位名称和印章）　　　　　　　　　　　　　　×公（　）受案字〔　　〕　　号

案件来源	□110指令 □工作中发现 □报案 □投案 □移送 □扭送 □其他			
报案人	姓　名	张×	性别		出生日期	
	身份证件种类	二代身份证	证件号码	××××××××××××	
	工作单位	××市××物资公司	联系方式	15647×××××	
	现住址	××市××物资公司宿舍			
移送单位		移送人		联系方式	
接报民警	李××	接报时间	20××年2月3日21时　分	接报地点	××市××区派出所

简要案情或者报案记录（发案时间、地点、简要过程、涉案人基本情况、受害情况等）以及是否接受证据：

　　20××年2月3日18时30分至21点左右，××市××物资公司司机张×，与朋友王×二人在××酒家吃饭。饭后，王×骑摩托车回家，张×去停车场开车，发现他的车被盗。根据事主的报案，初步认为王×夫妇及王妻之弟何××有重大嫌疑。被盗车为日本产海狮牌十座位面包车，车号粤A×××××，八成新，价值24万元。

受案意见	□属本单位管辖的行政案件，建议及时调查处理 ☑属本单位管辖的刑事案件，建议及时立案侦查 □不属于本单位管辖，建议移送＿＿＿＿＿＿处理 □不属于公安机关职责范围，不予调查处理并当场书面告知当事人 □其他＿＿＿＿＿＿＿＿＿＿＿＿＿ 受案民警：　李××　　　　　　　20××年2月3日
受案审批	同意接受，请立案侦查。 受案部门负责人：张××　　　　　　20××年×月×日

一式两份，一份留存，一份附卷。

四、制作要求

受案登记表由以下三部分内容组成：

（一）首部

包括报案人基本情况、报案方式、发案时间、发案地点、犯罪嫌疑人基本情况以及接警人员、接警地点、接警时间等。各项内容要依次准确填写。

（二）正文

本栏主要是填写报案内容。包括发案时间、地点、简要过程、涉案人基本情况、受害情况等。要写清何时何地发生了何案件，何人何时以何种方式报案，报案人如何发现案件，包括起因、经过、手段、动机、目的、结果、现场是否得到保护、犯罪嫌疑人是谁等。对于犯罪嫌疑人自首的案件，要写明其陈述的主要犯罪事实和证据；对于群众扭送的案件，要把抓获、扭送和当场发现的犯罪事实、获得证据等情况写清楚。犯罪行为造成的损害结果包括受害人的损伤情况、损失了多少物品、受损物品的特征等。

（三）尾部

这部分主要写好"受案意见"和"受案审批"。要写明公安机关有关领导对该案的处理情况。如"立案侦查""不予立案""移送×××人民法院"等。这样，可使办案人员知道该案下一步将怎么做，也便于答复查询。

五、注意事项

填写受案登记表时案件情况还未经详细调查，加之表格栏目空间有限，故此表的填写要求文字简洁、客观。正文中的"简要案情"必须以公安机关办案人员的身份写，不能以报案人第一人称写，填写完毕后在左上方盖上制作单位公章存栏备查。该文书右上方的编号在印刷时已按先后顺序印制好，因此，整本受案登记表全部填写完毕后，中间不得缺页。

六、项目评价标准

1. 能够熟练掌握受案登记表的格式，能够通过亚伟速录软件生成模板，并根据需要对常用词进行造词与自定义。

2. 能够结合案例，利用已生成的模板，按照规范格式，完成所需要的文书写作。

补充知识

如何利用速录机生成并使用模板？

1. 模板的创建编辑

使用"模板处理"菜单的"创建"功能建设一个新空白模板（如图 1.1.1 所示），或使用"打开"功能打开一个现存模板建设修改，将需要默认出现在文章中的文字内容录入到模板内，再使用"模板处理"菜单的"保存"功能进行保存（注意：在结束模板处理后退出亚伟中文速录软件或编辑其他非模板文件时，系统提示"保存文件"对话框，请不要保存，否则模板将无法使用）。

图 1.1.1

2. 模板的使用

使用"模板处理"菜单的"调入"功能，将已有的模板内容全部拓入当前文件中，就可以继续进行录入和编辑了。因为很多固定的文字都已经自动出现，大大方便了固定格式文件的录入与编辑。因此，此功能可以有效地方便法律文书的写作。

以"受案件登记表"为例，打开亚伟速录软件，选择"模板处理"菜单下"新建"，软件提示"是否保存现有文件？"选择"否"。（如图 1.1.2 所示）

图 1.1.2

在模板服务对话框中，输入模板名称"接受刑事案件登记表"（如图 1.1.3 所示）。

5

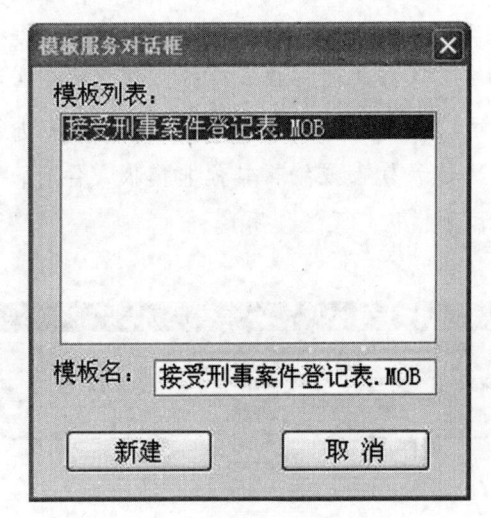

图 1.1.3

接下来便可以在模板文件中录入"接受刑事案件登记表"模板内容（如图 1.1.4 所示）。

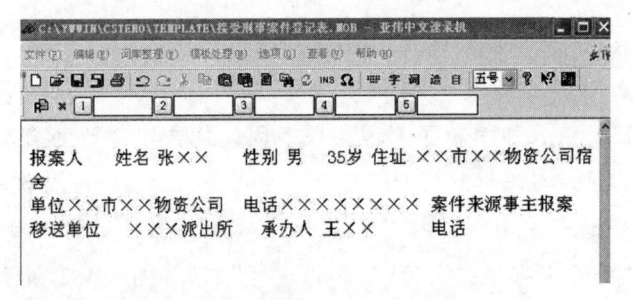

图 1.1.4

录入完毕，点击"模板处理"菜单下"保存"按钮，即可完成保存。以后再用的时候，只需要打开"模板处理"菜单，选择"调入"，即可选择所要使用的模板。

3. 根据学习内容，建立自己的专属词库。

补充知识

亚伟词库的建立。

使用亚伟速录的方式录入时，系统自带一个常规词语词库。为了更方便录入相关专业内容，我们可以在自己常用的电脑上建立自己的专属词库，把常用到的一些专业词语用不同的词库记录下来，进行导入，这样就可以极大地提高录入效率了。下面就这一方法做一说明。步骤如下：

1. "词库整理"下拉菜单中找到"造词词库":

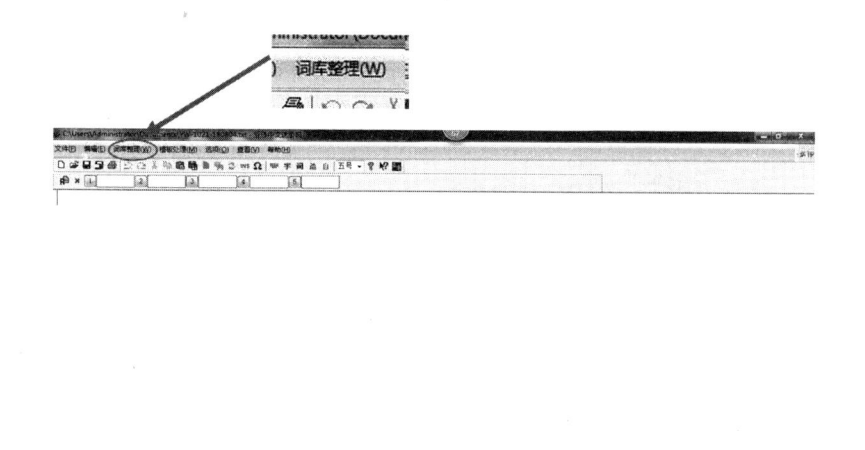

2. 新建词库:

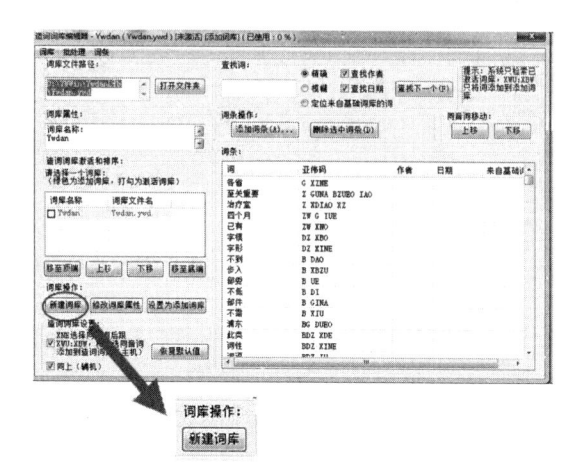

3. 起任意的文件名,点击确定:

4. 新建词库：

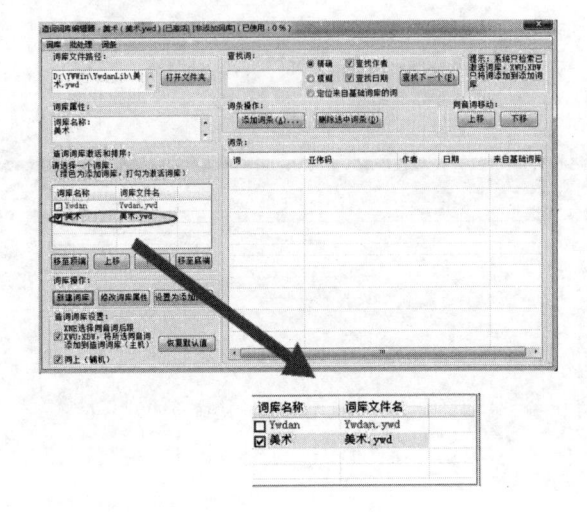

5. 激活词库，点"词库"下拉菜单中的"激活词库"：

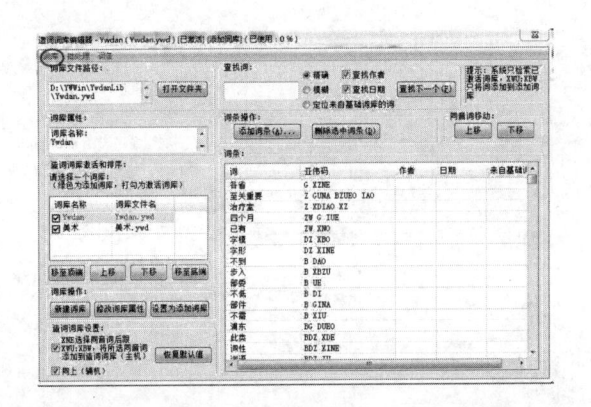

6. 点击"批处理"下拉菜单的"导入TXT"：

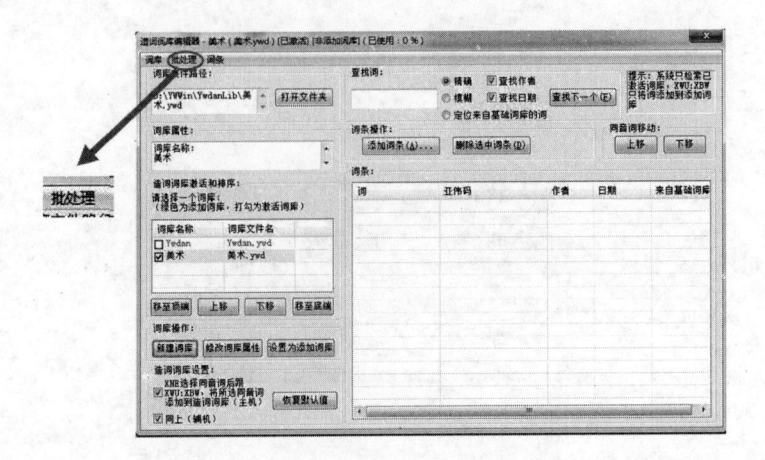

7. 导入词库：

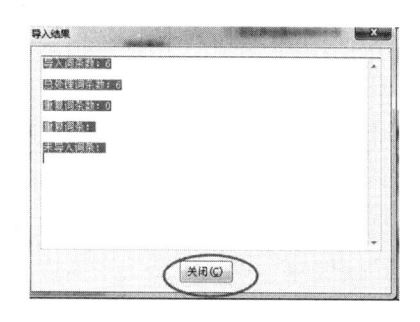

项目二 刑事案件立案报告书

一、概念

刑事案件立案报告书，是指公安机关侦查人员对符合立案条件的刑事案件，报请领导审批立案侦查的书面报告。

刑事案件立案报告书具有确定案件成立、指导侦查活动的作用。根据公安部有关规定，凡立案侦查的刑事案件都需填写刑事案件立案报告表，对于案情复杂的重大、特大刑事案件要制作刑事案件立案报告书。

二、格式

立案报告书

×公刑字（××××）第××号

××市公安局：

××××年××月××日××时××分，我分局接到×××报称：……现场已保护。接报后，我们立即组织有关人员赶赴现场开展工作，现将情况报告如下：

一、发案报案经过

二、现场勘查情况

三、案情分析

四、立案依据和侦查工作意见

根据以上情况，依照《中华人民共和国刑事诉讼法》第112条之规定，此案拟立为××××案侦查。并拟从以下几个方面开展侦查工作：

以上报告当否，请批示。

××市公安局刑警大队（公章）

××××年××月××日

三、文本范例

立案报告书

×公刑字（2005）第 38 号

××市公安局：

2005年6月8日上午8时30分，我分局接到××贸易公司保卫科科长陈×电话报称：昨晚该公司财务科15万元现金被盗，现场已保护。接报后，我们立即组织有关人员赶赴现场开展工作，现将情况报告如下：

一、发案报案经过

2005年6月8日上午7时30分，××贸易公司财务科出纳员严××推门进入办公室后，发现窗户玻璃被打烂，保险柜被撬开，经清点，15万元现金全部被盗走。严××立即报告领导和保卫科科长陈×，陈×便向我局值班室报了案。

二、现场勘查情况

现场位于我区工人俱乐部门前，坐东朝西，半旧平房一栋，共25个房间，平房前有围墙，两侧开有大、小门，墙外是停车场。失窃的财务科是20号房，该房东西对开窗两个，房门朝西。

西边窗口敞开，窗的铁条被掰开，窗台上有一残缺鞋印（已提取），窗玻璃有3枚汗液指纹（已提取），保险柜的锁已被破坏，门口有汗液指纹一枚（已提取）。

三、案情分析

1. 作案时间。据公司部分职工回忆，6月7日晚上，公司部分职工看电视至24点才回宿舍，财务科的严××、肖××也与其他职工一起看电视，回宿舍前还检查过门窗。据此判断案发时间是在下半夜至凌晨。

2. 作案范围。据严××说，现金15万多元是当天公司营业收入，平时是存银行的，但当天是元旦放假，收市迟，清点后见天色已晚，就抱着侥幸心理，没有存银行。由此看来，内部或内外勾结作案的可能性极大，同时也不排除流窜作案的可能性。

3. 作案嫌疑人。从作案现场分析，犯罪分子力气大，且熟悉保险柜开锁技术。从其他房间无异常、目标准确看，此案犯是十分了解并熟悉地形和内部情况的。

四、立案依据和侦查工作意见

根据以上情况，依照《中华人民共和国刑事诉讼法》第86条之规定，此案拟立为特大盗窃案侦查。并拟从以下几个方面开展侦查工作：

1. 立即印发协查通报，请各地公安机关和有关部门协查赃款下落。

2. 先从××公司开始，发动全体人员揭发作案人，并对有关人员进行排查，查找疑点和嫌疑人。

3. 在辖区内发动群众，派出专案组成员明察暗访，发现作案的蛛丝马迹；清查外来人口，控制外部有前科人员。

4. 抓紧进行技术鉴定。从现场提取的痕迹中发现可疑人,排除无可能作案人,缩小侦查范围,抓住重点。

以上报告当否,请批示。

××市公安局刑警大队(公章)
二〇〇五年六月八日

四、制作要求

刑事案件立案报告书由以下三部分内容组成:

(一)首部

1. 标题。标题包括制作文书的机关名称、案犯(或被害人)姓名、案件性质和文书名称。标题的位置应写在公文纸顶端正中。

2. 编号。在标题右下方,由机关代字、文书简称、年号和顺序号组成。

(二)正文

1. 案件发生、发现情况。主要写清案件发生的来源和发现的经过。写明何时接何单位或何人报案,接报案件的简要经过和主要情况,接报案后公安机关采取的处理措施。

如果案情是根据检举、控告等途径获得的,则需写明检举人、控告人的姓名、性别、年龄、职业、住址等基本情况。

如果案件是群众发现报告的,应重点写明报案人对案件发现的经过,包括时间、地点、主要情节、细节、犯罪嫌疑人逃跑的方向或可能隐藏的地点,犯罪嫌疑人和受害人的关系,犯罪嫌疑人以及现场保护等情况。

如果案件是公安机关发现的,要写明发现的简要经过和主要案情。

如果案件为犯罪嫌疑人自首或被当场抓获的,要写明犯罪嫌疑人的姓名、性别、年龄、职业、住址、有无前科等基本情况,犯罪嫌疑人交代的主要犯罪事实以及被抓获的过程。

2. 现场情况。包括现场勘查情况和现场调查(访问)情况。

(1)现场勘查情况。立案报告书中的"现场勘查情况"不能照搬"现场勘查笔录"的内容,一般是根据某一具体案件的"现场勘查笔录",从中选择最能突出该案件特征的现场勘查内容,主要应写清以下几点:①现场位置、环境状况。应写清现场的自然位置、地形地物、通道和周围环境等,以利于分析案情。如现场发生在室内,则要写明该处所在街道居民区或乡、村、组的位置,以及相邻的居室、房屋、楼层、通道等情况。这样,可以使侦查人员了解分析罪犯作案的环境条件、活动情况、来去踪迹和受害人被害时的处境以及他人知情的可能。②现场状况。应着重写明现场的勘验实况,发现的证明犯罪的各种实物和痕迹。如现场家具、物品的布置状况和有无移动、翻动或破坏；现场有无搏斗、挣扎、翻滚等情况；有无犯罪嫌疑人遗留或抛弃的作案工具、凶器、衣物等其他物品；犯罪嫌疑人遗留在现场的各种痕迹、指纹等；财物的损失情况；犯罪嫌疑人在出入、来去路线上留下的痕迹；现场出现的反常现象。

如果是凶杀案件，应写明死者的姓名、性别、年龄、职业或身份等；如系无名尸体，要写明性别、年龄（估计）、体态、衣着和容貌；尸体（或伤者）躺卧的具体位置、方向、姿态等；死者是否正常死亡，尸体有无移动迹象，是否为第一现场；致死、致伤的手段、部位，尸僵、尸斑的部位、颜色、状态和尸体腐变等情况；血迹分布、喷溅的形状、面积等情况；作案工具、凶器和有关物品、附着物等。

上述内容应根据具体案件的现场，据实择要写清现场勘查的有关情况、搜集到的有关证据和线索，以利于侦查人员对案件的分析、研究和判断，确立侦破方案。

有些刑事案件无现场可查，仅靠重大嫌疑线索立案的，现场勘查就不写，就着重于侦查对象的记写。

（2）现场调查（访问）情况。①案件发生或发现的时间、地点和经过；②受害人或者受害单位的有关情况；③罪犯或嫌疑人的有关情况。

现场调查是一种走群众路线的工作方法，也是获得犯罪信息、侦破案件的重要手段之一。通过现场调查，获得查明、侦破案情所需要的证据、线索和有关情况，对分析、判断案情具有重要作用。因此现场调查情况是立案报告书的又一重要内容。写进立案报告书的"现场调查情况"，实际上是在发现犯罪事实之后制作立案报告书之前，根据众多被调查访问人提供的各种线索、情况，筛选出对分析案情、侦破工作有价值的材料，紧扣立案归纳而成的。

调查访问的对象很多，有报案人或案件发现人；事主或受害人；死、伤者的亲属、邻居、友人；基层干部和群众；目击者和其他知情人等。

调查访问的主要内容有：案件发生或发现的时间、地点和经过；受害人或受害单位的有关情况，如受害人的政治、经济、作风、社交等情况；如系无名尸体、碎尸，经过辨认查明，同样要记清生前的有关情况；犯罪嫌疑人的有关情况，如姓名、性别、年龄、特征、历史情况和现实表现，有无犯罪史；犯罪的原因、手段和情节以及后果包括人员伤亡、财物损失情况等。如果有些案件为了迅速立案，来不及调查的，立案报告书中可以不写调查访问情况，但应说明原因。

3. 鉴定结论。这一部分内容主要是指赃物估价、伤情鉴定、尸体检验、司法鉴定结论等。当然，这一部分内容并不要求每个立案报告书都必须具备。

4. 案情分析和立案依据。

（1）案情分析。该部分内容要写清对控告、举报、报案或者犯罪嫌疑人自首的交待、现场勘查、调查访问和鉴定结论及在此基础上得出的分析判断和法律依据。主要写明以下几个方面：①对案件性质、作案动机、目的及原因进行分析；②对犯罪人数、作案时间及地点（指第一现场）、作案条件、作案经过的分析判断；③对犯罪嫌疑人的性别、年龄、体态特征、职业、身体、习惯及犯罪史的分析判断；④对初步查获的证言（包括事主或受害人的陈述、证人证言）、物证的真伪及可靠程度、现场各种遗留物和痕迹的分析判断；⑤对犯罪嫌疑人的逃跑方向和可能的隐藏地点、赃款及去向的分析判断。

（2）立案依据。在上述事实和分析判断的基础上，引用我国《刑法》和《刑事诉讼法》的具体条款来认定案件性质和提出立案请求。请求中要说明此案立为一般案件还是重大或特大案件。

5. 侦查计划。根据案件的具体情况和分析判断的结果，提出侦查方案和具体措施。该内容为立案报告的重要组成部分，对侦破工作具有指导作用。

这部分内容应写明：侦查力量的组织与分工；侦查的方向和范围；侦查的主要目标和任务；侦查工作的方法、步骤、措施、策略；侦查的时间要求和根据案情变化采取的对策。

案情越复杂，侦查计划越应该具体、详细；对需要长期侦查的重大、特大刑事案件，可将侦查计划单独成篇，写成更加详尽的侦查工作方案；案情简单时侦查计划可略写或不写；对于社会影响广泛、危害严重的案件，还要写明最后的破案期限。

（三）尾部

在正文的最后应写上"请指示"或"请领导批示"等字样；写明制作时间、制作单位并加盖公章。

五、注意事项

立案报告书所写内容必须符合客观实际，不能掺杂主观臆断。分析要客观全面，有理有据；判断推理要合乎逻辑，文字切忌繁杂，力求简明、概括。计划务求切实可行，易于操作实施。本文书制作完毕，经县以上公安机关负责人批准后，即作为侦查部门开展侦破工作的依据。刑事案件立案报告书在案件侦查终结后存入侦查卷（主卷）。

六、项目评价标准

1. 能够熟练掌握刑事案件立案报告书的格式，能够通过亚伟速录软件生成模板，并根据需要对常用词进行造词与自定义。
2. 能够结合案例，利用已生成的模板，按照规范格式，完成所需要的文书写作。
3. 根据学习内容，建立自己的专属词库。

项目三 破案报告书

一、概念

破案报告，是指公安机关在查明了犯罪事实，认定了主要犯罪嫌疑人，取得了确凿证据的重大、特大案件，需要破案时报请上级领导批准的书面文书。

根据公安机关办理刑事案件的有关规定，决定破案时，要填写《破案报告表》，重大和特大案件还应当提出破案报告。

二、格式

关于××××案的
破案报告

×公×字（××××）第××号

一、案情概况

二、案情分析

三、破案经过

四、处理意见

以上报告妥否，请批示

侦查员签名：×××
××××年××月××日

三、文本范例

破案报告书

×公刑字（2018）第 19 号

2018 年 1 月×日，我队对李×入室盗窃重大案件实施侦查。经过××天紧张周密的工作，可以宣布案件破获。现将有关情况报告如下：

一、案情概况

2018 年 1 月 2 日下午 14 时 35 分，大发贸易公司财务科出纳员张××推门进入办公室后，发现窗户玻璃被打烂，保险柜被撬开，经清点，15 万元现金全部被盗走。张××立即报告领导和保卫科干部严×，严×便向我局值班室报了案。

现场位于我区工人俱乐部门前，坐东朝西，半旧平房一栋，共 25 个房间，平房前有围墙，两侧开有大、小门，墙外是停车场。失窃的财务科是 20 号房，该房东西对开窗两个，房门朝西。西边窗口敞开，床的铁条被掰开，窗台上有一残缺鞋印，窗玻璃有3枚汗液指纹，保险柜的锁已破坏，门口有汗液指纹一枚。

二、案情分析

根据现场勘查和调查所获情况分析：

1. 作案时间。据公司部分职工回忆，1月1日晚上，公司部分职工看电视至12时多一点才回宿舍，财务科的张××、陈××也与其他职工一起看电视，回宿舍前还检查过门窗。据此判断案发时间是在下半夜至凌晨。

2. 作案范围。据张××说，现金15万多元是当天公司营业收入，平时是存银行的，但当天是元旦放假，收市迟，清点后见天色已晚，就抱着侥幸心理，没有存银行。由此看来，内部或内外勾结作案的可能性极大，同时也不排除流窜作案的可能性。

3. 作案嫌疑人。从作案现场分析，犯罪分子力气大，且熟悉保险柜开锁技术。从其他房间无异常、目标准确看，此案犯十分了解并熟悉地形和内情。

三、破案经过

刑侦人员通过对财务科的出纳张××调查访问得知，2018年1月1日由于元旦放假，收市迟，清点后天色已晚，财务科的张××决定将当天公司营业收入15万多元现金存于公司保险柜中，并没有像以往一样存入银行。知晓此情况的，除了张××以外，还有财务科负责登记应收账款明细账的成本核算员李×和负责登记总账、处理账务管理日常工作的账务处理员陈××。据公司部分职工回忆，1月1日晚上，公司部分职工看电视至12时多一点才回宿舍，财务科的张××、陈××也与其他职工一起看电视，回宿舍前还检查过门窗而李×先前也是同其他职工看电视，在11时左右提前离开。侦查人员即对大发贸易公司领导进行了访问，得知李×，男，30岁，身高1.80米左右，是大发贸易公司财务科成本核算员，住大发贸易公司职工宿舍楼2楼204室。案发第二日，李×因病告假，并未来公司上班。为了获取更有利的痕迹物证，刑侦人员对其宿舍进行了密搜密取，在密取当中，提取了他的足迹，与现场提取的残缺鞋印进行比对，基本吻合；提取了他的指纹，经法医鉴定，与窗玻璃上的3枚汗液指纹及门口的1枚汗液指纹一致。据此，我们将李×立为重大犯罪嫌疑人并拘传，拘传后进行了第一次询问。犯罪嫌疑人李×供认，2018年1月1日傍晚，他与财务科的同事张××、陈××一同下班，且知晓因元旦放假，收市晚，张××将当日公司营业收入15万多元暂存在公司保险箱的情况，顿时财迷心窍，心生歹意。晚上公司同事在一起看电视，李×借口疲乏，提前离开回宿舍休息，实则是前往公司附近的超市买作案时撬保险箱的起子和大力钳。大概凌晨2点钟，李×趁公司其他职工熟睡之际，偷偷溜出宿舍楼，翻入平房外的围墙，将西边窗户的玻璃敲碎，用大力钳将窗的铁条掰开，从窗户爬入财务科室内。然后再用起子和大力钳撬开了公司的保险箱，将保险箱内的15万元现金盗走，从财务科正门离开。

四、处理意见

犯罪嫌疑人李×，男，30岁，大发贸易公司财务科成本核算员，住大发贸易公司职工宿舍2楼204室。犯罪嫌疑人李×对入室盗窃大发贸易公司现金15万元的犯罪事实供认不讳。所供情节与现场勘查分析和判断的情况一致。案情清楚，证据充分确凿，具备破案条件，特呈请批准破案，将犯罪嫌疑人李×提请逮捕。

当否，请批示。

××市××分局刑警队（印）

2018年1月×日

四、制作要求

破案报告由三部分组成，包括以下内容：

（一）首部

1. 标题。在文书顶端正中，采用公文标题。如"关于×××（犯罪嫌疑人姓名）××（案件性质）案的破案报告"。

2. 编号。文书编号写在标题的右下方。如"×公×字（××××）第××号"。

（二）正文

这是破案报告的主体部分。根据《公安机关办理刑事案件程序规定》：破案报告应包括案件侦查结果、破案理由和根据、破案的组织分工和方法步骤和其他破案措施等内容。根据以上四方面内容，破案报告正文的结构安排如下：

1. 案情概况。包括案件的发生、发现情况，现场勘查、调查情况等。这部分内容的叙述围绕主要犯罪事实力求简洁、概括。

2. 案情分析。在初步调查的基础上提出对案情有关因素的分析。其常规程序为：何人（包括作案人和被害人）、何时、何地、何手段、何性质、何去向、何线索。分析采用议论性的语言表述方式，可先论点后论据或先论据后论点。结论可以是必然性的，也可以是或然性的，但必须明确。分析内容可逐条进行，但每条内容要力求单一。

3. 破案经过。这是破案报告的写作重点。这部分内容包括侦查工作的计划安排、组织分工、采取了何种侦查措施，侦查方案的具体实施、方法步骤，以及案件的破获情况，包括通过侦查结果和犯罪嫌疑人的交代揭示出的犯罪嫌疑人的犯罪事实。对同时采取的多种侦查措施，要从合到分予以写明。凡没有获取案情信息的侦查措施一概不写。

4. 处理意见。该部分内容要高度概括地写明侦查对象的犯罪事实和获取的罪证。然后根据《刑事诉讼法》的具体条款，提出对犯罪嫌疑人采取何种强制措施。

（三）尾部

应写明请示性惯用语，如"以上报告妥否，请批示"。然后，由办案单位负责人和主办侦查员签名，写明呈报日期，加盖呈报单位公章。

五、注意事项

写作破案报告时，侦查结果的叙述要主次分明，关键情节鲜明突出。对案件侦查过程的叙述要简练概括，对已确认的主要犯罪嫌疑人的基本情况，主要犯罪事实及证据的叙述要具体。对案件破案顺利者，其破案过程的叙述要高度概括，对于破获过程曲折的案件，其破案过程的叙述可详细具体，点、面结合，重点突出，特别是其中的经验教训要提出来。阐明破案的理由应以分析为主，就事论理，有理有据，引用法律条文要准确、全面、具体。破案方案的制定要谨慎、稳妥、周密、具体、明确，将破案过程中可能出现的各种问题尽量考虑周全，并安排好应对办法，以防发生不测。破案报告归入侦查卷（副卷）。

六、项目评价标准

1. 能够熟练掌握破案报告的格式，能够通过亚伟速录软件生成模板，并根据需要对常用词进行造词与自定义。
2. 能够结合案例，利用已生成的模板，按照规范格式，完成所需要的文书写作。
3. 根据学习内容，建立自己的专属词库。

项目四　呈请刑事拘留报告书

一、概念

呈请刑事拘留报告书，是指承办案件的单位对现行犯或重大嫌疑分子需要采取拘留措施时所制作的报请县级以上公安机关负责人审批的文书。

二、格式

呈请刑事拘留报告书

××公刑字（××××）第××号

犯罪嫌疑人×××，男，××××年出生，×族，××省××县人，住××省××县××街××号。

犯罪嫌疑人简历：××××年至××××年在×××学校读书，××××年至×××年×××工作，××××年××月因犯××罪被判处有期徒刑××年，××××年××月刑满释放后回××××。

拘留原因和依据：

综上所述，犯罪嫌疑人×××的行为触犯了《中华人民共和国刑法》第××条，涉嫌××罪。根据《中华人民共和国刑事诉讼法》第82条第2项之规定，特呈请对犯罪嫌疑人×××刑事拘留。

妥否，请批示。

承办单位 刑侦科

承办人 ×××

××××年××月××日

三、文本范例

呈请刑事拘留报告书

陕公刑字（2008）第49号

犯罪嫌疑人王五，男，1985年4月11日生，汉族，陕西省宝鸡市人，高中文化，市第三十八中学学生，住本市纬什街。

犯罪嫌疑人王二，男，1984年7月18日生，汉族，陕西省西安市人，高中文化，市第十六中学学生，住本市南二环。

拘留原因和依据：

2008年3月31日下午，被告人王五放学回家，途中被被害人张三拦住，张三以借钱为由向王五索要钱财，王五拒绝借钱，张三即以动武相威吓，王五大喊救命引来路人甲等人旁观，张三敲诈未果。4月1日上午，王五邀请堂兄王二一起前往钟楼游玩，王二随身携带水果刀一把，两被告人在路经大发大社区时与被害人张三、李四碰到，张三当即要求王五拿钱出来并对其殴打，王二在被李四拦住的情况下用水果刀将李四刺成重伤后，跑到路旁乙经营的功用电话亭报警。在张三继续对王五进行殴打时，王五抓起王二扔下的水果刀将张三刺死。

综上所述，犯罪嫌疑人王五、王二的行为触犯了《中华人民共和国刑法》第二百三十四条，涉嫌故意伤害致人死亡罪。根据《中华人民共和国刑事诉讼法》第××条之规定，特呈请对犯罪嫌疑人王五、王二刑事拘留。

妥否，请批示。

承办单位 刑侦科

承办人 ×××

2008年×月×日

四、制作要求

呈请刑事拘留报告书由首部、正文和尾部三部分组成：

（一）首部

1. 标题。在文书顶端正中，由"机关名称＋文书名称"组成，为"××公安局呈请刑事拘留报告书"。

2. 编号。在标题右下方为机关简称、字号、年号及案号，如"×公×字（××××）第××号。"

3. 犯罪嫌疑人的基本情况和简历、过渡语。在叙述犯罪嫌疑人的基本情况时，按顺序写明犯罪嫌疑人的姓名（别名、化名）、性别、出生日期、籍贯、职业、民族、文化程度、住址等。

简历的叙述要另起一行。从其8岁以后开始写起，简要写明何年何月在何处上学和工作，何年何月何日被拘留。如犯罪嫌疑人有犯罪前科，应写清何时何因受过何处罚；如犯罪嫌疑人已被拘留，应写清拘留的时间，关押的地点；如系共同犯罪，一案须同时拘留几个犯罪嫌疑人，可合并写一份呈请刑事拘留报告书，按主犯、从犯、胁从犯的犯罪地位顺序分别写明各自的基本情况和简历。

在犯罪嫌疑人的基本情况和简历叙述完毕之后，另起一行写上"拘留原因和依据"，作为过渡语领起正文。

（二）正文

这部分是文书的重点，主要包括犯罪事实和法律依据两方面内容。

（三）尾部

正文结束，写"请领导批示"。呈请人姓名和制作日期。

五、注意事项

呈请刑事拘留报告书一式3份，归入侦查卷（主卷）。

六、项目评价标准

1. 能够熟练掌握呈请刑事拘留报告书的格式，能够通过亚伟速录软件生成模板，并根据需要对常用词进行造词与自定义。

2. 能够结合案例，利用已生成的模板，按照规范格式，完成所需要的文书写作。

3. 根据学习内容，建立自己的专属词库。

项目五 提请批准逮捕书

一、概念

提请批准逮捕书，是指对公安机关有证据证明有犯罪事实且有逮捕必要的犯罪嫌疑人，提请同级人民检察院批准逮捕时制作的文书。

逮捕是法律规定的一项最严厉的强制措施。一经逮捕，就意味着犯罪嫌疑人失去了人身自由。所以要求逮捕必须十分准确，只有这样，才能充分发挥法律的威严，保障无辜公民的人身权利不受侵犯。正因如此，我国《刑事诉讼法》第87条规定："公安机关要求逮捕犯罪嫌疑人的时候，应当写出提请批准逮捕书，连同案卷材料、证据，一并移送同级人民检察院批准"。这是制作提请批准逮捕书的法律依据。

二、格式

×××公安局
提请批准逮捕书

×公×字（××××）第××号

犯罪嫌疑人×××，曾用名×××，绰号××，男/女，××××年××月××日出生，出生地：××，身份证号码×××××××××××××××××，×族，籍贯：××省××市××县人，文化程度，职业或工作单位及职务，政治面貌。××××年××月××日因本案被刑事拘留。

犯罪嫌疑人×××涉嫌××罪一案，由×××举报（控告、移送）至我局。

经依法侦查查明，犯罪嫌疑人×××有下列犯罪事实：

…………

认定上述事实的证据如下：

…………（分列相关证据）

综上所述，犯罪嫌疑人×××的行为已触犯《中华人民共和国刑法》第××条第××款，涉嫌××罪，有逮捕必要。依照《中华人民共和国刑事诉讼法》第81条、第87条之规定，特提请批准逮捕。

此致
×××人民检察院

局长（印）
（公安局印）
××××年××月××日

附：1. 本案卷宗____卷____页。
　　2. 犯罪嫌疑人现被羁押于×××看守所。

三、文本范例

×××公安局
提请批准逮捕书

×公刑提捕字〔201×〕××号

犯罪嫌疑人张××，男，43岁，湖南××人，身份证号×××××，高中文化，汉族，无业，住××市×路×号×房。因涉嫌贩毒罪于201×年×月×日被我局刑事拘留。

犯罪嫌疑人何××于201×年×月×日中午1时许在（地点场所）进行贩卖毒品活动被我局便衣民警当场抓获。我局经过审查，于当日立案进行侦查。

经依法侦查查明：

何××于201×年×月×日先后两次进行贩卖毒品活动：2012年×月×日11时许，有一个吸毒的开平仔打张××的手机，这个开平仔叫王××。张××复了他电话，王××说要100元的白粉，张××约他到（地点）。张××骑一部24寸女装自行车到（地点），王××已在那里，张××就收了他100元之后给了他2包白粉，他们收了粉后就各自分开走。

201×年×月×日中午1时许开平仔王××再次打张××的手机，又要160元白粉，张××再约他到（地点）等他。2时左右，张××骑着自行车（地点），发现王××已在（地点）等他，张××就推着自行车到他面前，王××拿出200元给张××。张××正要给他160元的白粉，我局便衣民警将王××当即按在地上。

张××挣脱了民警的手后，向××方向逃跑，跟着转入附近的一条小巷。一边逃跑一边将身上剩下的白粉往地上丢。在小巷中被追上来的民警捉住，并在其身上搜出白粉。

认定上述犯罪事实如下：证人证言，犯罪嫌疑人携带物品，送检物的实验报告书，现场勘查笔录，犯罪嫌疑人供认不讳。

综上所述，犯罪嫌疑人张××以盈利为目的，在公共场合贩卖毒品，其行为已触犯《中华人民共和国刑法》第三百四十七条第（二）款之规定，涉嫌贩卖毒品罪，有逮捕必要。《依照中华人民共和国刑事诉讼法》第八十九条之规定，特提请批准逮捕。

此致
××人民检察院

局长（印）
（公安局印）
年　月　日

附：1. 本案卷宗　卷　页。
　　2. 犯罪嫌疑人何××现羁押在××看守所。

四、制作要求

提请批准逮捕书由首部、正文和尾部三部分组成:

(一) 首部

1. 标题。在文书顶端正中,由"机关名称+文书名称"组成,为"×××公安局提请批准逮捕书"。

2. 编号。在标题右下方为机关简称、字号、年号及案号。如"×公×字(××××)第×号"。

3. 犯罪嫌疑人的基本情况和犯罪经历、过渡语。在叙述犯罪嫌疑人的基本情况时,按顺序写明犯罪嫌疑人的姓名(曾用名、绰号)、性别、出生年月日、出生地、身份证号码、籍贯、民族、文化程度、职业、政治面貌(如是人大代表、政协委员,应具体写明级别与届数);如犯罪嫌疑人有犯罪前科,应写清何时何因受过何处罚;如犯罪嫌疑人已被拘留,应写明拘留的时间。

如系共同犯罪,一案须同时逮捕几个犯罪嫌疑人,可合并写一份提请批准逮捕书,按主犯、从犯、胁从犯的犯罪地位顺序分别写明各自的基本情况和简历。

在犯罪嫌疑人的基本情况和犯罪经历叙述完毕之后,另起一行写上"经依法侦查查明,犯罪嫌疑人×××有下列犯罪事实:"一句话,作为过渡语领起正文。

(二) 正文

这部分是文书的重点,主要包括犯罪事实和法律依据两方面内容。

犯罪事实是提请批准逮捕的理由,写作时应按照一定的顺序写明时间、地点、动机、目的、手段、情节及危害后果七个要素,将案情的全部过程层次清楚、有条不紊地叙述出来,特别注意要把关键情节交待清楚。特别要注意根据法律规定的逮捕条件,写清有证据证明的、够判处徒刑以上刑罚的犯罪事实,不要写一般违法事实,也不要写没有证据证明的事实。

具体写法上,如果是一人一罪或一人多次犯同一罪,即可按犯罪时间顺序叙述;如果是一人犯多种罪行,则应按罪行轻重从重到轻分类叙述;如果是共同犯罪案件,应以主犯的犯罪地位为核心,同时将从犯的罪责也反映出来,既要写清共同犯罪的事实,又要写清各自在犯罪活动中的地位、作用及应负的罪责;如果其中的犯罪嫌疑人除共同犯罪外,还有其他罪行,也应另叙于后,如果其主要罪行不属于共同犯罪,则应另案处理;如果有的犯罪嫌疑人被取保候审或监视居住,应在提请批准逮捕书中予以说明。对犯罪嫌疑人的犯罪事实叙述清楚之后,就要说明可能判处徒刑以上刑罚和有逮捕必要的犯罪事实。主要说明犯罪嫌疑人行为的情节恶劣程度,如不逮捕不足以防止发生社会危害性的事实。

法律依据部分应先根据犯罪嫌疑人的犯罪事实，援引刑法有关条文，认定犯罪嫌疑人涉嫌什么罪，再引用我国《刑事诉讼法》第81条或第87条的规定，提出提请批准逮捕的请求。

（三）尾部

包括文书送达的机关名称、署名、用印和附项等内容。正文结束，写"此致"后另起一行顶格书写"××人民检察院"。公安局长署名、文书签发日期及印章。附项内容应在文书尾部左下角注出。主要有：

1. 本案卷宗材料有几卷几页；
2. 犯罪嫌疑人现被羁押于何处；
3. 证据材料或物品有几页几件，注明要随提请批准逮捕书一起移送人民检察院。

五、注意事项

《提请批准逮捕书》的使用须经县以上公安机关负责人审查批准，加盖公安机关公章和局长私章，一式3份。立案单位存档1份，送人民检察院2份，其中1份由人民检察院收存，1份在人民检察院批准逮捕后，随同人民检察院的《批准逮捕决定书》退回公安机关，由预审部门存入预审卷宗，归入侦查卷（主卷）。

六、项目评价标准

1. 能够熟练掌握提请批准逮捕书的格式，能够通过亚伟速录软件生成模板，并根据需要对常用词进行造词与自定义。
2. 能够结合案例，利用已生成的模板，按照规范格式，完成所需要的文书写作。
3. 根据学习内容，建立自己的专属词库。

项目六　预审终结报告

一、概念

预审终结报告，是指公安机关预审人员对所审理的案件，认为具备结案条件时，向公安机关有关负责人报告案件预审情况，请示结案处理时所制作的文书。

二、格式

关于××××一案的
预审终结报告

×公预字（××××）第××号

犯罪嫌疑人×××××一案，经审讯和调查，已预审终结，现将情况报告如下：

×××，男/女，现年××岁，×族，文化程度××××，住××县××街××号。

简历：××××年×月至××××年××月在××县××小学读书；××××年×月至××××年××月在××县××中学读书；××××年×月在××当工人；××××年××月××日因××案被本局依法拘留；××××年××月××日经××县人民检察院批准逮捕。

经侦查证实，犯罪嫌疑人×××涉嫌下列犯罪：

上述事实证实，犯罪嫌疑人×××的行为已触犯《中华人民共和国刑法》第××条第××款的规定，涉嫌××罪。根据《中华人民共和国刑事诉讼法》第××条第××款的规定，拟将该案移请××县人民检察院审查起诉，追究犯罪嫌疑人×××的刑事责任。

以上报告妥否，请批示。

××县公安局预审科
××××年××月××日

三、文本范例

关于周××故意杀人一案的
预审终结报告

×公预字（2005）第 20 号

犯罪嫌疑人周××杀人未遂一案，经审讯和调查，已预审终结，现将情况报告如下：

周××，男，现年 39 岁，汉族，文化程度高中毕业，家住××县顺义街××号。

简历：1973 年 9 月至 1978 年 6 月在××县兴乡小学读书；1978 年 9 月至 1981 年 6 月在××县建兴中学读书；1982 年 5 月被招进县建材厂当工人；1985 年 9 月停薪留职做建材生意；2005 年 6 月 27 日因杀人未遂案被本局依法拘留；2005 年 7 月 6 日经××县人民检察院批准逮捕。

经查证，犯罪嫌疑人周××涉嫌下列犯罪：

2005 年 6 月 27 日下午 4 时许，犯罪嫌疑人周××乘坐一辆出租车去某商行，下车后因车费问题与司机发生抓扯。周对司机扬言说："老子今天要杀死你"，迅即抽出随身携带的匕首朝司机刺去，刺中司机肩上，当周还想行凶杀人时，被围观的群众拉住。事后，司机用去医疗费10000余元。

上述事实证实，犯罪嫌疑人周××的行为已触犯《中华人民共和国刑法》第232条第1款的规定，涉嫌故意杀人（未遂）罪。根据《中华人民共和国刑事诉讼法》第129条的规定，拟将该案移请××县人民检察院审查起诉，追究犯罪嫌疑人周××的刑事责任。

以上报告妥否，请批示。

××县公安局预审科
××××年××月××日

四、制作要求

预审终结报告由以下三部分内容组成：

（一）首部

1. 标题。标题包括案犯（或被害人）姓名、案件性质和文书名称。标题的位置应写在公文纸顶端正中。

2. 编号。在标题右下方，由机关代字、文书简称、年号和顺序号组成。如"×公预字（××××）第××号"。

（二）正文

1. 犯罪嫌疑人的姓名、性别、出生年月日、籍贯、文化程度、单位、住址和主要简历，是否在押以及关押的时间和处所等。

2. 发案经过及破案情况。

3. 逮捕的理由和依据。

4. 犯罪嫌疑人的犯罪事实和处理意见。

（三）尾部

在正文的最后应写上"请指示"或"请领导批示"等字样；写明制作时间、制作单位并加盖公章。

五、注意事项

预审终结报告是公安机关有关领导决定是否可以预审结案的重要依据。一经批准就成为制作起诉意见书或者撤销案件通知书等文书的依据和基础。

六、项目评价标准

1. 能够熟练掌握预审终结报告的格式，能够通过亚伟速录软件生成模板，并根据需要对常用词进行造词与自定义。

2. 能够结合案例，利用已生成的模板，按照规范格式，完成所需要的文书写作。

3. 根据学习内容，建立自己的专属词库。

项目七　起诉意见书

一、概念

起诉意见书，是指监察机关、公安机关、国家安全机关以及检察机关的侦查部门依法将侦查终结的案件移请检察机关的起诉部门审查，建议对被告人起诉的法律文书。

二、格式

×××公安局
起诉意见书

×公（　）诉字〔　〕　号

犯罪嫌疑人×××……

辩护律师×××……

犯罪嫌疑人涉嫌×××（罪名）一案，由×××举报（控告、移送）至我局（写明案由和案件来源，具体为单位或者公民举报、控告、上级交办、有关部门移送或工作中发现等）。简要写明案件侦查过程中的各个法律程序开始的时间，如接受案件、立案的时间。具体写明犯罪嫌疑人归案情况。最后写明犯罪嫌疑人×××涉嫌×××案，现已侦查终结。

经依法侦查查明：……

认定上述事实的证据如下：

……（分列相关证据，并说明证据与案件事实的关系）

上述犯罪事实清楚，证据确实、充分，足以认定。

犯罪嫌疑人×××……（具体写明是否有累犯、立功、自首、和解等影响量刑的从重、从轻、减轻等犯罪情节）

综上所述，犯罪嫌疑人×××，其行为已触犯《中华人民共和国刑法》第××条之规定，涉嫌×××罪。依照《中华人民共和国刑事诉讼法》第162条之规定，现将此案移送审查起诉。

此致

×××人民检察院

公安局（印）
年　月　日

附：1. 本案卷宗　　　卷　　　页。
　　2. 随案移交物品　　　件。
　　3. 随案移交物品＿＿件（详见清单）。
　　4. 被害人×××已提出附带民事诉讼。

三、文本范例

安徽省安庆市宜秀区公安分局
起诉意见书[1]

刑诉字［20××］34号

　　犯罪嫌疑人许×，男，出生于1991年12月6日，身份证号码××××××××，汉族，本科文化程度，是安徽省安庆市安庆师范学院大学一年级学生，家住陕西省宝鸡市阜平县平阳镇燎原村28号。因涉嫌盗窃罪，20××年5月12日被我局刑事拘留，经安庆市宜秀区人民检察院批准，同年6月3日被依法逮捕。

　　犯罪嫌疑人许×涉嫌盗窃一案，由王×与20××年4月22日9时报案至我局。我局经审查，应当立案进行侦查。犯罪嫌疑人许×于20××年5月12日被我局抓获归案。犯罪嫌疑人许×涉嫌盗窃一案，现已侦查终结。

　　经依法侦查查明：20××年4月22日早上，犯罪嫌疑人许×由于前天晚上在校外打了一夜的台球，所以在早上7时许才回到宿舍，在经过312宿舍时看见门没锁就进入了该宿舍，进入宿舍后发现宿舍只有王×等三人在睡觉，同时看见三台笔记本电脑放在书桌上，由于许×家境不是太好，同时又沉迷于吃喝玩乐，经常手头紧张。而当天正好许稳身上没钱了，于是临时起了盗窃的意图，在经过一番挣扎后将3台笔记本电脑偷走。然后回到宿舍将电脑藏于衣柜中。

　　认定上述案件事实的证据如下：报案材料，现场勘查笔录，物证，证人证言。犯罪嫌疑人许×对犯罪事实供认不讳。

　　上述犯罪事实清楚，证据确实充分，足以认定。

　　犯罪嫌疑人许×的行为已经触犯《中华人民共和国刑法》第××条之规定，涉嫌盗窃罪。依照《中华人民共和国刑事诉讼法》第××条之规定，现将此案移送审查起诉。

　　此致
安庆市宜秀区人民检察院

安庆市宜秀区公安分局（印）
20××年6月7日

---

〔1〕"起诉意见书范本"（有改动），载轩辕文献网，http：//www.fqcu.com/shangyewenshu/1488049.html，最后访问时间：2019年1月11日。

附：1. 本案卷宗 3 卷 12 页。
　　2. 犯罪嫌疑人许×现羁押于安庆市第一看守所。

四、制作要求

起诉意见书由首部、正文和尾部三部分组成：

（一）首部

包括制作文书的机关名称、文书名称、文书的编号、被告人的身份事项［犯罪嫌疑人姓名（别名、曾用名、绰号等），性别，出生日期，出生地，身份证件种类及号码，民族，文化程度，职业或工作单位及职务，居住地（包括户籍所在地、经常居住地、暂住地），政治面貌，违法犯罪经历以及因本案被采取强制措施的情况（时间、种类及执行场所）。案件有多名犯罪嫌疑人的，应逐一写明。］和主要简历等五个方面的内容。

（二）正文

这是该文书的核心部分，包括犯罪事实和提出起诉意见的理由及法律依据两部分。

1. 犯罪事实：详细叙述经侦查认定的犯罪事实，包括犯罪时间、地点、经过、手段、目的、动机、危害后果等与定罪有关的事实要素。应当根据具体案件情况，围绕刑法规定的该罪构成要件，进行叙述。对于只有一个犯罪嫌疑人的案件，犯罪嫌疑人实施多次犯罪的犯罪事实应逐一列举；同时触犯数个罪名的犯罪嫌疑人的犯罪事实应该按照主次顺序分别列举；对于共同犯罪的案件，写明犯罪嫌疑人的共同犯罪事实及各自在共同犯罪中的地位和作用后，按照犯罪嫌疑人的主次顺序，分别叙述各个犯罪嫌疑人的单独犯罪事实。

2. 提出起诉意见的理由和法律依据：分析被告犯罪的性质和危害，说明被告触犯了何种法律，属于什么罪，依据法律的什么规定，特提请人民检察院审查起诉。当事人和解的公诉案件，应当写明双方当事人已自愿达成和解协议以及履行情况，同时可以提出从宽处理的建议。

（三）尾部

包括受文机关名称、制作日期、文书签发人的职务、姓名及附注。附注中要写明三项内容：

1. 预审结案时，本案被告人所在的地点；
2. 附送本案预审卷宗多少卷多少册；
3. 附送本案赃、证物情况。

五、注意事项

根据中国监察法、刑事诉讼法及其他有关规定，对犯罪事实清楚、证据确实充分，依法应对被告人追究刑事责任的案件，应制作起诉意见书，经有关领导批准后，连同卷宗材料、证据，一并移送同级人民检察院起诉部门审查起诉。主要内容包括被告人的身份等基本情况、犯罪事实、起诉理由和法律根据，并附注被告人现关押场所、卷宗册数，以及随案移送的赃物、证物、违禁品及其清单等。

六、项目评价标准

1、能够熟练掌握起诉意见书的格式，能够通过亚伟速录软件生成模板，并根据需要对常用词进行造词与自定义。

2、能够结合案例，利用已生成的模板，按照规范格式，完成所需要的文书写作。

3、根据学习内容，建立自己的专属词库。

项目八　补充侦查报告书

一、概念

补充侦查报告书，是指公安机关根据人民检察院的要求进行补充侦查后，向人民检察院报告补充侦查情况的司法文书，其实质是针对人民检察院的案件所提的个别问题作出的答复，而不是重新侦查。

我国《刑事诉讼法》第 90 条规定："人民检察院对于公安机关提请批准逮捕的案件进行审查后，应当根据情况分别作出批准逮捕或者不批准逮捕的决定。对于批准逮捕的决定，公安机关应当立即执行，并且将执行情况及时通知人民检察院。对于不批准逮捕的，人民检察院应当说明理由，需要补充侦查的，应当同时通知公安机关。"第 175 条第 2 款规定："人民检察院审查案件，对于需要补充侦查的，可以退回公安机关补充侦查，也可以自行侦查。"对于补充侦查的案件，应当在 1 个月内补充侦查完毕。这是制作补充侦查报告书的法律依据。

二、格式

×××公安局

补　充　侦　查　报　告　书

×公（　）补侦字〔　　　〕　　号

＿＿＿＿＿＿人民检察院：

你院于＿＿＿＿年＿＿月＿＿日以＿＿＿＿＿〔　　　〕＿＿＿＿＿号补充侦查

决定书退回的_____案，已经补充侦查完毕。结果如下：

_____

_____

_____

_____

现将该案卷宗___卷___页及补充查证材料___卷___页附后，请审查。

公安局（印）

年　月　日

本报告书一式两份，一份附卷，一份交检察院。

三、文本范例

×××公安局

补充侦查报告书

×公预字（2004）第 8 号

××市人民检察院：

你院于 2004 年 8 月 25 日以×检刑字［2004］第 12 号补充侦查决定书退回的我局提请批准逮捕的司××故意伤害一案，已经补充侦查完毕。结果如下：

一、本案起因，纯属口角引起。2004 年 6 月 22 日，犯罪嫌疑人李××约周××、刘××到××舞厅跳舞。在跳舞的过程中，司××的女友吴××对司××说李××对她耍流氓，司××找到李××大骂，导致双方殴打（事前双方互不认识），造成一死一伤（具体情况见原卷 30 页犯罪嫌疑人李××供述，原卷 80 页证人刘××证词和汪××补充证明材料）。

二、本案造成一死一伤的结局到底是几人所为的问题。经再次审查，当晚打架，只有司××一人拿刀捅人，造成一死一伤的后果。都是司××一人所为，详见犯罪嫌疑人司××供述（原卷 20、21、26 页）和同案犯罪嫌疑人李××供述（原卷 30、35 页），以及司××女友吴××的证词。

三、关于汪××是否参与打架的问题，查证结果予以否定。据补充侦查审核的材料，汪××在发案时，一直在场，但他没有参与打斗。犯罪嫌疑人司××、李××及其他在场人也证实汪××没有参加打架。汪××与此案无直接利害关系。

现将该案预审卷宗壹卷 60 页及补充查证材料贰页附后，请审查。

（公安局印）

二〇〇四年七月二十日

四、制作要求

补充侦查报告书的结构由以下三部分内容组成：

（一）首部

1. 标题。在文书顶端正中，由"机关名称＋文种"组成。
2. 编号。在标题右下方。如"×公刑字（××××）第××号"。
3. 受文机关。

（二）正文

主要包括引言和补充侦查的结果。

1. 引言。写明人民检察院补充侦查决定书发文时间、案号，退回案件名称，并告知已补充侦查完毕。这部分有固定格式，按要求填写。
2. 补充侦查的结果。根据补充侦查决定书的要求，将补充侦查的结果逐条写清。要能反映出补充侦查的方式、方法和所获证据情况。对于经过补充侦查仍没有查清的应写明问题无法查清的原因。补充侦查的每项内容一般包括侦查范围、查证的事实根据和结论三方面内容。

（三）尾部

写明补充侦查报告书所附案卷材料名目、数量及随案移送物证情况等。写明文书制作时间并盖公安局印章。

补充侦查报告书，经县以上公安机关负责人审核后，连同案卷材料一并移送人民检察院审查。

五、注意事项

补充侦查报告书针对性要强。制作时应针对补充侦查决定书所提出的问题给予明确答复，不能含糊其辞，更不能答非所问。补充侦查报告书应在法定期限内完成，并及时送达人民检察院，不得超过法定期限。

六、项目评价标准

1. 能够熟练掌握补充侦查报告书的格式，能够通过亚伟速录软件生成模板，并根据需要对常用词进行造词与自定义。
2. 能够结合案例，利用已生成的模板，按照规范格式，完成所需要的文书写作。
3. 根据学习内容，建立自己的专属词库。

项目九　提请复核意见书

一、概念

提请复核意见书，是指公安机关要求复议的意见未被同级人民检察院接受，有必要再议时，依法向上一级人民检察院提请复核时制作的文书。其法律依据为我国《刑事诉讼法》第 92 条的规定："公安机关对人民检察院不批准逮捕的决定，认为有错误的时候，可以要求复议，但是必须将被拘留的人立即释放。如果意见不被接受，可以向上一级人民检察院提请复核。上级人民检察院应当立即复核，作出是否变更的决定，通知下级人民检察院和公安机关执行。"《刑事诉讼法》第 179 条规定："对于公安机关移送起诉的案件，人民检察院决定不起诉的，应当将不起诉决定书送达公安机关。公安机关认为不起诉的决定有错误的时候，可以要求复议，如果意见不被接受，可以向上一级人民检察院提请复核。"

二、格式

×××公 安 局
提 请 复 核 意 见 书

×公（　）请核字〔　〕　号

_____人民检察院：

　　我局于___年___月___日以_____〔　　　〕_____号文要求_____人民检察院复议的_____案，该院以_____〔　　　〕____号文决定维持原_____决定，我局认为该院决定有误，理由是：_____
_____
_____
_____
_____

　　综上所述，根据《中华人民共和国刑事诉讼法》第_____条之规定，特提请你院对此案进行复核。

　　此致

_____人民检察院

公安局（印）
年　月　日

　　注：附本案卷宗共____卷____页。
　　　　本意见书一式两份。一份附卷，一份交检察院。

三、文本范例

××县公安局
提请复核意见书

×公复字（2004）第21号

××市人民检察院

我局于2004年3月27日×公预字（2004）第17号要求××县人民检察院复议的不起诉钟××诈骗一案，该院以×刑检复字［2004］第8号决定维持原不起诉决定。我局认为该院决定有误。理由是：

犯罪嫌疑人钟××于2003年10月与××县农工商联合公司经理高××做大米生意，高××拖欠犯罪嫌疑人钟××货款7000多元。2004年2月15日钟××自称能购买化肥，过去货款不再追要，骗取高××人民币11000元。事实清楚，证据确凿。犯罪嫌疑人亦供认不讳。××县人民检察院认为钟××的行为属于索要欠款方法问题，不构成诈骗罪。我局认为该院所提理由不妥。索要欠款的方法多种多样，但必须以合法手段进行。犯罪嫌疑人钟××，为了索要欠款选择欺诈手段，骗取钱后携款到××乡××村老家躲避。已表现出非法占有他人财物的主观目的，符合诈骗罪的构成要件。

因此，我局认为钟××的行为触犯了《中华人民共和国刑法》第266条之规定，涉嫌诈骗罪，应当追究刑事责任。

综上所述，根据《中华人民共和国刑事诉讼法》第144条之规定，特提请你院对此案复核。

此致
××市人民检察院

××县公安局（印）
二〇〇四年四月十九日

四、制作要求

提请复核意见书的结构由以下三部分内容组成：

（一）首部

1. 标题。在文书顶端正中，由"机关名称+文种"组成。

2. 编号。在标题右下方写明："×公复字（××××）第×号。"

（二）正文

这是提请复核意见书的写作重点。要写明要求同级人民检察院进行复议的有关情况、提请复核的理由、意见以及提请复核的法律根据和要求。

1. 引言。亦称案由，即说明提请复核的原因。首先写明复议书的签发时间、文号和要求复议的具体内容；其次，写明同级人民检察院复议决定书的签发时间、发文机关和复议决定具体内容。再次，指明公安机关认为人民检察院复议决定的错误所在。

2. 提请复核的理由和意见。针对人民检察院复议决定书中的决定事项和理由，逐条予以反驳，指出复议决定不能成立，明确提出对案件的处理意见。最后写明提请复核的法律根据和要求，即根据复核的具体内容，分别引用我国《刑事诉讼法》第70条和第144条，提请上一级人民检察院对此案进行复核。

（三）尾部

包括送达机关名称、公安局印章、制作文书的日期和附本案卷宗的册数及页数。

五、注意事项

根据《公安机关办理刑事案件程序规定》，需要提出复核的，应在收到同级人民检察院的不批准逮捕决定书或不起诉决定书的7日内，写出提请复核意见书，送上一级人民检察院复核。提请复核的起因必须写清楚，目的明确。正文部分要针对复议决定书的论点和论据。要具体、扼要地写明犯罪事实，并要证据确凿、引用法律条文准确。为使上一级人民检察院进一步了解案件，尽快作出正确决定，提请复核意见书中指出同级人民检察院的决定错误时，要理由充分，不能含含糊糊。

提请复核意见书一式两份。一份连同案卷送上一级人民检察院审查，另一份留公安机关存档备查。

六、项目评价标准

1. 能够熟练掌握提请复核意见书的格式，能够通过亚伟速录软件生成模板，并根据需要对常用词进行造词与自定义。
2. 能够结合案例，利用已生成的模板，按照规范格式，完成所需要的文书写作。
3. 根据学习内容，建立自己的专属词库。

单元二 速录在检察机关法律实践中的应用

知识目标

通过本单元学习，使学生了解检察机关工作实践中常用到的各类文书的概念和格式，熟悉相关法律知识，熟悉亚伟速录模板功能的生成与使用。

能力目标

培养学生熟练地掌握各类检察机关工作常用文书的写作；掌握其写作格式及注意事项，能够熟练使用速录软件生成模板并使用；结合相关法律知识，并将其运用到实际工作中。

项目一 立案文书

立案文书，是指人民检察院在立案过程中制作的法律文书，即对于报案、控告、举报、自首的材料和通过其他途径发现的犯罪材料，经审查决定立案、不立案或者移送主管机关时制作的文书。

立案文书包括：答复举报人通知书、提请批准直接受理书、批准直接受理决定书、不批准直接受理决定书、立案决定书、补充立案决定书、不立案通知书、通知立案书等。本节重点介绍立案决定书和通知立案书。

一、立案决定书

（一）概念

立案决定书是指人民检察院对本院管辖范围内的案件，经过审查认为有犯罪事实需要追究刑事责任，决定予以立案侦查时制作的法律文书。

立案决定书适用于人民检察院办理自行侦查的犯罪案件，在立案阶段结束时使用。《刑事诉讼法》第109条规定："公安机关或者人民检察院发现犯罪事实或者犯罪嫌疑人，应当按照管辖范围，立案侦查。"第112条规定："人民法院、人民检察院或者公安机关对于报案、控告、举报和自首的材料,应当按照管辖范围,迅速进行审查,认为有犯罪事实需要追究刑事责任的时候,应当立案;……"这是使用立案决定书的法律依据。

(二)格式

人民检察院 立 案 决 定 书 (存 根)	人民检察院 立 案 决 定 书
检×立[××××] ××号 案由-_____ 犯罪嫌疑人_____ 性 别____年 龄____第 工作单位_____ 住址_____决 是否人大代表、政协委员____ _____ 批准人_____ 承办人_____ 填发人_____ 填发时间_____	检×立[××××] ××号 根据《中华人民共和国刑事诉讼法》 _____条的规定,本院 决定对犯罪嫌疑人____涉嫌____ _____一案立案侦查。 检 察 长(印) ××××年××月××日 (院印)
第一联统一保存	第二联附卷

(三)文本范例

人民检察院 立 案 决 定 书 (存 根)	人民检察院 立 案 决 定 书
×检反贪立[2002]5号 案由 贪污 犯罪嫌疑人基本情况(姓名、性别、年龄、工作单位、住址身份证号码、是否人大代表、政协委员) 李××,男,35岁,原××市××局××科科长,住在××市××路××小区××栋×楼××号房,身份证号码×××××××××××××,为人大代表 批准人王×× 承办人李×× 填发人于×× 填发时间二〇〇二年三月九号	×检反贪立[2002]5号 根据《中华人民共和国刑事诉讼法》第83条的规定,本院决定对犯罪嫌疑人 李×× 涉嫌 贪污 _____ _____一案立案侦查。 检察长 何×× 二〇〇二年三月九日 (院印)
第一联统一保存	第二联附卷

（四）制作要求

立案决定书为两联表格式法律文书，第一联为存根，第二联为正本。

1. 存根。

包括文书名称、文书编号，下面按顺序应当依次填写案由，即涉嫌的罪名，如"贪污""受贿""挪用公款"等，涉嫌数个罪名的，应当完整填写，犯罪嫌疑人的姓名、性别、年龄、工作单位、住址以及身份证号码，是否人大代表、政协委员（因为根据有关规定，人民检察院对人大代表、政协委员立案，需要履行特别程序，如对人大代表立案，要向人大主席团或者常务委员会通报），批准人姓名、承办人姓名、填发人姓名、填发时间。该联与检察文书的其他存根联统一保存备查。

2. 正本。

正本的首部包括制作文书机关名称、文书名称和文书编号三部分。立案决定书的文书编号由人民检察院名称简称、办案部门简称、文书名称简称、年度和顺序号五部分组成，具体可写为："＿＿检＿＿立〔　　〕＿＿＿号"。"检"字前的空格内填写人民检察院的代字，"立"字前的空格内填写人民检察院办案部门的代字。括号内填写年度，"号"字前的空格内填写立案决定书的顺序号。

正本的正文包括法律依据和决定事项两部分。

法律依据。对于人民检察院自行发现或者公安机关等其他机关移送的案件，具体写法为"根据《中华人民共和国刑事诉讼法》第109条的规定"。对于单位或者个人报案、控告、举报或者犯罪嫌疑人自首的案件，应写为"根据《中华人民共和国刑事诉讼法》第112条的规定"。

决定事项。即"本院决定对犯罪嫌疑人××涉嫌××一案立案侦查"。依照顺序在空格内填写犯罪嫌疑人的姓名及其所涉嫌的罪名。如果是共同犯罪的案件，应当填写全部犯罪嫌疑人的姓名。如果涉嫌多个罪名时，也要在空格内一并写出。写涉嫌罪名时，不要写"罪"字。

正本的尾部包括检察长的签名和盖章、制作文书的年月日、加盖决定立案的人民检察院印章三部分。

（五）注意事项

立案决定书要符合法律规定的立案条件和标准：犯罪事实已经发生或者正在准备犯罪；该犯罪事实在法律上应受到惩罚，应当立案。虽有犯罪事实，但情节显著轻微、危害不大，不需要追究刑事责任的，以及具有刑事诉讼法规定的不立案情形的，不予立案。

根据有关规定，人民检察院对人大代表、政协委员立案，需要履行特别的程序，因此，在犯罪嫌疑人的基本情况中应反映这一内容。本文书应当以案为单位制作，共同犯罪的案件应当填写全部犯罪嫌疑人的姓名。以事立案的案件不填写犯罪嫌疑人的姓名和基本情况。内容要求简洁、概括明白、确切、不拖泥带水；形式上要求条理清楚，易于掌握要领；语言上要求准确、严密、通顺。

立案决定书共两联，存根联统一保存备查，正本联附卷。

（六）项目评价

1. 能够熟练掌握立案决定书的格式，能够通过亚伟速录软件生成模板，并根据需要对常用词进行造词与自定义。

2. 能够结合案例，利用已生成的模板，按照规范格式，完成所需要的文书写作。

二、通知立案书

（一）概念

通知立案书，是指人民检察院在立案监督工作中，对侦查机关说明的不立案理由进行审查后认为其理由不能成立而通知侦查机关立案时所制作的法律文书。

《刑事诉讼法》第113条规定："人民检察院认为公安机关对应当立案侦查的案件而不立案侦查的，或者被害人认为公安机关对应当立案侦查的案件而不立案侦查，向人民检察院提出的，人民检察院应当要求公安机关说明不立案的理由。人民检察院认为公安机关不立案理由不能成立的，应当通知公安机关立案，公安机关接到通知后应当立案。"

（二）格式

人民检察院
通知立案书

检××通立［××××］××号

一、发往单位。

二、写明发出《要求说明不立案理由通知书》的时间与文号，侦查机关回复的时间与文书的文号。

三、写明侦查机关关于不立案理由不能成立的原因和应当立案的事实根据和法律依据。

四、写明通知侦查机关立案的法律依据（《刑事诉讼法》第113条）和要求（于一定期限内立案并将立案决定书副本送达我院）。

××××年××月××日

（院印）

（三）文本范例

××县人民检察院
通知立案书[1]

×检法立（20××）第 5 号

犯罪嫌疑人：田×，女，26 岁，汉族，××籍，中专文化程度，住在××县医院职工宿舍×排×号，为××县人民医院护士。

案由：涉嫌玩忽职守。

案件来源：于 20××年×月×日由××县公安局移送我院。

经审查：20××年×月×日晚 8 时许，田×在外科病房值班时，遵照李××大夫的交代，给×号病房××床病人邱×灌肠。田×看到值班室里需要给病人所灌的氯化钠溶液不多了，需要重新配制一些，于是便到治疗室找到与氯化钠相类似的结晶体药物，误以为是氯化钠，便取出一些配制成溶液给邱×灌肠。邱某回病房后，约 5 分钟后即感到头晕心慌、继而猝然倒地，在抬往急救室的路上心脏就停止了跳动。经化验鉴定，田×所用药物不是氯化钠，而是一种有毒副作用的亚硝酸钠。

田×对自己的本职工作极不负责任，马虎草率，从而造成病人死亡的严重后果，田×的行为涉嫌触犯《中华人民共和国刑法》第××条的规定，需要追究其刑事责任。根据《中华人民共和国刑事诉讼法》第 112 条的规定，决定立案侦查。

检察长：魏××
二〇××年×月×日
（加盖院印）

（四）制作要求

通知立案书为叙述式文书，由首部、正文、尾部三部分构成。

1. 首部。包括制作文书的人民检察院名称；文书名称，即"通知立案书"；文书编号，即"检×通立〔××××〕××号"，空余地方依次填写人民检察院的简称、具体办案部门简称、年度和序号。

2. 正文。包括以下内容：

（1）文书的发往单位，即发往机关的具体名称。

（2）案件的来由。在文书的开始应当先写明人民检察院在此之前发出的"要求说明不立案理由通知书"的时间与文号，并写明侦查机关回复的说明不立案理由的文书

---

[1] "刑事拘留《立案决定书范本》及内容格式"（有改动），载大律师网，http://www.360doc.com/content/18/0929/20/60267140_790777325.shtml，最后访问时间：2018 年 9 月 10 日。

编号和收到的时间。

(3) 应当立案的事实根据和法律根据。这一部分是关于公安机关不立案理由不成立的原因。应当首先写明人民检察院经过审查认为侦查机关说明的不立案理由不成立,接着写明人民检察院查明的案件事实,犯罪嫌疑人所触犯的刑法条文和涉嫌的罪名,指出本案符合刑事诉讼法规定的立案条件。具体表述为:"本院经审查认为,你局不立案理由不能成立。现已查明⋯⋯"

(4) 通知立案的法律依据和要求事项。法律依据即《刑事诉讼法》第113条,要求事项应当写明要求公安机关立案的期限。具体表述为:"根据《中华人民共和国刑事诉讼法》第113条的规定,本院现通知你局立案。请你局在×××年××月××日以前立案,并将立案决定书副本送达我院。"

3. 尾部。写明文书制作的日期并加盖人民检察院的印章。

(五) 注意事项

人民检察院在国家安全机关、军队保卫部门、监狱的立案监督中,需要通知其立案的,也适用本文书。人民检察院通知公安机关立案,应当由检察长决定;重大或者疑难、复杂的案件,由检察长提交检察委员会讨论决定。本文书一经发出,便具有法律效力。

人民检察院在通知立案书中要求公安机关立案的期限不能超过15日。通知立案书一式3份,1份送达被通知的公安机关等侦查机关,1份报上一级人民检察院备案,1份附卷。

(六) 项目评价标准

1. 能够熟练掌握通知立案书的格式,能够通过亚伟速录软件生成模板,并根据需要对常用词进行造词与自定义。

2. 能够结合案例,利用已生成的模板,按照规范格式,完成所需要的文书写作。

3. 根据学习内容,建立自己的专属词库。

项目二　侦查法律文书

侦查法律文书,是指人民检察院在对直接受理的案件进行侦查和对公安机关、国家安全机关等移送的案件进行补充侦查的过程中,依法决定使用侦查措施或者解除侦查措施时制作的法律文书。

侦查法律文书包括:回避决定书、回避复议决定书、批准会见在押犯罪嫌疑人决定书、不批准会见在押犯罪嫌疑人决定书、调取证据通知书、起诉意见书、不起诉意见书、撤销案件决定书等。此处重点介绍批准逮捕决定书、应当逮捕犯罪嫌疑人意书、撤销案件决定书。

一、批准逮捕决定书

（一）概念

批准逮捕决定书，是指人民检察院对公安机关、国家安全机关等侦查机关提请批准逮捕犯罪嫌疑人的案件进行审查后，认为符合逮捕条件而依法作出批准逮捕犯罪嫌疑人决定时制作的法律文书。

《宪法》第 37 条第 2 款规定："任何公民，非经人民检察院批准或者决定或者人民法院决定，并由公安机关执行，不受逮捕。"《刑事诉讼法》第 87 条规定："公安机关要求逮捕犯罪嫌疑人的时候，应当写出提请批准逮捕书，连同案卷材料、证据，一并移送同级人民检察院审查批准。"我国《刑事诉讼法》第 88 条规定："人民检察院对于公安机关提请批准逮捕的案件进行审查后，应当根据情况分别作出批准逮捕或者不批准逮捕的决定。"本决定书正是根据上述规定而制作的。

（二）格式

（三）范例

人民检察院 批准逮捕决定书 （存根）	人民检察院 批准逮捕决定书 （副本）	人民检察院 批准逮捕决定书	人民检察院 批准逮捕决定书 （回执）
×检侦监批捕[2002]101号 案由 抢劫 犯罪嫌疑人基本情况（姓名、性别、年龄、工作单位、住址、是否人大代表、政协委员码、是否人大代表、政协委员） 李××，男，28岁，无业，住在××市××区××街××号楼××号房，身份证号码×××××××××××××××× 送达机关××市公安局××分局 批准人王× 承办人李×× 填发人于×× 填发时间 二〇〇二年十月十八日	×检侦监批捕[2002]101号 ××市公安局××分局： 你局 于2002 年8 月23 日以×公刑提捕字[2002]98号提请批准逮捕书提请批准逮捕犯罪嫌疑人李×× 经本院审查认为，该犯罪嫌疑人涉嫌抢劫 犯罪，符合《中华人民共和国刑事诉讼法》第81条的规定的逮捕条件，决定逮捕犯罪嫌疑人李×× 。请依法立即执行，并将执行情况3日内通知本院。 二〇〇二年十月十八日 （院印）	×检侦监批捕[2002]101号 ××市公安局××分局： 你局于2002 年8月23日以×公刑提捕字[2002]98号提请批准逮捕书提请批准逮捕犯罪嫌疑人李×× 经本院审查认为，该犯罪嫌疑人涉嫌抢劫犯罪，符合《中华人民共和国刑事诉讼法》第81条的规定的逮捕条件，决定逮捕犯罪嫌疑人李×× 。请依法立即执行，并将执行情况3日内通知本院。 二〇〇二年十月十八日 （院印）	××人民检察院： 根据《中华人民共和国刑事诉讼法》第81条的规定，现将我局执行你院×检侦监批捕[2002]101号批准逮捕决定的情况通知如下：犯罪嫌疑人李××已于2002年10月18日由我局执行逮捕。现押于××看守所。 二〇〇二年 （公安局印）
第一联统一保存	第二联附卷	第三联送达侦查机关	第四联侦查机关退回后附卷

（四）制作要求

本决定书为填充式文书，一式四联，第一联为存根联，第二联为副本，第三联为正本，第四联为回执。

1. 存根。

（1）首部。包括：制作本文书的人民检察院名称；文书名称，即"批准逮捕决定书"；文书编号，即" 检 批捕〔 〕 号"，"检"前空余地方填写制作本文书的人民检察院的简称，"检"与"批捕"之间的空余地方填入人民检察院具体办案部门的简称，中括号内填写制作本文书的年度，中括号与"号"之间的空余地方填写本文书在该年度的序号。有些检察机关在填制此种文书时，字号中的文种类型字中省略了"刑"字，也是可以的。在首部文书名称下面标有"（存根）"字样。

（2）正文。包括：案由，即案件的性质，可以根据案件中犯罪嫌疑人的罪名填写为"故意杀人""盗窃""强奸"等，如果因为涉嫌多个罪名而立案的，应将所涉嫌的罪名填写齐全；犯罪嫌疑人的基本情况，包括姓名、性别、年龄、工作单位、住址、身份证号码、是否人大代表、政协委员等项目；送达机关名称；批准人姓名；承办人姓名；填发人姓名；填发时间。

2. 正本和副本。内容相同，主要包括以下内容：

（1）送达机关的机关名称。

（2）侦查机关提请逮捕的时间、文书编号以及犯罪嫌疑人姓名。具体表述为："你局（处）于××××年×月×日以×号提请批准逮捕书提请批准逮捕犯罪嫌疑人×××"。注意该项中提请批捕时间以人民检察院收到公安机关提请批准逮捕书的日期为准；如果批准逮捕的对象有两人或两人以上，可以只制作一份批准逮捕决定书。

（3）人民检察院的审查意见。即："经本院审查认为，该犯罪嫌疑人涉嫌××犯罪"，这里填写检察机关审查认定的罪名。如果是涉嫌多种犯罪的，应当一并填写齐全。

(4) 法律依据。即"符合《中华人民共和国刑事诉讼法》第81条规定的逮捕条件"。

(5) 决定事项。即："决定批准逮捕犯罪嫌疑人×××。请依法立即执行，并将执行情况3日内通知本院"。

(6) 制作本文书的时间，具体到年、月、日；加盖制作本文书的人民检察院的院印。

3. 回执。是执行逮捕的公安机关或者其他侦查机关给人民检察院的执行回执。内容包括：

(1) 回执送达的人民检察院名称。

(2) 法律依据，即"根据《中华人民共和国刑事诉讼法》第90条的规定"。

(3) 公安机关等侦查机关的执行情况，即"现将我局（处）执行你院××号批准逮捕决定书的情况通知如下"，执行情况应当填写详细准确。如果已经执行逮捕的，应当写"犯罪嫌疑人×××已于×年×月×日于某地被我局（处）执行逮捕，现押于×××看守所（或者监狱）"；如果尚未执行逮捕的，应写明没有执行的原因。

(4) 制作本文书的时间，具体到年、月、日；加盖制作本文书的执行机关的公章。

（五）注意事项

1. 本文书一式四联，前三联的制作主体是人民检察院，而第四联的制作主体是公安机关或国家安全机关。填制时，第四联标题中的发文机关、字号及尾部的落款都要与制作主体相一致。

2. 本文书应当以被批准逮捕的人次为单位制作，即每批准逮捕一名犯罪嫌疑人，制作一纸四联决定书一份。对于同一犯罪嫌疑人，每一次批准逮捕时，均应单独制作批准逮捕决定书。

3. 人民检察院在监督、审查公安机关办案过程中，如果发现应当逮捕而公安机关未提请批捕的犯罪嫌疑人，应当建议或要求公安机关提请批准逮捕。

4. 对已撤销原批准逮捕决定而被释放的犯罪嫌疑人，需要逮捕的，人民检察院应当重新填制批准逮捕决定书。

5. 第一联，尾部有了批准人、承办人及填表人的签名时，不需加盖公章，表底印"第一联统一保存"字样。第二联、第三联写明填制时间并加盖单位公章（注意不是制作部门的公章），表底分别印有"第二联附卷""第三联送达侦查机关"字样。第四联的尾部由执行逮捕的侦查机关盖章，表底印有"第四联侦查机关退回后附卷"字样。

（六）项目评价标准

1. 能够熟练掌握批准逮捕决定书的格式，能够通过亚伟速录软件生成模板，并根据需要对常用词进行造词与自定义。

2. 能够结合案例，利用已生成的模板，按照规范格式，完成所需要的文书写作。

二、应当逮捕犯罪嫌疑人意见书

（一）概念

应当逮捕犯罪嫌疑人意见书，是指人民检察院审查批捕部门在办理侦查机关提请批准逮捕的案件过程中，经过审查发现应当逮捕而侦查机关没有提请批准逮捕的犯罪嫌疑人，建议侦查机关提请批准逮捕时所制作的法律文书。

《刑事诉讼法》第81条规定：对有证据证明有犯罪事实，可能判处徒刑以上刑罚的犯罪嫌疑人、被告人，采取取保候审尚不足以防止发生下列社会危险性的，应当予以逮捕：①可能实施新的犯罪的；②有危害国家安全、公共安全或者社会秩序的现实危险的；③可能毁灭、伪造证据，干扰证人作证或者串供的；④可能对被害人、举报人、控告人实施打击报复的；⑤企图自杀或者逃跑的。对有证据证明有犯罪事实，可能判处十年有期徒刑以上刑罚的，或者有证据证明有犯罪事实，可能判处徒刑以上刑罚，曾经故意犯罪或者身份不明的，应当予以逮捕。

（二）格式

×××人民检察院
应当逮捕犯罪嫌疑人意见书

×检×捕意［××××］××号

×××（侦查机关名称）：

你×××（侦查机关简称和文号）号提请批准逮捕书移送的犯罪嫌疑人×××（姓名）涉嫌×××（案由）一案，本院经审查认为：

你×（侦查机关简称）提请批准逮捕书未列明犯罪嫌疑人……（写明需要追捕的人的姓名、性别、出生年、月、日及年龄）有证据证明有下列犯罪事实……（围绕犯罪构成及情节写明需要追捕的人实施的犯罪事实，之后写明上述事实的主要证据），上列犯罪嫌疑人×××（姓名）的行为已触犯《刑法》（全国人大常委会有关规定）第××条的规定，可能判处徒刑以上刑罚，有逮捕必要。依照《中华人民共和国刑事诉讼法》第81条的规定，应立即依法逮捕。请你×（侦查机关简称）写出提请批准逮捕书，连同案卷材料、证据，一并移送本院审查批准逮捕。

××××年××月××日（院印）

（三）文本范例

××市××区人民检察院
应当逮捕犯罪嫌疑人意见书

×检侦监捕意〔20××〕10号

××市公安局××区分局：

　　你局（20××）1号提请批准逮捕书移送的犯罪嫌疑人钱×、武×涉嫌抢劫一案，本院经审查认为：

　　你局提请批准逮捕书未列明的犯罪嫌疑人路×，男，23岁（1978年9月26日出生），有证据证明有下列犯罪事实：20××年×月×日21时许，路×伙同钱×、武×，以非法占有为目的，经过预谋窜至本市××区××公园内，钱×、武×用事先准备好的棒子将被害人田×打倒，路×从被害人兜里翻出人民币45元。认定路×涉嫌抢劫犯罪的证据主要有：同案互供、被害人陈述、目击证人李×证言。本院认为，犯罪嫌疑人路×的行为，已触犯《中华人民共和国刑法》第××条之规定，涉嫌犯有抢劫罪，可能判处有期徒刑以上刑罚，有逮捕必要。依照《中华人民共和国刑事诉讼法》第81条的规定，应立即依法逮捕。请你局写出提请批准逮捕书，连同案卷材料、证据，一并移送本院审查批准逮捕。

二〇××年×月×日
（加盖院印）

（四）制作要求

　　应当逮捕犯罪嫌疑人意见书为叙述式文书，分为首部、正文和尾部三个部分。

　　1. 首部。包括：制作本文书的人民检察院的名称；文书名称，即"应当逮捕犯罪嫌疑人意见书"；文书编号，即"　检　捕意〔　〕号"，"检"前空余地方填写制作本文书的人民检察院的简称，"检"与"捕意"之间的空余地方填写人民检察院具体办案部门的简称，中括号内填写制作本文书的年度，中括号与"号"之间的空余地方填写本文书在该年度的序号。

　　2. 正文。具体内容包括：送达的侦查机关名称；侦查机关的简称和提请批准逮捕书的文号；提请批准逮捕的犯罪嫌疑人的姓名；犯罪嫌疑人涉嫌的罪名；提请批准逮捕的侦查机关简称；应当提请批准逮捕的犯罪嫌疑人的基本情况，包括姓名、性别、出生年、月、日、年龄等；应当提请逮捕犯罪嫌疑人的事实、证据和法律依据，主要围绕犯罪嫌疑人所涉嫌罪名的犯罪构成和量刑情节来叙写；应当提请批准逮捕的犯罪嫌疑人姓名；构成犯罪的具体刑法依据；应当提请批准逮捕的侦查机关的简称。

　　3. 尾部。包括：制作本文书的时间，具体到年、月、日；加盖制作本文书的人民检察院的院印。

（五）注意事项

本文书只适用于人民检察院审查批捕环节，其他部门不能制作本文书。如果本文书没有被侦查机关接受的，

人民检察院可以直接制作逮捕决定书，通知公安机关执行。本文书一式两份，1份送达提请批准逮捕的侦查机关，1份附卷。

（六）项目评价标准

1. 能够熟练掌握应当逮捕犯罪嫌疑人意见书的格式，能够通过亚伟速录软件生成模板，并根据需要对常用词进行造词与自定义。

2. 能够结合案例，利用已生成的模板，按照规范格式，完成所需要的文书写作。

三、撤销案件决定书

（一）概念

撤销案件决定书，是指人民检察院在办理直接立案侦查的刑事案件过程中，发现不应追究犯罪嫌疑人的刑事责任，或者有《刑事诉讼法》第16条规定的情形之一，而决定撤销对犯罪嫌疑人的立案时，所制作的法律文书。

《刑事诉讼法》第163条规定："在侦查过程中，发现不应对犯罪嫌疑人追究刑事责任的，应当撤销案件；犯罪嫌疑人已被逮捕的，应当立即释放，发给释放证明，并且通知原批准逮捕的人民检察院。"《刑事诉讼法》第168条规定："人民检察院侦查终结的案件，应当作出提起公诉、不起诉或者撤销案件的决定。"《人民检察院刑事诉讼规则》第290条规定："人民检察院在侦查过程中或者侦查终结后，发现具有下列情形之一的，侦查部门应当制作拟撤销案件意见书，报请检察长或者检察委员会决定：①具有刑事诉讼法第15条规定情形之一的；②没有犯罪事实的，或者依照刑法规定不负刑事责任和不是犯罪的；③虽有犯罪事实，但不是犯罪嫌疑人所为的。对于共同犯罪的案件，如有符合本条规定情形的犯罪嫌疑人，更当撤销对该犯罪嫌疑人的立案。"

（二）格式

×××人民检察院
撤销案件决定书

×检×撤［××××］××号

犯罪嫌疑人×××（姓名）……（犯罪嫌疑人基本情况）

犯罪嫌疑人×××（姓名）涉嫌……（罪名）一案，系……（案件来源），本院于××××年××月××日立案侦查……（采取强制措施情况）。

现查明：犯罪嫌疑人×××（姓名）……（简要叙述涉嫌犯罪的事实、损害后果

及不作有罪认定的理由）。

……（撤案理由：依据《刑事诉讼法》第16条的规定；没有犯罪事实的，或者依照刑法规定不负刑事责任和不是犯罪的；证据不足，不能证明犯罪事实系犯罪嫌疑人所为的等）根据……（具体法律依据）不构成犯罪（或者为：不应当追究刑事责任）。现决定撤销此案。

检察长
××××年××月××日
（院印）

（三）文本范例

大庆市大同区人民检察院
撤销案件决定书[1]

庆同检反贪撤（2005）1号

犯罪嫌疑人穆××，男，1963年3月5日出生，身份证号码：××××××，汉族，大学文化，中共党员，大庆市××区人大代表，黑龙江省××市人，系大庆华能家凤物业管理有限公司经理，住大庆市大同区新华村27号楼3—101室。

犯罪嫌疑人穆××涉嫌贪污一案，系本院在调查案件中发现，经检察长批准，本院于2005年8月10日开始初查，2005年8月13日立案侦查，同日对其刑事拘留，2005年8月18日本院决定由××区分局对其实行逮捕。

现查明：关于贪污维修费问题，经查，穆××在担任大庆华能家凤物业管理有限公司经理期间，于2004年1月将大庆华能新华发电有限公司拨给龙凤物业公司的维修费61600.00元，通过让胡路区新大众经贸公司银行账户汇回龙凤物业公司账户后，已进入单位收入，不存在侵吞的事实。关于私分房租费收入问题，经查，穆××在担任大庆华能家凤物业管理有限公司经理期间，于2004年1月将该公司房租费收入65300.00元没入单位财务账，作为账外款放在出纳员刁××处，现在没有证据证明其私分房租费收入。

根据以上事实，无法认定犯罪嫌疑人穆××具有贪污犯罪事实，依据《中华人民共和国刑事诉讼法》第130条、第135条和《人民检察院刑事诉讼规则》第237条、第238条的规定，现决定撤销此案。

检察长：张××
二〇〇五年十一月三日
（加盖院印）

---

[1] "大庆市大同区人民检察院 撤销案件决定书"，载北野牧歌博客（有改动），http://blog.sina.com.cn/s/blog_4fb8db6501009zhg.html，最后访问时间：2018年10月7日。

(四) 制作要求

撤销案件决定书为叙述式文书，由首部、正文和尾部构成。

1. 首部。包括文书名称和文书编号、犯罪嫌疑人的基本情况、案由和立案的时间等。

（1）文书名称，即"××人民检察院撤销案件决定书"；文书编号，即"×检×撤〔××××〕××号"，空白处应当依次填写制作文书的人民检察院简称、具体办案部门简称、年度和序号。

（2）犯罪嫌疑人基本情况。包括姓名、性别、出生年、月、日、籍贯、民族、职业或者工作单位及职务、住址等。具体表述为："犯罪嫌疑人×××（姓名），女……"

（3）案由和立案时间。具体表述为："犯罪嫌疑人×××（姓名）涉嫌×××（罪名）一案，本院于××××年××月××日立案侦查"。如果需要说明案件来源的，可以在案由后叙述；如果对犯罪嫌疑人采取强制措施的，也应当说明采取强制措施的具体情况。

2. 正文。包括撤销案件的事实、证据、撤销案件的理由和法律依据等。

（1）撤销案件的事实、证据。即经过侦查查明的案件事实，这一部分是为撤销案件提供事实上的理由，可表述为"现查明……"（用简洁的语言叙明查清的案件事实，要根据决定撤销案件的具体情节，实事求是并有针对性地叙写，例如：行为情节、犯罪时间、被害人告诉情况、犯罪嫌疑人死亡等。）证据要写经过侦查获取的能够认定犯罪嫌疑人的行为不构成犯罪或者具有《刑事诉讼法》第16条规定的情形之一的具体证据。

（2）撤销案件的理由和法律依据。理由可以根据案件的具体情况，概括写明犯罪嫌疑人"尚未构成犯罪"或者"不应追究刑事责任"。法律依据应当写明两方面的法律条款：一是应具体写明对犯罪嫌疑人决定撤销案件的针对性条款；二是写明人民检察院据以决定撤销案件的《刑事诉讼法》的相关规定。在法律依据之后要写明撤销案件的决定，具体表述为"现决定撤销此案"。

3. 尾部。包括检察长签名、制作文书的年、月、日，加盖人民检察院印章，以及没收和扣押赃款赃物情况等附项内容。

(五) 注意事项

在侦查过程中或者侦查终结后，发现应当撤销案件的情形，应当由侦查人员提出撤销案件的意见，对案件是否撤销由检察长或者检察委员会决定。撤销案件的决定，应当分别送达犯罪嫌疑人所在单位和犯罪嫌疑人；犯罪嫌疑人死亡的，只送达其原所在单位。

对于共同犯罪的案件，如其中有存在应当撤销案件的情形的犯罪嫌疑人的，应当撤销对该犯罪嫌疑人的立案。本文书一式四份，一份存检察卷，一份存检察内卷，一份送达犯罪嫌疑人所在单位，一份送达犯罪嫌疑人。犯罪嫌疑人死亡的，只送达其原所在单位。

（六）项目评价标准

1. 能够熟练掌握撤销案件决定书的格式，能够通过亚伟速录软件生成模板，并根据需要对常用词进行造词与自定义。

2. 能够结合案例，利用已生成的模板，按照规范格式，完成所需要的文书写作。

3. 根据学习内容，建立自己的专属词库。

项目三　起诉书

一、概念

起诉书，是指人民检察院经侦查或审查，确认被告人的行为构成犯罪，依法应当交付审判，向人民法院提起公诉时，制作并使用的文书。

我国《刑事诉讼法》第 169 条规定："凡需要提起公诉的案件，一律由人民检察院审查决定。"第 176 条第 1 款规定："人民检察院认为犯罪嫌疑人的犯罪事实已经查清，证据确实、充分，依法应当追究刑事责任的，应当作出起诉决定，按照审判管辖的规定，向人民法院提起公诉，并将案卷材料、证据移送人民法院。"起诉书正是依据以上法律规定而制作的。

二、格式

×××人民检察院

起 诉 书

×检×诉［××××］××号

被告人……（写明姓名、性别、年龄、出生年月日、出生地、身份证号码、民族、文化程度、职业或工作单位及职务、住址、曾受到行政处罚、刑事处罚的情况和因本案采取强制措施的情况等）。

本案由×××（侦查机关）侦查终结，以被告人×××涉嫌×××罪，于××××年××月××日向本院移送审查起诉。本院受理后，于××××年××月××日已告知被告人有权委托辩护人，××××年××月××日已告知被害人及其法定代理人（或者近亲属）、附带民事诉讼的当事人及其法定代理人有权委托诉讼代理人，依法讯问了被告人，听取了被害人的诉讼代理人×××和被告人的辩护人×××的意见，审查了全部案件材料……（写明退回补充侦查、延长审查起诉期限等情况）。

［对于侦查机关移送审查起诉的需要变更管辖权的案件，表述为："本案由×××（侦查机关）侦查终结，以被告人×××涉嫌×××罪，于××××年××月××日向×××人民检察院移送审查起诉。×××人民检察院于××××年××月××日转至本院审查起诉。本院受理后，于××××年××月××日已告知被告人有权……"

对于人民检察院侦查终结并审查起诉的案件，表述为："被告人×××涉嫌×××罪一案，由本院侦查终结。本院于××××年××月××日已告知被告人有权……"

对于其他人民检察院侦查终结的需要变更管辖的案件，表述为："本案由×××人民检察院侦查终结，以被告人涉嫌×××罪，于××××年××月××日向本院移送审查起诉。本院受理后，于××××年××月××日已告知被告人有权……"］

经依法审查查明：……（写明经检察机关审查认定的犯罪事实，包括犯罪时间、地点、经过、手段、目的、动机、危害后果等与定罪量刑有关的事实要素。应当根据具体案件情况，围绕刑法规定的该罪构成要件叙写）。

（对于只有一个犯罪嫌疑人的案件，犯罪嫌疑人实施多次犯罪的犯罪事实应逐一列举；同时触犯数个罪名的犯罪嫌疑人的犯罪事实应该按照主次顺序分类列举。对于共同犯罪的案件，写明犯罪嫌疑人的共同犯罪事实及各自在共同犯罪中的地位和作用后，按照犯罪嫌疑人的主次顺序，分别叙明各个犯罪嫌疑人的单独犯罪事实）。

认定上述事实的证据如下：

……（针对上述犯罪事实，分列相关证据）。

本院认为，……（概括论述被告人行为的性质、行为危害程度、情节轻重），其行为触犯了《中华人民共和国刑法》第×条（引用罪状、法定刑条款），犯罪事实清楚，证据确实充分，应当以×××罪追究其刑事责任。根据《中华人民共和国刑事诉讼法》第176条的规定，提起公诉，请依法判处。

此致

×××人民法院

检察员：×××

××××年××月××日

（院印）

附：1. 被告人现在住所。具体包括在押被告人的羁押场所和监视居住、取保候审的处所。

2. 证据目录、证人名单和主要证据复印件，并注明数量。

3. 有关涉案款物情况。

4. 被害人（单位）附带民事诉讼的情况。

5. 其他需要附注的事项。

三、文本范例

深圳市罗湖区人民检察院
起 诉 书[1]

深罗检刑诉〔2018〕1212号

被告人吴××，男，1974年××月××日出生，居民身份证号码4402031974××××××××，汉族，中专文化，户籍所在地和现住址为广东省惠州市惠城区××街××号××栋××房。因侵犯著作权嫌疑，于2018年4月11日被深圳市公安局罗湖分局刑事拘留；因涉嫌侵犯著作权罪，经深圳市罗湖区人民检察院批准，于2018年5月15日被深圳市公安局罗湖分局逮捕。

本案由深圳市公安局罗湖分局经济犯罪侦查大队侦查终结，以被告人吴××涉嫌侵犯著作权罪，于2018年6月6日向本院移送审查起诉。本院受理后，已告知被告人有权委托辩护人和认罪认罚可能导致的法律后果，依法讯问了被告人，听取了被告人及值班律师的意见，审查了全部案件材料。

经依法审查查明：

2010年6月22日，被告人吴××受其老板"健哥"（身份不详）委托租用本市罗湖区清水河小区13栋104房从事侵犯著作权的犯罪活动，其负责开车将盗版光碟拉至本市罗湖区清水河龙巴停车场北侧临时板房内，并作为负责人管理已决犯刘××、谢××等人在该处对盗版光碟进行后期的包装、贴标签，后期处理完成后再搬运至本市罗湖区清水河小区13栋104房存放并销售。2011年8月28日，民警接群众举报后在本市罗湖区清水河小区13栋104房将正在该处等待卸货的已决犯刘××、谢××当场抓获归案，并联合罗湖区文化市场行政执法大队在前述两个地点查获非法音像制品共计124122张。2018年4月11日13时许，被告人吴××在惠州市金典水岸路边停车场被抓获归案。

认定上述事实的证据如下：

1. 物证：案发现场缴获非法音像制品、标签纸；
2. 书证：受案登记表、立案决定书；涉案房屋租赁合同书；案发现场缴获的记账单；搜查证、搜查笔录、扣押清单；文化行政执法现场检查笔录、行政执法通知书、证据登记保存清单；深圳市公安局清水河派出所出具的情况说明；鉴定结论通知书；被告人吴××的身份信息材料；惠城区公安分局刑警大队出具的证明；刑事判决书涉案手机号码通话记录及开户资料；
3. 证人证言：证人蒋×国、李×林、曾×军、李×成、刘××、谢××的证言和

---

[1] 法律文书，载人民检察院案件信息公开网，http://www.ajxxgk.jcy.cn/html/20180919/2/8536031.html，最后访问日期：2018年9月19日。

深圳市公安局罗湖分局刑警大队民警邱×谋、黄×山出具的抓获经过；

4. 被告人的供述与辩解：被告人吴某某的供述与辩解；

5. 鉴定意见：深圳市罗湖区音像制品鉴定委员会出具的音像制品鉴定书；

6. 勘验、检查、辨认、侦查实验等笔录；证人所做辨认笔录；

7. 视听资料、电子数据：案发现场勘验检查形成的现场勘查笔录、现场图和现场照片。

上述证据收集程序合法，内容客观真实，足以认定指控事实。被告人吴××对指控的犯罪事实和证据没有异议，并自愿认罪认罚。

本院认为，被告人吴××无视国家法律，以营利为目的，未经著作权人许可，复制发行其音像制品，情节特别严重，其行为触犯了《中华人民共和国刑法》第二百一十七条之规定，犯罪事实清楚，证据确实、充分，应当以侵犯著作权罪追究其刑事责任。被告人吴××归案后能够如实供述自己的罪行，系坦白，根据《中华人民共和国刑法》第六十七条第三款的规定，可以从轻处罚。被告人吴××在审查起诉阶段已签署《认罪认罚具结书》，自愿认罪认罚，依法可以从轻处罚。根据《中华人民共和国刑事诉讼法》第一百七十二条的规定，提起公诉，请依法判处。

此致

深圳市罗湖区人民法院

检察员：×××

2018 年 6 月 26 日

附：

1. 被告人现羁押于深圳市罗湖区看守所。
2. 案卷材料和证据 4 册。
3. 《量刑建议书》。
4. 《认罪认罚具结书》。

四、制作要求

起诉书样本有四种，这里只介绍普通程序案件适用的起诉书的内容。起诉书系文字叙述式文书，由首部、正文和尾部三部分组成。

（一）首部

首部包括检察机关名称和文书名称、文书编号、被告人项、案由和案件审查过程项。

1. 制作文书的人民检察院名称和文书名称。分两行居中写，第一行写制作机关名称，应当写为"×××人民检察院"。需要注意，文书制作机关的名称应当用全称，不能用简称或者缩写名称。如果被告人是外国人，文书制作机关的名称前应当冠以"中华人民共和国"字样。文书名称应当写为"起诉书"。

2. 文书编号。位于标题的右下方,由发文机关代字、部门(代字)、文书简称、年度及年度发文序号组成,因为起诉书是以人民检察院的名文制作的,所以字号中不必加制作部门的发文代字。

3. 被告人的基本情况。被告人的基本情况是确定被告对象具体身份的重要内容,样本格式规定:被告人的姓名、性别、出生年月日、民族、身份证号码、文化程度、职业或工作单位及职务、住址、曾受到行政处罚、刑事处罚和因本案被采取强制措施的情况等。

被告人的基本情况包括三方面内容:一是从"姓名"到"住址"等一般情况。按规定的项目依次书写,不得随意增减项目,不得随意排列顺序。被告人的姓名,应当写清被告人正在使用的正式姓名,即户口簿、身份证等法定文件中使用的姓名。如有曾用名或与案件有关的化名、笔名、绰号等要用括号注明,与犯罪无关其他名字不写。如果是聋哑人或盲人,要在姓名后用括号加以注明。对于符合起诉条件但不讲真实姓名、住址、身份不明的被告人,根据《刑事诉讼法》160条的规定,可以按其自报的姓名向法院起诉。被告人是外国人的,应在其中文译名后面用括号注明外文姓名。出生日期,应写公历出生年、月、日。具体出生日期查不清楚的,在制作起诉书时应以公历计算的周岁写明被告人的年龄。但是,如果涉及已满14周岁不满18周岁的被告人刑事责任问题时,必须写明被告人准确的出生年、月、日。民族,应写全称。如汉族、维吾尔族等。身份证号码,应准确写出被告人身份中的号码数,以作为确认其身份的依据。尚未办理身份证的,应注明。文化程度,主要写明所受过的正规教育的程度。不识字的写"文盲"。职业或工作单位、职务,应写明被采取强制措施前所在的工作单位名称及职务。无工作单位的,只写职业名称,从事农业生产者写"务农"。从事个体经营的写"从事个体经营"。待业人员写"无职业"。住址,一般情况下应写户籍所在地。户籍所在地与经常居住地不一致的,写经常居住地,并注明户籍所在地。对流窜犯等户籍所在地或经常居住地不明的,写其暂住地。被告人是外国人时,应当写明其国籍、护照号码和外国居住地。

二是曾受行政处罚、刑事处罚的情况。被告人受到的行政处罚,如果与定罪有关,则需要写明,如果与定罪没有关系,则不写。叙写行政处罚,应写明处罚的时间、种类、处罚单位等有关情况。被告人受到的刑事处罚,应当写明。叙写刑事处罚时,应写明处罚的时间、原因、种类、决定处罚的机关、处罚的内容、释放时间等有关情况。

三是因本案被采取强制措施的情况。对被告人采取的强制措施,应写明有关情况。一般应写明采取强制措施的原因、种类、批准或者决定处罚的机关名称和时间,执行机关的名称和时间等。被采取过多种强制措施的,应按照强制措施执行时间先后顺序一一写明。对共同犯罪的多名被告人一并提起公诉的,起诉书的"被告人身份等基本情况",应当按主犯、从犯、胁从犯的顺序,依次逐人分段写明。关于"采取的强制措施"一项，如果几名被告人是在同一时间，被同一机关批准或决定采取同一种措施的，可以用归纳法，在各被告人基本情况写完以后，另用一自然段，综合写明各被告人被采取强制措施的时间、决定或执行机关、强制措施名称等。

4. 案由和案件的审查过程。这一部分主要包括案由和侦查机关移送审查起诉的时间、依法告知被告人或被害人的情况、办理审查起诉的简要情况、其他有关情况等。由于案件来源不同，这一部分有以下两种写法：

（1）公安等侦查机关侦查终结，移送人民检察院审查起诉的，其文字表述为："本案由×××（侦查机关）侦查终结，以被告人×××涉嫌×××罪，于××××年××月××日向本院移送审查起诉。本院受理后，于××××年×月×日已告知被告人有权委托辩护人，××××年××月××日已告知被害人及其法定代理人（或者近亲属）、附带民事诉讼的当事人及其法定代理人有权委托诉讼代理人，依法讯问了被告人，听取了被害人的诉讼代理人×××和被告人的辩护人×××的意见，审查了全部案件材料……（写明退回补充侦查、延长审查起诉期限等情况）"。

对于侦查机关移送审查起诉的需要变更管辖权的案件，表述为："本案由×××（侦查机关）侦查终结，以被告人×××涉嫌×××罪，于××××年××月××日向×××人民检察院移送审查起诉。×××人民检察院于××××年××月××日转至本院审查起诉。本院受理后，于××××年××月××日已告知被告人有权……"

（2）人民检察院侦查终结并审查起诉的案件，其文字表述为："被告人×××涉嫌×××罪一案，由本院侦查终结。本院于××××年××月××日已告知被告人有权……"

对于其他人民检察院侦查终结的需要变更管辖的案件，表述为："本案由×××人民检察院终结，以被告人涉嫌×××罪，于××××年××月××日向本院移送审查起诉。本院受理后，于××××年××月××日已告知被告人有权……"

（二）正文

正文包括案件事实、证据、起诉的要求和根据等。

1. 犯罪事实和证据。这是起诉书的正文部分一项重要内容，先写明经检察院依法审查查明的犯罪事实，后写明经相证属实的有关证据。另起一段，以"经依法审查查明"引出侦查认定的犯罪事实。叙写犯罪事实，凡是需要写进起诉书的犯罪事实必须是经人民检察院审查认定的犯罪事实，有确实充分的证据予以证明；只有口供没有其他证据或证据不充分的犯罪事实不能写入起诉书。注意区别罪与非罪的界限，只叙写涉嫌犯罪的事实，对一般违法行为和违反党纪政纪的行为均不能写进犯罪事实部分。对涉及国家机密和个人隐私的案件，叙事时应注意保密。叙写犯罪事实一般应按时间先后顺序写；一人多罪，应当按照罪行轻重顺序写，重罪先写，轻罪后写；多人多罪的，应当按照主犯、从犯或者重罪、轻罪的顺序写，突出主犯、重罪。叙写犯罪事实，要具体写明犯罪时间、地点、经过、手段、动机、目的、危害后果以及被告人案发后的表现等,特别注意写明涉嫌某罪的犯罪构成要件以及与定罪量刑有关事实情节。共同犯罪的案件,如有同案犯在逃的,叙事中涉及该犯时,应在姓名后用括号写明"另案处理"。

在犯罪事实后,另起一段,以"认定上述事实的证据如下"引出对证据的列举。列举证据应当采用"一事一证"的方法,即在每一起案件事实后列举能证明该案事实存在的主要证据。对于犯几种不同性质罪行的被告人,叙述时在写明其某种罪行之后,接着就列举认定该犯罪事实的主要证据,然后再叙写其他罪行和相关证据。

2. 起诉的根据和理由。这是肯定被告人行为构成犯罪,需要追究刑事责任,并作出起诉决定的结论性部分。起诉书的事实和证据部分是客观纪实,而理由和结论部分,则是检察机关在客观基础上作出的主观见解。本部分包括:

(1) 说明被告人的行为性质及其触犯的刑法条文和涉嫌的罪名。以事实部分为根据,对照刑法确定被告人触犯的刑法条款、犯罪性质、罪名。被告人触犯的刑法条款要具体到某条、某款,且与构成的犯罪性质一一对应,多个犯罪性质按由重到轻的顺序排列。共同犯罪分别写明各被告人应负的罪责。对犯罪性质及罪名的认定与公安机关不一致的,应在此部分写明。

根据被告人的罪责及在犯罪过程中的表现、主观方面、客观条件以及事后的认罪态度等情况,对照有关法律条文,分析论证被告人有哪些从轻、减轻或者从重、加重处罚的情节,并表明对被告人从重、加重或从轻、减轻处罚的倾向性意见。此种倾向性意见要明确,如写为"请法庭考虑从轻处罚"或者"请法庭考虑减轻处罚",二者只能选其一,不能含糊地写为"请法庭考虑从轻、减轻处罚"。

(2) 阐明作出起诉决定的法律依据,明确是依据《刑事诉讼法》第176条的规定,对本案被告人提起公诉,送交法院审判,依法予以惩处。

(三) 尾部

尾部主要包括以下几个方面的内容:

1. 受文对象,即本文书送达的人民法院名称。"此致"二字应另起一行,前面留四个字的空格;受文的人民法院名称另起一行顶格写,法院名称要写全称。

2. 写明检察人员的法律职务、姓名。法律职务指检察长、副检察长、检察员、代理检察员(在起诉书中,助理检察员应写为代理检察员)。注意必须先写检察人员的法律职务,再写检察人员的姓名,如"检察长刘××"。

3. 日期,即制作此文书的年月日。

4. 盖章,即在检察员与发文时间上盖压制作起诉书的人民检察院公章。

5. 附项。普通程序案件适用的起诉书要根据需要列明附注事项,一般包括:被告人羁押处所或监视居住、取保候审的处所;本案的证据目录、证人名单和主要证据复印件；有关涉案款物的情况；被害人或者被害单位提出的附带民事诉讼的情况；其他需要附注的事项。附注事项应当列明序号。

五、注意事项

起诉书的文字一般用汉字。在少数民族聚居地或者多民族共同居住的地区，被告人是少数民族的，起诉书应当用当地通用的文字制作。对外国人犯罪的案件，起诉书正本和若干副本使用汉字制作并加盖人民检察院公章。同时，为了方便诉讼，也应当用外国籍被告人所在国的官方语言文字，制作起诉书翻译件，同时送达被告人及有关方面。外文本起诉书与中文本具有同等效力，发生歧义的，以中文正本为准。被告人是又聋又哑或盲人的，还应在姓名后具体注明。引用法律条文时应当注意：一是对于法律条文的名称要写全称；引用法律条文时，不能引用宪法、党内文件或领导人的讲话。

起诉书的制作应一式 8 份，每增加一名被告人向人民法院增送起诉书 5 份。

六、项目评价标准

1. 能够熟练掌握起诉书的格式，能够通过亚伟速录软件生成模板，并根据需要对常用词进行造词与自定义。
2. 能够结合案例，利用已生成的模板，按照规范格式，完成所需要的文书写作。
3. 根据学习内容，建立自己的专属词库。

项目四　不起诉决定书

一、概念

不起诉决定书，是指人民检察院在审查完移送起诉的案件后，依法对免予追究刑事责任，证据不足、不符合起诉条件以及对于犯罪情节轻微，依照刑法规定不需要判处刑罚或者免除刑罚的不起诉案件，作出不起诉决定时制作和使用的法律文书。

《刑事诉讼法》第 175 条第 4 款规定的"对于二次补充侦查的案件，人民检察院仍然认为证据不足，不符合起诉条件的，应当作出不起诉的决定。"《刑事诉讼法》第 177 条规定："犯罪嫌疑人没有犯罪事实，或者有本法第 15 条规定的情形之一的，人民检察院应当作出不起诉决定。对于犯罪情节轻微，依照刑法规定不需要判处刑罚或者免除刑罚的，人民检察院可以作出不起诉决定。"《刑事诉讼法》第 16 条规定："有下列情形之一的，不追究刑事责任，已经追究的，应当撤销案件，或者不起诉，或者终止审理，或者宣告无罪：①情节显著轻微、危害不大，不认为是犯罪的；②犯罪已过追诉时效期限的；③经特赦令免除刑罚的；④依照刑法告诉才处理的犯罪，没有告诉或者撤回告诉的；⑤犯罪嫌疑人、被告人死亡的；⑥其他法律规定免予追究刑事责任的。"

二、格式

×××人民检察院
不起诉决定书

×检×刑不诉〔××××〕××号

被不起诉人……〔写明姓名、性别、出生年月日、身份证号码、民族、文化程度、职业或工作单位及职务（国家机关工作人员利用职权实施的犯罪，应当写明犯罪期间在何单位任何职）、住址（被不起诉人住址写居住地，如果户籍所在地与暂住地不一致的，应当写明户籍所在地和暂住地）、是否受过刑事处罚，采取强制措施的种类、时间、决定机关等〕。

（如系被不起诉单位，则应写明名称、住所地等）。

辩护人……（写明姓名、单位）。

本案由×××（侦查机关）侦查终结，以被不起诉人×××涉嫌×××罪，于××××年××月××日移送本院审查起诉。

（如果是自侦案件，此处写"被不起诉人×××涉嫌×××一案，由本院侦查终结，于××××年××月××日移送审查起诉或不起诉"。如果案件是其他人民检察院移送的，此处应当将指定管辖、移送单位以及移送时间等写清楚）。

（如果案件曾经退回补充侦查，应当写明退回补充侦查的日期、次数以及再次移送审查起诉的时间）。

经本院依法审查查明：

……

〔如果是根据《刑事诉讼法》第16条第1项即侦查机关移送起诉认为行为构成犯罪，经检察机关审查认定行为情节显著轻微、危害不大，不认为是犯罪而决定不起诉的，则不起诉决定书应当先概括叙述公安机关移送审查起诉意见书认定的犯罪事实（如果是检察机关的自侦案件，则不写这部分），然后叙写检察机关审查后认定的事实及相应的证据，重点反映显著轻微的情节和危害程度较小的结果。如果是行为已经构成犯罪，本应当追究刑事责任，但审查过程中有《刑事诉讼法》第16条第2至6项法定不追究刑事责任的情形，因而决定不起诉的，应当重点叙明符合法定不追究刑事责任的事实和证据，充分反映出法律规定的内容〕。

本院认为，×××（被不起诉人的姓名）的上述行为，情节显著轻微、危害不大，不构成犯罪。依照《中华人民共和国刑事诉讼法》第16条第1项和第177条第1款的规定，决定对×××（被不起诉人的姓名）不起诉。

（如果是根据《刑事诉讼法》第16条第2至6项法定不追究刑事责任的情形而决

定的不起诉，重点阐明不追究被不起诉人刑事责任的理由及法律依据，最后写决定不起诉的法律依据）。

被害人如果不服不起诉决定，可以自收到本决定书后 7 日以内向××人民检察院申诉，请求提起公诉；也可以不经申诉，直接向××人民法院提起自诉。

××人民检察院
×××年××月××日
（院印）

三、文本范例

江苏省新沂市人民检察院

不起诉决定书[1]

新检刑一刑不诉〔2018〕33 号

被不起诉人李××，男，1966 年××月××日生，身份证号码3203261966×××××××，汉族，初中文化，无业，住新沂市××街道××巷××号。被不起诉人李××因涉嫌故意伤害罪，于 2017 年 12 月 21 日被新沂市公安局取保候审，2018 年 7 月 4 日经本院决定取保候审，当日由该局执行取保候审。

本案由新沂市公安局侦查终结，以被不起诉人李××涉嫌故意伤害罪，于 2018 年 7 月 3 日向本院移送审查起诉。本院受理后，于 2018 年 7 月 4 日已告知被不起诉人李××有权委托辩护人，已告知被害人石××有权委托诉讼代理人，依法讯问了被不起诉人李××，听取了被害人石××的意见，审查了全部案件材料。因部分事实不清、证据不足，本院于 2018 年 8 月 17 日退回新沂市公安局补充侦查，该局补查后于 2018 年 9 月 17 日重新移送审查起诉。因案情复杂，本院分别于 2018 年 8 月 3 日、2018 年 10 月 17 日依法延长审查起诉期限半个月。

经本院依法审查查明：

2017 年 12 月 10 日 15 时许，被不起诉人李××在新沂市唐店街道大唐食品厂院内，因债务纠纷与石××发生争吵、厮打，被不起诉人李××用拳头击打石××面部，致石××两侧鼻骨多发骨折，鼻部软组织肿胀，双眼睑挫伤青紫肿胀。经新沂市公安局法医鉴定，石××的损伤程度构成轻伤二级。

被不起诉人李××于 2017 年 12 月 21 日被新沂市公安局唐店派出所刑事传唤到案，并如实供述上述犯罪事实，且已赔偿被害人石××医药费等各项费用共计人民币 60000 元，并取得被害人石××的谅解。

认定上述事实的证据如下：

---

[1] "江苏省新沂市人民检察院不起诉决定书"，载人民检察院信息公开网，http://www.ajxxgk.jcy.gov.cn/html/zjxflws/，最后访问时间：2018 年 10 月 8 日。

1. 和解协议、谅解书等书证；

2. 证人杜××、胡××的证言；

3. 被害人石××的陈述；

4. 被不起诉人李××的供述；

5. 新沂市公安局物证鉴定室法医学人体损伤鉴定书等。

本院认为，被不起诉人李××实施了《中华人民共和国刑法》第二百三十四条第一款规定的行为，但犯罪情节轻微，且已赔偿被害人经济损失，取得被害人谅解，且具有坦白情节，根据《中华人民共和国刑法》第三十七条的规定，不需要判处刑罚。依据《中华人民共和国刑事诉讼法》第一百七十七条第二款的规定，决定对李××不起诉。

被不起诉人如不服本决定，可以自收到本决定书后七日内向本院申诉。

被害人如不服本决定，可以自收到本决定书后七日以内向徐州市人民检察院申诉，请求提起公诉；也可以不经申诉，直接向新沂市人民法院提起自诉。

江苏省新沂市人民检察院
2018年9月25日
（院印）

四、制作要求

不起诉决定书为文字叙述式文书，由首部、正文和尾部三部分组成。

（一）首部

首部包括文书名称、文书编号、被不起诉人基本情况、辩护人基本情况、案由和案件来源等。

1. 文书制作机关名称和文书名称同起诉书。

2. 文书编号。应当写为"×检×不诉〔××××〕××号"，制作要求同起诉书。

3. 被不起诉人的基本情况。根据《刑事诉讼法》的有关规定，本文书对此项应当使用"被不起诉人"这一规范称呼。因为制作本文书时，案件性质和责任已经明确，所以不称为"犯罪嫌疑人"。应当逐一写明姓名、性别、出生年月日、身份证号码、民族、文化程度、职业或工作单位及职务（国家机关工作人员利用职权实施的犯罪，应当写明犯罪期间在何单位任何职）、住址（被不起诉人住址写居住地，如果户籍所在地与暂住地不一致的，应当写明户籍所在地和暂住地），是否受过刑事处罚，采取强制措施的种类、时间、决定机关等。如果被不起诉的是单位，则应写明单位名称、住所地等，并以"被不起诉单位"替代不起诉格式中的"被不起诉人"。

4. 辩护人的基本情况。如果案件在审查起诉中，被不起诉人已经明确了自己的辩护人的，应当写明该辩护人的姓名、单位和通信地址。

5. 案由和案件来源。如果是公安机关侦查终结的案件，写明姓名、案由、案件来源。即"本案由×××（侦查机关）侦查终结，以被不起诉人×××涉嫌×××罪，于××××年××月××日移送本院审查起诉"。

如果是人民检察院侦查终结的案件，写明姓名、案由、案件来源。即"被不起诉人×××涉嫌×××一案，由本院侦查终结，于××××年××月××日移送审查起诉或不起诉"。如果案件是其他人民检察院移送的，此处应当将指定管辖、移送单位以及移送时间等写清楚。

在这部分中，如果案件曾经退回补充侦查，应当写明退回补充侦查的日期、次数以及再次移送审查起诉的时间。

（二）正文

正文包括案件的事实情况，不起诉的理由、法律依据和决定事项，告知事项等。

1. 案件事实情况。事实部分的写法，基于三种法定情形，因案而异。大体有三种写法：

（1）绝对不起诉案件事实部分写法。根据侦查机关的起诉意见书，概括写明侦查机关移送起诉认定的事实和证据情况，然后写明人民检察院审查起诉中出现了《刑事诉讼法》第16条规定中的某一具体情形。属于只是确定案件性质错误的，不写事实，只需在案由部分作出交代即可。凡公安机关认定的事实并无出入，只是确定案件性质不当，属于"情节显著轻微、危害不大，不认为是犯罪的"情形，混淆罪与非罪界限的，应当具体叙述本案审查认定的情形；而认定事实与侦查机关一致的，只是性质看法不一，着重直接论证理由，并写明"不认为是犯罪"。如果是公安机关对犯罪已过追诉时效期限的，由于计算上的误差，对不起诉人继续追究的，也可采用这种写法。

（2）存疑不起诉案件事实部分写法。属于侦查机关认定事实错误的案件，可以先概括写明移送起诉意见书认定的事实，再简要写明经补充侦查仍然证据不足、不符合起诉条件的情况。也可以将侦查部门错误认定的事实和检察院查证的、真实的事实进行对照叙述，使人一目了然。具体写为："原认定：……（侦查部门认定的事实和证据）……经查：……（检察院查明的事实、证据）……"如果案情较为复杂，内容较多的，可以分条或分段列写。当然，为了慎重表述，凡侦查部门认定事实错误的，宜采用高度概括叙述的方法，尽量避免不利于下步工作的内容、文字出现。

（3）相对不起诉案件事实部分的写法。这是制作该类不起诉决定书的重点和难点。这部分应当写明包括事实和证据两方面的内容，先写事实，后写相应证据，前后紧密联系。

2. 不起诉理由、法律根据和决定事项。这是不起诉决定书的结论部分，重点是阐明为什么不起诉。包括三个方面的内容：

（1）不起诉决定的理由。这是对认定的案件事实从法理上作出分析和归纳，由"本院认为"领起。应当用准确精练语言概述行为性质，情节，危害结果，法律责任。理由要与事实紧密相关，要与法律相互对应。

（2）不起诉法律根据。要根据不同的案件，引用相应的法律规定。绝对不起诉的，应引用我国《刑事诉讼法》第 16 条、第 177 条。存疑不起诉的，应当引用我国《刑事诉讼法》第 175 条第 4 款。相对不起诉的，根据法律规定的精神，应当先写明触犯的刑法条款和刑法有关不需要判处刑罚或者免除刑罚的条款，再引用《刑事诉讼法》第 177 条。

（3）决定事项。决定事项要肯定、明确，如"决定对×××（被不起诉人姓名）不起诉"，不能模棱两可。

3. 告知事项。写明对不起诉人和被害人告知申诉的事项。对于根据我国《刑事诉讼法》第 177 条规定不起诉的，被不起诉人如果不服不起诉决定，可以自收到决定书后 7 日以内向人民检察院申诉。被害人如果不服不起诉决定，可以自收到决定书后 7 日以内向上一级人民检察院申诉，请求提起公诉。被害人也可以不经申诉，直接向人民法院起诉

（三）尾部

包括作出不起诉决定的人民检察院名称、文书制发日期和加盖人民检察院印章。其中，文书制发日期应为签发日期。

五、注意事项

本文书对当事人应当使用"被不起诉人"这一规范的称呼，应以不起诉人一人为单位制作，共同犯罪的案件，也不能多个不起诉人合写一份不起诉决定书。对不起诉的决定，人民检察院应当公开宣布。

本文书一式 4 至 5 份，送达被不起诉人和其所在单位各 1 份；公安机关移送起诉的案件，应当将不起诉决定书送达公安机关 1 份；有被害人的案件，应当将不起诉决定书送达被害人 1 份；归检察内卷 1 份。

六、项目评价标准

1. 能够熟练掌握不起诉决定书的格式，能够通过亚伟速录软件生成模板，并根据需要对常用词进行造词与自定义。
2. 能够结合案例，利用已生成的模板，按照规范格式，完成所需要的文书写作。
3. 根据学习内容，建立自己的专属词库。

项目五　刑事抗诉书

一、概念

抗诉书，是指人民检察院认为人民法院的刑事判决或裁定确有错误时制作的，按照法定程序向人民法院提出抗诉的司法文书。

按制作的法律依据不同，抗诉文书可分为两种：

按照诉讼程序的规定制作的抗诉文书，通常称为第二审程序的抗诉书。我国《刑事诉讼法》第228条规定："地方各级人民检察院认为本级人民法院第一审的判决、裁定确有错误的时候，应当向上级人民法院提出抗诉。"根据此规定，制作用于诉讼程序的抗诉书。

按照审判监督程序的规定制作的抗诉书。根据我国《刑事诉讼法》第254条第2款的规定："最高人民法院对各级人民法院已经发生法律效力的判决和裁定，上级人民检察院对下级人民法院已经发生法律效力的判决和裁定，如果发现确有错误，有权提审或者指令下级人民法院再审。"

二、格式

×××人民检察院
刑事抗诉书
（二审程序适用）

×检×刑抗［××××］××号

×××人民法院以××号刑事判决书（裁定书）对被告人×××（姓名）×××（案由）一案判决（裁定）……（判决、裁定结果）。本院依法审查后认为（如果是被害人及其法定代理人不服地方各级人民法院第一审的判决而请求人民检察院提出抗诉的，应当写明这一程序，然后再写"本院依法审查后认为"），该判决（裁定）确有错误（包括认定事实有误、适用法律不当、审判程序严重违法），理由如下：

……（根据不同情况，理由从认定事实有误、适用法律不当和审判程序违法等几方面阐述）。

综上所述……（概括上述理由），为维护司法公正，准确惩治犯罪，依照《中华人民共和国刑事诉讼法》第228条的规定，特提出抗诉，请依法判处。

此致

×××人民法院

×××人民检察院
××××年××月××日
（院印）

附：1. 被告人×××现服刑于×××（或者现住×××）。

2. 新的证人名单或者证据目录。

三、文本范例

山东省青岛市李沧区人民检察院

刑事抗诉书[1]

青李沧检公诉刑抗〔2018〕1号

青岛市李沧区人民法院以（2017）鲁0213刑初525号刑事判决书对被告人毕××涉嫌强奸罪一案判决：被告人毕××犯强奸罪，判处有期徒刑三年，缓刑四年。本院依法审查后认为，该判决确有错误，理由如下：

原审被告人毕××以胁迫手段强行与妇女发生性关系，其行为构成强奸罪，该判决书定罪所适用的法律准确，但对毕××适用缓刑确有不当，理由如下：

1. 原审被告人毕××掩饰真实身份骗取被害人信任，后通过录制被害人的隐私视频以胁迫被害人发生性关系，该系有预谋作案，主观恶性较深。

2. 侦查机关提供的视听资料及毕××本人的供述证实，除本院以青李沧检公刑诉〔2017〕513号起诉书指控的事实外，毕××仍可能有其他涉嫌强奸的事实有待进一步查实。

3. 虽然毕××已赔偿被害人李××的经济损失，但案发时被害人李××系在校大学生，毕××的行为对其身心造成了极大的伤害。

综上所述：根据原审被告人毕××的主观恶性、造成的危害后果等因素，虽然其具有从轻处罚的量刑情节，并且司法部门已出具证明证实其适合进行社区矫正，但对其仍不应当适用缓刑。为维护司法公正，准确惩治犯罪，依照《中华人民共和国刑事诉讼法》第二百一十七条的规定，特提出抗诉，请依法判处。

此致

山东省青岛市李沧区人民法院

山东省青岛市李沧区人民检察院

2018年2月11日

（院印）

四、制作要求

刑事抗诉书分为两种，即第二审程序的刑事抗诉书和审判监督程序的刑事抗诉书，均属于文字叙述式文书，由首部、正文和尾部组成。

---

[1] "山东省青岛市李沧区人民检察院刑事抗诉书"，载人民检察院案件信息公开网，http://www.ajxxgk.jcy.gov.cn/html/20180929/2/8582165.html，最后访问时间：2018年10月8日。

（一）二审程序适用的刑事抗诉书

二审程序适用的刑事抗诉书由首部、正文、尾部组成。

1. 首部。首部包括制作抗诉书的人民检察院名称、文书名称、文书编号、原审判决或裁定的情况、人民检察院审查意见等。

（1）制作抗诉书的人民检察院名称、文书名称和文书编号。制作抗诉书的人民检察院名称要注明所在省、自治区、直辖市的名称，不能只写地区及市、县、区人民检察院的名称；如果是涉外案件，应当冠以"中华人民共和国"字样。文书名称一律称为"刑事抗诉书"，文书编号写为"×检×刑抗〔××××〕××号"，位于标题的右下方，由发文机关代字、文种类型字、年份及年度发文序号组成。

（2）原判决、裁定的情况。具体表述为："×××人民法院以××号刑事判决书（裁定书）对被告人×××（姓名）×××（案由）一案判决（裁定）……（判决、裁定结果）"。其中，对被告人的基本情况不用叙写；在案由上，如果检察机关和审判机关认定罪名不一致时，应该分别表述清楚；如果在侦查、起诉、审判各阶段均没有程序违法现象时，对公、检、法三机关的办案经过无需叙写，只需要简要写明法院判决、裁定结果即可。

（3）审查意见。具体表述为："本院依法审查后认为（如果是被害人及其法定代理人不服地方各级人民法院第一审的判决而请求人民检察院提出抗诉的，应当写明这一程序，然后再写'本院依法审查后认为'），该判决（裁定）确有错误（包括认定事实有误、适用法律不当、审判程序严重违法），理由如下"。

2. 正文。这部分是抗诉书的重点，要根据抗诉机关认定的事实、情节、证据，明确指出原判决或者裁定的错误所在，阐明人民检察院的抗诉理由及要求。

（1）抗诉理由。阐述抗诉的理由，有针对性地运用事实和证据，具体指出原审判决、裁定的错误，阐明为什么错误，同时论证检察机关抗诉意见的正确性。根据法律规定和司法实践，抗诉理由主要应当针对下面几个方面提出：一是针对原判决、裁定认定事实的错误；二是针对原判决、裁定适用法律的错误；三是针对原判决、裁定定罪量刑的不当；四是针对原判决、裁定违反法律规定的诉讼程序的错误。

（2）抗诉意见和法律根据。抗诉意见应当根据抗诉的理由，针对原判决、裁定的错误，阐述检察机关认定的被告人行为的性质、罪名、量刑等意见。具体表述为："综上所述……（概括上述理由），为维护司法公正，准确惩治犯罪，依照《中华人民共和国刑事诉讼法》第228条的规定，特提出抗诉。请依法判处。"

3. 尾部。包括送达机关名称（即上一级人民法院）名称、制发文书的人民检察院的名称、文书制发的日期、加盖人民检察院印章、附注等。附项包括：被告人现在羁押或者居住的处所；新的证人名单或者证据目录。如果证人名单和证据目录与起诉书相同，则不必再附。

(二) 审判监督程序适用的刑事抗诉书

审判监督程序的刑事抗诉书的内容、结构和写法，大体与抗诉程序的刑事抗诉书类似，但也有一些特点，具体表现在审判监督程序适用的刑事抗诉书还应当写明以下内容：

1. 写明抗诉案件原审被告人的身份情况。包括姓名、性别、年龄、出生年月日、民族、出生地、职业、单位及职务、住址、服刑情况。有数名被告人的，依犯罪事实情节从重至轻顺序分别列出。

2. 写明生效判决、裁定的有关情况。具体表述为："×××人民法院以××号刑事判决书（裁定书）对被告人×××（姓名）×××（案由）一案判决（裁定）……（写明生效的一审判决、裁定或者一审及二审判决、裁定情况）。"

3. 写明抗诉案件的来源，即写明按照审判监督程序提出抗诉的来源。如果是被告人及其法定代理人不服地方各级法院的生效判决、裁定而请求人民检察院提出抗诉的，或者有关人民检察院提请抗诉的，应当写明此过程。一般情况下，上级人民检察院发现下级人民法院生效判决或裁定确有错误的途径有：下级人民检察院的提起抗诉报告、备案审查、通过办案质量检查、复查申诉等。对于这一部分的内容应该根据实际情况的不同，简要写明。

4. 抗诉意见和理由。这一部分要分不同情况，抓住不同的侧重点进行叙写：

（1）如果认为一审判决、裁定正确，二审改判的判决、裁定确有错误的，写抗诉理由应当论证一审判决、裁定的正确性，并且论证二审判决的错误所在。

（2）如果认为一审、二审判决、裁定都有错误，应当分别分析一审、二审判决、裁定的错误之处，运用事实、证据和法律，提出人民检察院对该案的定性定罪、处罚量刑、诉讼程序、运用法律等方面的意见，并着重进行分析论证。

5. 写明提出抗诉的程序法律根据不同。制作审判监督程序刑事抗诉书并提起诉讼的法律依据是我国《刑事诉讼法》第254条第3款。

6. 写明受理抗诉的人民法院。按照审判监督程序提出抗诉时，最高人民检察院应当向最高人民法院提出；作出生效判决或者裁定法院的上一级人民检察院应当向同级人民法院提出。因此，按照审判监督程序制作的抗诉书，受理抗诉的人民法院名称应写同级人民法院的名称。

五、注意事项

被告人如果有自首、立功等情节的，应当在抗诉书中予以叙写。抗诉书不能增加追诉起诉书中没有指控的犯罪事实。刑事抗诉书以案件或者被告人为单位制作，制作的份数按照实际需要计算确定。正本送达主审的人民法院，副本通过人民法院送达被告人及其辩护人。附检察内卷1份。第二审程序的刑事抗诉书要抄报上一级人民检察院，审判监督程序的刑事抗诉书要抄送原提起公诉和提请抗诉的下级人民检察院。

六、项目评价标准

1. 能够熟练掌握抗诉书的格式，能够通过亚伟速录软件生成模板，并根据需要对常用词进行造词与自定义。
2. 能够结合案例，利用已生成的模板，按照规范格式，完成所需要的文书写作。
3. 根据学习内容，建立自己的专属词库。

单元三 速录在人民法院实践中的应用

知识目标

通过本单元学习，使学生了解人民法院工作实践中常用到的各类文书的格式，并且能够熟练运用。

能力目标

使学生熟练掌握各类法院工作常用文书的格式，并且能够将使用亚伟速录软件和文书进行结合，达到理论和实践相结合。

项目一 第一审刑事判决书

一、概念

第一审刑事判决书，是指第一审人民法院依照刑事诉讼法规定的第一审程序，对审理终结的刑事案件，根据已经查明的事实、证据和有关法律的规定，确认被告人是否构成犯罪，构成何种罪，如何处罚或者宣告无罪等实体问题作出判决时所制作的法律文书。

《刑事诉讼法》第200条规定："在被告人最后陈述后，审判长宣布休庭，合议庭进行评议，根据已经查明的事实、证据和有关的法律规定，分别作出以下判决：①案件事实清楚，证据确实、充分，依据法律认定被告人有罪的，应当作出有罪判决；②依据法律认定被告人无罪的，应当作出无罪判决；③证据不足，不能认定被告人有罪的，应当作出证据不足、指控的犯罪不能成立的无罪判决。"刑事诉讼法第203条规定："判决书应当由审判人员和书记员署名，并且写明上诉的期限和上诉的法院。"按照上述法律规定，第一审刑事判决书适用于定罪处罚、定罪免刑和宣告无罪三种案件。

二、格式

×××人民法院
刑 事 判 决 书

（××××）×刑初字第××号

公诉机关×××人民检察院。

被告人……（写明姓名、性别、出生年月日、民族、出生地、文化程度、职业或者工作单位和职务、住址和因本案所受强制措施情况、现羁押处所等）。

辩护人……（写明姓名、工作单位和职务）。

×××人民检察院以×检×诉（　）××号起诉书指控被告人×××犯××罪，于××××年××月××日向本院提起公诉。本院依法组成合议庭，公开（或者不公开）开庭审理了本案。×××人民检察院指派检察员×××出庭支持公诉，被害人×××及其法定代理人×××、诉讼代理人×××，被告人×××及其法定代理人×××、辩护人×××，证人×××，鉴定人×××，翻译人员×××等到庭参加诉讼。现已审理终结。

×××人民检察院指控……（概述人民检察院指控被告人犯罪的事实、证据和适用法律的意见）。

被告人×××辩称……（概述被告人对指控的犯罪事实予以供述、辩解、自行辩护的意见和有关证据）。辩护人×××提出的辩护意见是……（概述辩护人的辩护意见和有关证据）。

经审理查明，……（首先写明经庭审查明的事实；其次写明经举证、质证定案的证据及其来源；最后对控辩双方有异议的事实、证据进行分析、认证）。

本院认为，……（根据查证属实的事实、证据和有关法律规定，论证公诉机关指控的犯罪是否成立，被告人的行为是否构成犯罪，犯的什么罪，应否从轻、减轻、免除处罚或者从重处罚。对于控辩双方关于适用法律方面的意见，应当有分析地表示是否予以采纳，并阐明理由）。依照……（写明判决的法律依据）的规定，判决如下：

……［写明判决结果。分三种情况：

第一，定罪判刑的，表述为：

"一、被告人×××犯××罪，判处……（写明主刑、附加刑）。

（刑期从判决执行之日起计算。判决执行以前先行羁押的，羁押一日折抵刑期一日，即自××××年××月××日起至××××年××月××日止）。

二、被告人×××……（写明决定追缴、退赔或者发还被害人、没收财物的名称、种类和数额）"。

第二，定罪免刑的，表述为：

"被告人×××犯××罪，免予刑事处罚（如有追缴、退赔或者没收财物的，续写第二项）"。

第三，宣告无罪的，无论是适用《中华人民共和国刑事诉讼法》第 200 条第 2 项还是第 3 项，均应表述为：

"被告人×××无罪"]。

如不服本判决，可在接到判决书的第 2 日起 10 日内，通过本院或者直接向×××人民法院提出上诉。书面上诉的，应当提交上诉状正本 1 份，副本×份。

审判长　×××

审判员　×××

审判员　×××

本件与原本核对无异　　　　　　　　　　　×××年××月××日

（院印）

书记员　×××

三、文本范例

广东省广州市中级人民法院
刑事判决书[1]

（2007）穗中法刑二初字第 196 号

公诉机关广东省广州市人民检察院。

被告人许×，男，1983 年 2 月 7 日出生，汉族，出生地山西省襄汾县，文化程度高中，住山西省襄汾县（以上情况均自报），因涉嫌犯盗窃罪于 2007 年 5 月 22 日被羁押，同年 7 月 11 日被逮捕，现羁押于广州市天河区看守所。

辩护人杨××、吴××，广东经纶律师事务所律师。

广东省广州市人民检察院以穗检公二诉（2007）176 号起诉书指控被告人许×犯盗窃罪，于 2007 年 10 月 15 日向本院提起公诉。本院依法组成合议庭，公开开庭进行了审理，广州市人民检察院指派代理检察员王烨出庭支持公诉，被告人许×及其辩护人到庭参加诉讼。现已审理终结。

广东省广州市人民检察院指控：2006 年 4 月 21 日 22 时，被告人许×伙同郭××（另案处理）窜至本市天河区黄埔大道西平云路的广州市商业银行 ATM 提款机，利用银行系统升级出错之机，多次从该提款机取款，至 4 月 22 日 23 时 30 分被告人许×共提取现金人民币 175000 元，之后携款潜逃。

公诉机关认为，被告人许×以非法占有为目的，盗窃金融机构，数额特别巨大，其行为已构成盗窃罪，提请本院依法判处，并提交相关证据。

---

[1] 判决详见，载逆寒城博客，http://blog.sina.com.cn/s/blog_4c415cea0100tr9v.html，最后访问时间：2018 年 10 月 6 日。

被告人许×对公诉机关的指控不持异议。

辩护人杨××、吴××辩护认为被告人许×的行为应当构成侵占罪而非盗窃罪。

经审理查明：2006年4月21日22时许，被告人许×伙同同案人郭××（已判刑）到本市天河区黄埔大道西平云路的广州市商业银行离行式单台柜员机提款，当被告人许×用自己的广州市商业银行银行卡（该卡内余额170多元）提取工资时，发现银行系统出现错误，即利用银行系统升级出错之机，分171次恶意从该柜员机取款共175000元，得手后携款潜逃，赃款被花光。

上述事实，有公诉机关在庭审中出示，并经控辩双方质证，本院予以确认以下证据证实：

1. 被害单位广州市商业银行报案材料、证人黄××的报案笔录、银行交易流水账、许×在广州市商业银行的开户资料等证实：位于平云路广州市无线集团工业区门口的广州市商业银行离行式单台柜员机在案发当时系统升级出错，户名为许×的银行卡（卡号为62246731310032×××××）在短时间内恶意频繁取款171次，共计人民币175000元。

2. 同案人郭××供述及辨认笔录证实：2006年4月21日晚上陪同许×到平云路商业银行柜员机取款，许×发现银行系统出错，就用自己的银行卡在柜员机上取款17多万元，其也用银行卡取款18000元，得手后，两人逃匿。

3. 被告人许×和同案人郭××于2006年4月21日在平云路商业银行柜员机取款时的银行录像，摄像截图证实两人当时取款的情形。

4. 广州市公安局天河区分局出具的抓获经过，证实被告人许×归案的情况。

5. 被告人许×对上述事实供认不讳。

本院认为，被告人许×以非法占有为目的，伙同同案人采用秘密手段，盗窃金融机构，数额特别巨大，其行为已构成盗窃罪。公诉机关指控被告人的犯罪事实清楚，证据确实、充分，予以支持。对于辩护人关于被告人的行为不构成盗窃罪的辩护意见，经查，现有证据足以证实被告人主观上有非法占有的故意，被告人的银行卡内只有170多元，但当其发现银行系统出错时即产生恶意占有银行存款的故意，共分171次恶意提款17万多元而非法占有，得手后潜逃并将赃款挥霍花光，其行为符合盗窃罪的法定构成要件，当以盗窃罪追究其刑事责任。辩护人提出的辩护意见，与本案的事实和法律规定不相符，本院不予支持。

依照《中华人民共和国刑法》第264条第1项、第57条、第59条、第64条的规定，判决如下：

一、被告人许×犯盗窃罪，判处无期徒刑，剥夺政治权利终身，并处没收个人全部财产。

二、追缴被告人许×的违法所得175000元返还广州市商业银行。

如不服本判决，可在接到本判决书的第2日起10日内通过本院或者直接向广东省高级人民法院提出上诉。书面上诉的，应交上诉状正本一份，副本二份。

审　判　长：×××
审　判　员：×××
代理审判员：×××

本件与原本核对无异　　　　　　　　　　二〇〇七年十一月二十日

（院　印）
书　记　员：×××

四、制作要求

第一审刑事判决书由首部、正文（事实、理由、判决结果）和尾部三部分组成。

（一）首部

1. 标题。标题由制作法院、案件性质、文种等三大要素组成，即"×××人民法院刑事判决书"。标题分两行写，第一行写法院名称，一般应与院印的文字一致，基层法院则应冠以省、自治区、直辖市的名称；对涉外案件还应冠以"中华人民共和国"的国名。法院名称字号应比正文大一号。第二行写"刑事判决书"。

2. 案号。案号由立案年度、法院简称、案件性质、审判程序和案件顺序号组成。年度，即用公元纪年全称，四个阿拉伯数字用圆括号括住，如（2003）；法院简称，应与行政区划的简称一致，如浙江省简称"浙"，密云县简称"密"；案件性质，对刑事案件用"刑"来表示，以区别于民事、经济、行政案件；审判程序，指反映案件的审判处于何种诉讼阶段上，一审案件用"初"字；案件顺序号，指按照受理案件的时间编的顺序号，如第1号、第2号。

3. 公诉机关或自诉人、附带民事诉讼当事人项。对于公诉案件，先写公诉机关即检察机关名称，如："公诉机关×××人民检察院"。对于自诉案件，先列自诉人。写自诉人的身份事项，包括姓名、性别、出生年月日、民族、籍贯、文化程度、职业或职务、单位和住址。自诉人有数人的，依次列写。如果有附带民事诉讼的，在公诉机关下，列写附带民事诉讼原告人（被害人）的身份事项，其内容与自诉人相同。

4. 被告人项。在书写被告人的基本情况时，应写被告人姓名、性别、出生年月日、民族、籍贯、文化程度、职业或者工作单位和职务、住址，何时因本案受强制措施情况，现在何处。被告人项的书写应根据不同情况酌予增减。

（1）被告人如果有与案情有关的别名、化名或者绰号，应在其姓名后面用括号加以注明，但与案情无关的名字则不写。

（2）被告人的"出生年月日"，一般应写出生年月日，被告人犯罪时是否年满18岁，涉及是否适用死刑、是否应当从轻处罚的问题；是否年满16岁或者14岁，涉及是否应负刑事责任的问题。确实查不清楚出生年月日的，也可以写年龄。对未成年被告人，必须写出生年月日。

（3）被告人曾经受过刑事处罚、行政处罚或者又具有在以上限制人身自由的期间内逃跑等法定或者酌定从重处罚情节的，应写明其事由和时间。

（4）因本案所受强制措施的情况，应写明被拘留、逮捕等羁押时间，因其涉及刑期的折抵和刑期的准确计算问题。

（5）被告人的住址应写住所所在地，住所所在地和经常居住地不一致的，写经常居住地。

（6）一案多人的共同犯罪案件，应按主犯、从犯顺序列项书写。

（7）被告人是外国人的，应在其中译名后用括号写明其外文姓名、国籍、护照号码。

5. 辩护人及其他诉讼代理人项。被告委托辩护人或者人民法院为被告人指定辩护人的，应写明辩护人的情况。辩护人是律师的，写"辩护人×××，××律师事务所律师"；辩护人是其他人的，写"辩护人：×××，性别，年龄，在××单位担任××工作，与被告人是××关系"。诉讼代理人应写明是法定代理人还是委托代理人。

6. 案件的由来和审判经过。这部分应写明这样几项内容：案件是由人民检察院提起公诉的，还是自诉人自诉的，公诉机关（或自诉人）指控的罪名，人民法院受理后合议庭组成的方式（是合议庭审判还是独任审判），审理的方式（是公开审理还是不公开审理），人民检察院派员出庭支持公诉和诉讼参与人参加诉讼的情况，等等。

（二）正文

包括案件事实、判决理由和判决结果三部分内容。这部分是判决书的主体部分，应着力写好。

1. 案件事实。事实部分的内容包括：检察院指控被告人犯罪的事实和被告人的供述、辩解及辩护人的辩护要点；法院确认的犯罪事实和情节；认定这些犯罪事实的证据。具体可表述为：

（1）公诉机关或自诉人指控的犯罪事实及被告方的辩解。判决书在事实部分，首先要概括叙述检察机关指控被告人犯罪的事实、证据和适用法律的意见；然后概括叙述被告人对指控的犯罪事实予以供述、辩解、自我辩护的意见和有关证据、辩护人辩护的要点和有关证据。

（2）法院确认的犯罪事实。用"经审理查明……"领起该部分的内容，首先写明经法院审理查明的事实，其次写明据以定案的证据及其来源，最后对控辩双方有异议的事实和证据予以分析论证。人民法院经过庭审认定的事实要把案件发生的时间、地点、被告人的犯罪动机、目的、手段、过程、危害后果以及被告人事后的态度等一一写明，犯罪事实要符合犯罪构成要件，分清罪与非罪、此罪与彼罪的界限，为依法定罪量刑奠定基础。

（3）法院认定犯罪事实的证据。在叙述完审理查明的事实之后，针对被告人的主要犯罪事实，列举经法院查证核实的，认定被告人有罪，罪重或者罪轻的证据，以证明上述犯罪事实。证据的写法因案而异，案情比较简单的，可以在事实叙述完后集中举证；案情比较复杂的，可以一边叙述事实一边举证。对于控辩双方有异议的事实，要进行分析论证，得出法庭认定的正确结论。

2. 判决理由。应阐明四个方面的内容，即案件的性质；从重、加重、从轻、减轻或者免除刑罚的条件；控辩双方的意见及分析；判决的法律依据。

理由部分由"本院认为："这一固定用语开头，具体包括下列内容：

（1）是否构成犯罪，如何处罚。根据查证属实的事实、证据和有关的法律规定，论证公诉机关指控的犯罪是否成立，被告人的行为是否构成犯罪，犯的什么罪，应如何处罚。

（2）是否采纳控辩双方的意见。对于控、辩双方关于适用法律方面的意见，应当有分析地明确表态是否采纳，并说明理由。这种表态是在对控、辩双方的意见进行分析的基础上，作出的是否予以采纳的明确结论。

3. 判决结果。判决结果是依照法律条文的具体规定，对被告人作出的有罪或者无罪，犯什么罪，适用什么刑罚的处理结论，是判决书的实质部分，必须严格推敲，做到判决结果与事实、理由、法律相适应。一审有罪判决书应这样写判决结果：先写明被告人犯什么罪，然后再续写判处什么刑罚。刑罚包括主刑和附加刑。罪名必须以我国《刑法》和《最高人民法院关于执行＜中华人民共和国刑法＞确定罪名的规定》为依据。

第一审刑事判决书的判决结果部分，应分三种情况写明以下内容：

第一，定罪判刑的，表述为：

"一、被告人×××犯××罪，判处……（写明主刑、附加刑）。（刑期从判决执行之日起计算。判决执行以前先行羁押的，羁押一日折抵刑期一日，即自××××年××月××日起至××××年××月××日止）。

二、被告人×××……（写明追缴、退赔或者没收财物的决定，以及这些财物的种类和数额）。"

第二，定罪免刑的，表述为：

"被告人×××犯××罪，免予刑事处分（如有追缴、退赔或者没收财物的，续写为第二项）。"

第三，宣告无罪的，不论是适用《中华人民共和国刑事诉讼法》第200条第2项还是第3项，均应表述为：

"被告人×××无罪。"

（三）尾部

尾部应依次写明以下内容：

1. 交待上诉权和上诉审法院。具体表述为："如不服本判决，可在接到判决书的第2日起××日内，通过本院或者直接向×××人民法院提出上诉。书面上诉的，应交上诉状正本一份，副本×份"。

如果是自诉案件，上诉状副本的份数，应当按照对方当事人的人数写明。

2. 合议庭组成人员署名。在尾部的右下方，由审判长、审判员（代理审判员）依次署名，如系独任审判则由审判员或代理审判员署名。对于经院长或者庭长指定担任审判长的，应一律以"审判长"名义署名。助理审判员参加合议庭审判的，按照法院组织法的规定，其署名应为"代理审判员"。

3. 判决的决定日期。在署名的右下方写明判决的年月日，如果是经过审判委员会讨论的案件，应写审判委员会作出决定的日期，并加盖人民法院印章。

4. 书记员署名。在年月日下方署书记员名，并在年月日和署名之间的左下方加盖"本件与原本核对无异"的条戳，以示核对。

五、注意事项

1. 诉讼当事人的称谓要准确、规范，不能将自诉人称为原告，将被告人称为被告。

2. 犯罪事实必须是经过审理查明的客观存在的事实。在这一部分叙写中，如果人民法院认定的事实与人民检察院起诉书认定的事实一致，在叙述时应在文字上有所区别，既不能照抄人民检察院的起诉书，也不能与起诉书雷同无一点变化。

3. 引用法律条文要掌握其先后顺序。先引用有关定罪与确定量刑幅度的条文，后引用从重、从轻、减轻和免除处罚的条文；先引用主刑的条文，后引用附加刑的条文，等等。

4. 判决结果应按法律规定写全称。"如判处死刑，缓期二年执行"不能简写为"判处死缓"；宣告缓刑的，不能写为"判处有期徒刑×年，缓期二年执行"；"免予刑事处分"不应写为"不予刑事处罚"，等等。

六、项目评价标准

1. 能够熟练掌握第一审刑事判决书的格式，能够通过亚伟速录软件生成模板，并根据需要对常用词进行造词与自定义。

2. 能够结合案例，利用已生成的模板，按照规范格式，完成所需要的文书写作。

3. 根据学习内容，建立自己的专属词库。

项目二　第二审刑事判决书

一、概念

第二审刑事判决书，是指第二审人民法院根据当事人或者人民检察院对第一审人民法院作出的尚未发生法律效力的判决所提出的上诉或者抗诉案件，经审理查明原判决在认定事实或者适用法律上有错误，依照我国刑事诉讼法规定的第二审程序作出判决时所制作的法律文书。

根据我国《刑事诉讼法》第 227 条的规定："被告人、自诉人和他们的法定代理人，不服地方各级人民法院第一审的判决、裁定，有权用书状或者口头向上一级人民法院上诉。被告人的辩护人和近亲属，经被告人同意，可以提出上诉。附带民事诉讼的当事人和他们的法定代理人，可以对地方各级人民法院第一审的判决、裁定中的附带民事诉讼部分，提出上诉。"第 228 条规定："地方各级人民检察院认为本级人民法院第一审的判决、裁定确有错误的时候，应当向上一级人民法院提出抗诉。"第 233 条规定："第二审人民法院应当就第一审判决认定的事实和适用法律进行全面审查，不受上诉或者抗诉范围的限制。共同犯罪的案件只有部分被告人上诉的，应当对全案进行审查，一并处理。"

第 236 条规定："第二审人民法院对不服第一审判决的上诉、抗诉案件，经过审理后，应当按照下列情形分别处理：①原判决认定事实和适用法律正确，量刑适当的，应当裁定驳回上诉或者抗诉，维持原判；②原判决认定事实没有错误，但适用法律有错误，或者量刑不当的，应当改判；③原判事实不清楚或者证据不足的，可以在查清事实后改判；也可以裁定撤销原判，发回原审人民法院重新审判。"

以上是第二审刑事判决书制作的法律依据。

二、格式

××××人民
刑 事 判 决 书
（二审改判用）

（××××）×刑终字第××号

原公诉机关××××人民检察院。

上诉人（原审被告人）……（写明姓名、性别、出生年月日、民族、籍贯、职业或工作单位和职务、住址和因本案所受强制措施情况，现羁押处所等）。

辩护人……（写明姓名、性别、工作单位和职务）。

××××人民法院审理被告人……（写明姓名和案由）一案，于××××年××

月××日作出（××××）×刑初字第××号刑事判决。被告人×××不服，提出上诉。本院依法组成合议庭，公开（或不公开）开庭审理了本案。××××人民检察院检察长（员）×××出庭支持公诉，上诉人（原审被告人）×××及其辩护人××、证人×××等到庭参加诉讼。本案现已审理终结（未开庭的改为："本院依法组成合议庭审理了本案，现已审理终结"）。

……（首先概述原判决的基本内容，其次写明上诉、辩护的主要意见，再次写明检察院在二审中提出的新意见）。

经审理查明，……（写明原判决认定的事实、情节，哪些是正确的或者全部是正确的，通过分析主要证据加以确认；哪些是错误的或全部是错误的，否定的理由有哪些。如果上诉、辩护等对事实、情节提出异议，应予重点分析答复）。

本院认为，……[根据二审确认的事实、情节和有关法律规定，论证原审被告人是否犯罪，犯什么罪（一案多人的还应分清各被告人的地位、作用和刑事责任），应否从宽或从严处理。指出原判决的定罪量刑哪些正确、哪些错误，或者全部错误。对于上诉、辩护等关于适用法律、定罪量刑方面的意见和理由，应当有分析地表示采纳或者予以批驳]。依照……（写明判决所依据的法律条款项）的规定，判决如下：

……[写明判决结果。分两种情况：

第一、全部改判的，表述为：

"一、撤销××××人民法院（××××）×刑初字第××号刑事判决；

二、上诉人（原审被告人）×××……（写明改判的内容）。

（刑期从……）"。

第二、部分改判的，表述为：

"一、维持××××人民法院（××××）×刑初字第××号刑事判决的第×项，即……（写明维持的具体内容）；

二、撤销××××人民法院（××××）×刑初字第××号刑事判决的第×项，即……（写明撤销的具体内容）；

三、上诉人（原审被告人）×××……（写明部分改判的内容）。

（刑期从……）"]。

本判决为终审判决。

审判长　×××
审判员　×××
审判员　×××

本件与原本核对无异　　　　　　　　　　××××年××月××日

（院印）
书记员　×××

三、文本范例

广东省广州市中级人民法院
刑事判决书[1]

（2008）×刑终字第 2 号

公诉机关：广东省广州市人民检察院。

被告人：许×，男，1983 年 2 月 7 日出生，汉族，出生地山西省襄汾县，文化程度高中，住山西省临汾市尧都区郭家庄社区向阳路西 4 巷 3 号。因涉嫌犯盗窃罪于 2007 年 5 月 22 日被羁押，同年 6 月 5 日被刑事拘留，同年 7 月 11 日被逮捕。现羁押于广州市天河区看守所。

辩护人：杨××、吴××，广东经纶律师事务所律师。

广东省广州市人民检察院以穗检公二诉（2007）176 号起诉书指控被告人许×犯盗窃罪，于 2007 年 10 月 15 日向本院提起公诉。本院依法组成合议庭，公开开庭审理了本案，于 2007 年 11 月 20 日作出（2007）穗中法刑二初字第 196 号刑事判决，被告人许×提出上诉。广东省高级人民法院于 2008 年 1 月 9 日作出（2008）粤高法刑一终字第 5 号刑事裁定，撤销原判，发回重审。本院依法另行组成合议庭，公开开庭审理了本案。广州市人民检察院指派检察员谭××、代理检察员王×出庭支持公诉，被告人许×及其辩护人杨××、吴××到庭参加诉讼。现已审理终结。

广东省广州市人民检察院指控：2006 年 4 月 21 日，被告人许×伙同郭××（另案处理）窜至广州市天河区黄埔大道西平云路的广州市商业银行 ATM 提款机，利用银行系统升级出错之机，多次从该提款机取款。至 4 月 22 日许×共提取现金人民币 175000 元。之后，携款潜逃。该院当庭宣读、出示了受害单位的报案陈述，证人黄××、卢×、赵××等人的证言，公安机关出具的抓获经过，受害单位提供的银行账户开户资料、交易记录、流水清单、监控录像光碟，郭××和许×的供述等证据，据此认为被告人许×以非法占有为目的，盗窃金融机构，数额特别巨大，其行为已触犯《中华人民共和国刑法》第 264 条第 1 项之规定，构成盗窃罪，提请本院依法判处。

被告人许×在本次庭审中对公诉机关指控的事实无异议，但辩解：一、其发现自动柜员机出现异常后，为了保护银行财产而把款项全部取出，准备交给单位领导。二、自动柜员机出现故障，银行也有责任。

辩护人提出的辩护意见是：一、本案事实不清，证据不足。理由如下：1. 被告人许×只记得其银行卡内有 170 多元，具体数额记不清楚，证实其账户余额为 176.97 元

---

[1] 本案详见：载公用文书写作的博客，http://lawyer.fabao365.com/44153/article_14848，最后访问时间：2018 年 10 月 6 日。

的证据只有银行出具的账户流水清单，无其他证据印证。2. 账户流水清单记录的时间、次序有误。3. 银行的自动柜员机为何出现错误、出现何种错误不明确。因此，本案无法得出许×账户只有176.97元及其每取款1000元账户仅扣1元的必然结论。二、被告人许×的行为不构成犯罪，重审应当作出无罪判决。理由如下：1. 许×以实名工资卡到有监控的自动柜员机取款，既没有篡改密码，也没有破坏机器功能，其行为对银行而言是公开而非秘密。许×取款是经柜员机同意后支付的，其行为是正当、合法和被授权的交易行为。因此，许×的行为不符合盗窃罪的客观方面特征，不构成盗窃罪。2. 许×通过柜员机正常操作取款，在物理空间和虚拟空间上都没有进入金融机构内部，因此，许×的行为不可能属于盗窃金融机构。3. 许×的占有故意是在自动柜员机错误程序的引诱下产生，有偶然性；自动柜员机出现异常的概率极低，因而许×的行为是不可复制、不可模仿的；本案受害单位的损失已得到赔偿，许×行为的社会危害性显著轻微；现有刑法未对本案这种新形式下出现的行为作出明确的规定，法无明文规定不为罪，应对其作出无罪判决。4. 许×的行为是民法上的不当得利，因该不当得利行为所取得财产的返还问题，应通过民事诉讼程序解决。

经审理查明：2006年4月21日晚21时许，被告人许×到广州市天河区黄埔大道西平云路163号的广州市商业银行自动柜员机（ATM）取款，同行的郭××（已判刑）在附近等候。许×持自己不具备透支功能、余额为176.97元的银行卡准备取款100元。当晚21时56分，许×在自动柜员机上无意中输入取款1000元的指令，柜员机随即出钞1000元。许×经查询，发现其银行卡中仍有170余元，意识到银行自动柜员机出现异常，能够超出账户余额取款且不能如实扣账。许×于是在21时57分至22时19分、23时13分至19分、次日零时26分至1时06分三个时间段内，持银行卡在该自动柜员机指令取款170次，共计取款174000元。许×告知郭××该台自动柜员机出现异常后，郭××亦采用同样手段取款19000元。同月24日下午，许×携款逃匿。

广州市商业银行发现被告人许×账户交易异常后，经多方联系许×及其亲属，要求退还款项未果，于2006年4月30日向公安机关报案。公安机关立案后，将许×列为犯罪嫌疑人上网追逃。2007年5月22日，许×在陕西省宝鸡市被抓获归案。案发后，许×及其亲属曾多次与银行及公安机关联系，表示愿意退赔银行损失，但同时要求不追究许×的刑事责任。许×至今未退还赃款。

另查明，2006年4月21日17时许，运营商广州某公司对涉案的自动柜员机进行系统升级。4月22日、23日是双休日。4月24日（星期一）上午，广州市商业银行对全行离行式自动柜机进行例行检查时，发现该机出现异常，即通知运营商一起到现场开机查验。经核查，发现该自动柜员机在系统升级后出现异常，1000元以下（不含1000元）取款交易正常；1000元以上的取款交易，每取款1000元按1元形成交易报文向银行主机报送，即持卡人输入取款1000元的指令，自动柜员机出钞1000元，但持卡人账户实际扣款1元。

上述事实，由公诉机关提交，并经法庭质证、认证的下列证据予以证实：

1. 广州市商业银行出具的报案陈述，证实：2006年4月24日（星期一）上午，广州市商业银行恒福支行ATM管理中心在对全行离行式自动柜员机交易情况进行电脑监控时，发现安装在黄埔大道西平云路163号的离行式自动柜员机在4月21日晚出现取款交易异常，经通知运营商一并到现场开机清点查验和查看监控录像，发现自动柜员机短款196004元。经查看日志，发现该自动柜员机在1000元以下（不含1000元）取款交易正常，但对超过1000元的取款交易，自动柜员机则按1元的金额形成交易报文向银行主机报送，造成上述情况的原因是运营商于2006年4月21日17时对该机进行系统升级后出现异常。经核查，发现4月21日21时56分至4月22日12时34分，有人持卡号为6224673131003×××××和6224673131008×××××的广州市商业银行借记卡以及卡号为9559982409453×××××的农业银行卡，连续恶意操作，取款186次，共涉及多占金额193806元，其中卡号为6224673131003×××××的银行卡户名为许×。另有卡号为6224673131003×××××和9559980081451×××××的两名客户取款2笔，涉及多占金额2198元。该行监察保卫部接报后，即根据开户资料查找许×，找到其工作单位，该单位保安部负责人反映许×已于4月24日下午突然请假回山西老家，拨其手机无人接听，随即联系许×的求职担保人要求协助通知许×退款，亦未果，因而报案。

2. 广州市公安局经济犯罪侦查支队出具的接受刑事案件登记表、广州市公安局天河分局冼村派出所出具的接受刑事案件登记表、立案决定书及侦办广州市商业银行柜员机内现金被盗窃案件情况说明，证实：广州市商业银行于2006年4月30日向广州市公安局经济犯罪侦查支队报案，同年5月26日此案转由广州市公安局天河区分局办理，该局于同月30日立案后，于次月19日对犯罪嫌疑人许×办理上网追逃。同年11月12日，该局侦查员到山西临汾市找到许×的父亲许××，许××称许×未回家，只与家中通过一次电话，但未说自己在哪里，该局侦查员向许××说明了许×盗取银行柜员机内款项的情况，并让其劝许×早日投案并退还款项，其当时提出能否在退还款项后不再追究许×的法律责任，侦查员说明帮助退清赃款及投案自首后可以减轻处罚，但拒绝其提出的退款后不再抓捕、不追究法律责任的要求。许×被抓获后，许×的父亲曾致电该局侦查员表示愿意帮许×退款，但要求公安机关不追究许×的法律责任，释放许×，侦查员拒绝了许×父亲的要求。许×被带回广州市后，许×的母亲也曾联系侦查员表示愿意为许×退赃，但几天后又称许×的行为不是盗窃，拒绝退还赃款。此后许×的亲属未再联系为许×退还赃款之事。

3. 西安铁路公安处宝鸡车站公安派出所出具的抓获经过、广州市公安局天河分局冼村派出所出具的抓获情况说明，证实：被告人许×于2007年5月22日在陕西省宝鸡市火车站进站时被公安人员抓获，后被广州市公安局天河区分局带回审查。

4. 证人黄××（广州市商业银行监察保卫部副经理）的证言，证实：2006年4月

24日,广州市商业银行恒福支行ATM管理中心在对全行离行式自动柜员机交易情况进行例行检查时,发现安装在平云路163号的自动柜员机在4月21日晚上的取款交易出现账户扣账为1元的情况。因为该行自动柜员机取款金额为100元或者100元的整数倍,不可能出现100元以下的数额,所以恒福支行马上将情况通报了自动柜员机的运营商。随后运营商与商业银行个人银行部一起派人到平云路163号的自动柜员机现场开机查验,发现柜员机的现金已经全部被取光。随即查看自动柜员机流水日志,发现自动柜员机在不超过1000元的取款交易时正常(不含1000元),而1000元以上的取款交易则出现异常,对1000元以上的取款交易,自动柜员机按1元的金额形成交易报文向银行主机报送,即持卡人指令取款1000元,自动柜员机亦出钞1000元,但持卡片人实际扣账为1元。造成这种情况的原因是运营商于2006年4月21日17时对平云路163号的自动柜员机系统升级后出现异常。4月21日17时许,该行放入该自动柜员机20万元人民币,在案发前几个客户取款属于正常取款。经查账,自动柜员机总共短款达196004元。经核查,发现4月21日21时56分至4月22日12时34分,有客户拿着卡号为622467313100×××××和6224673131008×××××的商业银行借记卡、卡号为9559982409453×××××的农行卡在该柜员机恶意取款。经查询开户资料,卡号为622467313100×××××的银行卡户名是许×,开户日期是2006年2月6日。根据许×的开户资料,时任个人银行部经理的卢×找到许×的工作单位,该单位的赵部长反映许×在2006年4月23日晚曾跟他说过要回家考公务员,并收拾衣服之类的东西走了,连手续都没办。于是他们请求赵部长联系许×,但赵部长打了电话之后说许×已关机,并说之前曾和许×有短信联系,大概内容是赵部长让许×回来把手续办了,另外还有一些钱要结算给他,但许×说不要了,他们就请求赵部长联系到许×的入职担保人刘先生,对方在电话里答应见面谈,但后来拒绝见面,并说不想插手此事。他们联系许×的担保人时已告知许×恶意提款的事。其从未接到过许×本人或其家属表示退赃的电话,也没有人和其联系过此事。4月30日,其代表银行向广州市公安经济侦查支队报案。

5. 证人卢×(广州市商业银行营业管理部副总经理)的证言,证实:2006年4月24日上午,广州市商业银行发现有人在2006年4月21日晚利用该行位于平云路163号的离行式柜员机的故障,进行多次恶意提款,通过核查该机流水账的持卡人资料,发现其中一名持卡人为许×。柜员机出现的异常情况是超过1000元的取款交易,柜员机只按1元的金额形成交易报文向其主机报送。即持卡人输入取款1000元,柜员机也出钞1000元,但是持卡人账户实际扣账1元。出现上述异常是运营商于2006年4月21日17时许对该柜员机系统进行升级造成。2006年4月24日下午其和本行保卫部的黄××根据开卡资料找到许×的工作单位,该单位的保安部赵部长反映许×已回家考公务员,期间赵部长拨了许×的电话,许×未接,但给赵部长发短信表示已回家。案发后约一个月,一自称是许×的人打电话给其商量如何处理此事,并说因为钱被人偷了,没有这么多钱还，只还一半左右行不行，其当时说希望全部还清，对方说肯定还不清了，最多只有一半左右，其就跟对方说希望他早日到公安机关自首，把事情处理好，之后对方就将电话挂了。在2007年2月或3月份，有自称是保安部长的人打电话说要商量许×的事，其当时就向对方说明自己已调离原工作岗位，让对方与银行保卫部联系。

6. 证人赵××（广州市某物业公司保安部部长）的证言，证实：许×是其单位的保安员。2006年4月24日上午许×向其提出辞职，理由是回山西老家考公务员。4月24日下午广州市商业银行的工作人员向其了解许×的情况，其记得当时好像拨了许×的电话没人接，随即用手机发了短信给许×，要他回来结算工资或留下联系方式以便将工资寄给他，当时许×回复了短信称工资不要了。约一个月后，许×来电话说生活全乱套了，弄得家不能回，表示还是想退钱给银行，但又说钱被偷了五万，又花掉了一万多元，如果银行愿意，他愿意退回这些钱。其就把银行卢经理的电话给了许×，但过了约二十分钟，许×又打来电话，内容大概是说银行方面说了已经报案，钱就算退回也要坐牢，跟着就说那就算了，等抓到再说吧，后挂了电话。此后许×未再与其联系。2007年上半年，许×的担保人刘××找到自己表示许×家人想退钱，希望能给一次机会，自己当时说此事要和银行联系，刘××当即和银行的卢×取得联系，卢×讲已调离原部门，要刘××到商业银行总部找人，刘××问了怎么去就离开了，后来有无找银行不清楚。此外，许×在2006年4月24日已经用了一个新手机号码发信息给其，后来两次来电话，也是用该号码。

经辨认照片，赵××指认出被告人许×就是其所在单位的保安员。

7. 广州市商业银行提供的被告人许×的开户资料，证实：许×的账户于2006年2月6日开立，账号为102457023××××××，预留了身份证复印件。

8. 广州市商业银行提供的完整流水记录数据和涉案账户取款交易明细，证实：卡号为6224673131003×××××的银行卡于2006年4月21日21时56分03秒插卡，21时56分16秒查询，21时56分41秒取款1000元，21时57分09秒再次查询；21时57分21秒至22时20分21秒共指令取款55次，每次1000元，其中最后一次交易失败，共计取款54000元；23时12分57秒插卡，23时13分23秒至23时19分59秒共取款16次，每次取款1000元，共计取款16000元；23时23分05秒插卡，23时23分33秒指令取款1000元，交易失败，未取出款项；次日凌晨0时26分04秒插卡，0时26分22秒至1时06分22秒共取款100次，前96次每次取款1000元，后4次每次取款2000元，共计取款104000元。

9. 广州市商业银行提供的账户流水清单，证实：2006年4月21日，卡号为6224673131003×××××的银行卡（户名为许×，账号为102457023××××××）原有存款余额176.97元，于2006年4月21日至4月22日期间，在涉案自动柜员机上先后取款171次，其中167次每次扣账1元，4次扣账2元，账户最后余额为1.97元。

10. 广州市商业银行科技研发部出具的关于该行综合业务系统交易日期切换机制说明，证实：该行综合业务系统在每日晚23时左右开始进行日终处理，同时切换系统会计日期，在进行系统会计日期切换后，把新的会计日期作为交易日期进行记账。

11. 位于广州市黄埔大道西平云路163号的广州市商业银行自动柜员机的照片，经被告人许×指认，确认是其取款地点。

12. 广州市商业银行提供的银行监控录像光碟及经被告人许×签认的银行监控录像截图，证实：许×及郭××于2006年4月21日、22日在涉案自动柜员机上取款。

13. 广州市天河区人民法院于2007年5月21日作出的（2007）天法刑初字第560号刑事判决书，证实：郭××与许×于2006年4月21日至22日期间，利用广州市商业银行自动柜员机系统出错之机，连续多次分别提取银行款项19000元和17万余元，事后郭××向公安机关自首并退出赃款18000元，天河区人民法院以盗窃罪判处郭××有期徒刑一年，并处罚金1000元。

14. 山西省临汾市公安局经济技术开发区分局北城派出所出具的常住人口详细信息、调查回复表，证实：被告人许×的身份情况。

15. 郭××的供述及对被告人许×的辨认笔录，证实：2006年4月21日晚21时许，许×到广州市平云路的商业银行自动柜员机取款，其在马路对面等候，但隔了很久也没见许×回来，很纳闷就过去找许×，见到许×后喊他的名字，许×吓了一跳，很惊恐的样子，还满脸是汗，问他怎么那么久，许×也没说什么，其和许×就一起回到宿舍。在宿舍见到许×钱包里塞满钱，衣服兜里也都是钱，很奇怪，因为之前许×说他卡中只有100多元，只能取出100元，就问他，开始许×不肯说，后来才讲他只想取100元，但多按了一个"0"，那取款机就真的吐出1000元来，可能是那台柜员机出错才会这样。其看许×取出的钱大约有四、五万元，也很心动，就和许×回到那台柜员机取钱。去到后，许×先取钱，因为自己很少用自动柜员机，就让许×教如何用，许×又取出一、二万后，其就用自己的一张农业银行卡插进柜员机取钱，许×在一旁教其取款，果真取出了3000元，但自己卡中只有860多元，第四次要取1000元却无法取出。之后两人又回去拿了塑料袋再次回到现场，其先用自己的农业银行卡取出5000元，之后又无法取出了，许×就接着取，取了好多钱，差不多一个小时才停下来，之后其试了几次，但都取不出钱，就回去休息。第二天，其用假名刘阳办了一张假身份证，以该身份证开了一张商业银行卡。当天中午12时许，其去到上述柜员机用商业银行卡取款，取出10000元左右，之后无法再取出钱就走了。后来见到许×，许×说要辞职不干，留下来太危险，自己后来也辞职回湖北老家。其和许×原来都做保安，许×取了大约十七、十八万，没有分给其赃款。

经辨认照片，郭××指认了被告人许×就是2006年4月21日晚与其在平云路163号的商业银行自动柜员机取款的人。

16. 被告人许×的供述及对郭××的辨认笔录，证实：2006年4月21日晚21时许，其和郭××结伴外出，自己去广州市平云路附近的商业银行自动柜员机取款，郭××在附近等候。其广州市商业银行卡是工资卡，卡中只有100多元。其插入自己的商业银行卡，想取出100元出来，但不知怎么多按了一个"0"，那柜员机竟真的吐出1000元，其当时觉得不可思议，就立即查询自己卡中的余额，但钱还是那么多，于是就又连续以每次1000元取了许多次，总共取出55000元。由于取钱花了很长时间，郭××等不及就过来找，见到其取了那么多钱，就很奇怪，问怎么回事，自己就把事情的原委告诉他，之后两人回到单位宿舍，其把钱拿出来，郭××见了很心动，就让其帮他取钱。于是当晚23时许，其和郭××回到那台自动柜员机，用自己的商业银行卡又取出一万多元，之后郭××用他的农业银行卡取出3000元，后因交易限制取不出钱，两人就又回到宿舍。次日零时许，其拿了一个塑料袋和郭××又回到那台柜员机处，郭××用他的卡取出几千元后无法再取出钱，其接着用自己的银行卡取钱，一直取了很长时间，取出10万元左右，之后郭××又用他的卡试着取钱，还是取不出钱，于是两人就回到宿舍。其一共取了17.4万元。其从未试过有这么多钱，头都蒙了，知道这样做不对，但又心存侥幸，做完这件事就一直很后悔。其在取款的第二天还正常上班，到了4月24日下午3时许×坐车回山西，没和公司领导打招呼就不辞而别了，回到山西省临汾后，发现原来用报纸包着塞在被子里的5万元不见了，就没有回家，到一家酒店住下。后来也一直不敢回家，在临汾待了一个月，然后去太原，和朋友合伙开了一间网吧，其投资10万元，后来这网吧亏本了。

经辨认照片，被告人许×指认了郭××就是2006年4月21日与其在广州市平云路的自动柜员机取款的人。

对被告人许×及其辩护人的辩解、辩护意见，本院评判如下：

1. 关于辩护人提出本案事实不清，证据不足的意见，经查，第一，完整流水记录数据和涉案账户取款交易明细以及账户流水清单，证实被告人许×的银行卡账户在案发前余额为176.97元，案发期间共成功取款171次，其中167次每次取款1000元，账户实际每次扣款1元，4次每次取款2000元，账户实际每次扣款2元。许×共取款175000元，账户实际共扣款175元。银行监控录像证实许×及郭××在涉案自动柜员机取款，记录的时间与完整流水记录数据及账户流水清单记录的时间相对应。此外，许×及郭××的供述，亦证实许×取款前账户余额只有170多元，但在涉案自动柜员机共取款17万余元。第二，广州市商业银行出具的情况说明，证实该单位每天23时以后切换会计日期记账，导致账户流水清单将23时以后的取款日期记录为次日，因而记录的部分时间和次序有误。第三，广州市商业银行的书面报案陈述及其工作人员黄××、卢×的证言，证实涉案自动柜员机的异常是由于系统升级造成，出现的异常情况是持卡人指令取款1000元，自动柜员机也出钞1000元，但持卡人账户实际扣账为1元。上述证据在账户余额、取扣款金额、取扣款次数以及柜员机出现的异常情况等方面均能相互印证，足以证实因涉案自动柜员机出现异常，许×持本人仅有176.97元的银行卡，在该自动柜员机上171次取款175000元，账户实际仅扣175元的事实。辩护人提出本案事实不清，证据不足的辩护意见不能成立。

2. 关于辩护人提出被告人许×的行为不构成盗窃罪，是民法上的不当得利，应对其作出无罪判决以及许×提出其是保护银行财产而取款的意见，经查，许×是在正常取款时，发现自动柜员机出现异常，能够超出余额取款且不能如实扣账之后，在三个时间段内170次指令取款，时间前后长达3个小时，直至其账户余额仅剩1.97元为止，然后携款逃匿，其取款的方式、次数、持续的时间以及许×关于其明知取款时"银行应该不知道""机器知道，人不知道"的当庭供述，均表明许×系利用自动柜员机系统异常之机，自以为银行工作人员不会及时发现，非法获取银行资金，与储户正常、合法的取款行为有本质区别，且至今未退还赃款，表明其主观上具有非法占有银行资金的故意，客观上实施了秘密窃取的行为。许×的行为符合盗窃罪的主客观特征，构成盗窃罪。许×关于是为保护银行财产而取款，并准备把款项交给单位领导的辩解，缺乏事实根据，不能成立。辩护人关于许×的行为不构成盗窃罪、属于民法上的不当得利、应对许×作出无罪判决的辩护意见亦不能成立。

3. 关于辩护人提出被告人许×的行为不属于盗窃金融机构的意见，本院认为，自动柜员机是银行对外提供客户自助金融服务的专有设备，机内储存的资金是金融机构的经营资金，根据最高人民法院《关于审理盗窃案件具体应用法律若干问题的解释》第8条"刑法第264条规定的盗窃金融机构，是指盗窃金融机构的经营资金、有价证券和客户的资金等，如储户的存款、债券、其他款物，企业的结算资金、股票，不包括盗窃金融机构的办公用品，交通工具等财物的行为"的规定，许×的行为属于盗窃金融机构。辩护人关于许×的行为不属于盗窃金融机构的辩护意见于法无据，不予采纳。

本院认为，被告人许×以非法占有为目的，采用秘密手段窃取银行经营资金的行为，已构成盗窃罪。许×案发当晚21时56分第一次取款1000元，是在正常取款时，因自动柜员机出现异常，无意中提取的，应视为盗窃，其余170次取款，其银行账户被扣账的174元，不应视为盗窃，许×盗窃金额共计173826元。公诉机关指控许×犯罪的事实清楚，证据确实、充分，指控的罪名成立。许×盗窃金融机构，数额特别巨大，依法本应适用"无期徒刑或者死刑，并处没收财产"的刑罚。鉴于许×是在发现银行自动柜员机出现异常后产生犯意，采用持卡窃取金融机构经营资金的手段，其行为与有预谋或者采取破坏手段盗窃金融机构的犯罪有所不同；从案发具有一定偶然性看，许×犯罪的主观恶性尚不是很大。根据本案具体的犯罪事实、犯罪情节和对于社会的危害程度，对许×可在法定刑以下判处刑罚。依照《中华人民共和国刑法》第264条、第63条第2款、第64条和最高人民法院《关于审理盗窃案件具体应用法律若干问题的解释》第3条、第8条的规定判决如下：

一、被告人许×犯盗窃罪，判处有期徒刑五年，并处罚金二万元。

（刑期从判决执行之日起计算。判决执行以前先行羁押的，羁押一日折抵刑期一日，即自 2007 年 5 月 22 日起至 2012 年 5 月 21 日止。罚金自本判决发生法律效力的第二日起一个月内向本院缴纳）。

二、追缴被告人许×的犯罪所得 173 826 元，发还受害单位。

如不服本判决，可在接到判决书的第 2 日起 10 日内，通过本院或者直接向广东省高级人民法院提出上诉，书面上诉的，应当提交上诉状正本一份，副本二份。

本判决依法报请最高人民法院核准后生效。

审判长　郑××

审判员　钟××

代理审判员　聂××

二〇〇八年三月三十一日

本件与原本核对无异

书记员　曹××

廖××

王××

四、制作要求

由于二审法院除了应当就一审判决认定的事实和适用法律全面审查外，还应针对上诉理由或者抗诉理由正确与否作出回答，所以在内容和写法上与一审刑事判决书是有很大区别的。

（一）首部

1. 标题、案号。标题、案号的写法同第一审刑事判决书，只是将编号的表审级的"初"字改为"终"字。

2. 抗诉人和上诉人的称谓及身份事项。按照抗诉机关、上诉人、原审被告人的顺序依次书写，并标明上诉人在原审中的诉讼地位。

（1）检察机关提出抗诉而被告人未上诉的，第一项写"抗诉机关"，第二项写"原审被告人"。

（2）公诉案件的被告人提出上诉的，第一项写"原公诉机关"，第二项写"上诉人（原审被告人）"。未成年的被告人的法定代理人或者指定代理人提出上诉的，第一项写"原公诉机关"，第二项写"上诉人"，并用括号注明其与被告人的关系，第三项写"原审被告人"。被告人的辩护人或者近亲属经过被告人同意提出上诉的，第一项写"原公诉机关"，第二项写"上诉人"，并用括号注明其与被告人的关系，第三项写"原审被告人"。

(3) 自诉案件的自诉人提出上诉的，第一项写"上诉人（原审自诉人）"，第二项写"原审被告人"；被告人提出上诉的，第一项写"上诉人（原审被告人）"，第二项写"原审自诉人"；自诉人和被告人都提出上诉的，第一项写"上诉人（原审自诉人）"，第二项写"上诉人（原审被告人）"。自诉案件的当事人的法定代理人或者指定代理人提出上诉的，第一项写"上诉人"，并用括号注明其与被代理人的关系，第二项写被代理人，如"原审自诉人"，第三项写"原审被告人"。

(4) 共同犯罪案件中的数个被告人提出上诉的，第一项写"原公诉机关"，第二项写"上诉人"，并用括号注明其在原审中的诉讼地位；没有提出上诉的，在第三项写"原审被告人"，以便二审在对全案进行审查时，一并处理。

(5) 人民检察院和当事人同时提出抗诉和上诉的，根据最高人民法院的司法解释，应按抗诉程序进行审理。因此，第一项写"抗诉机关"，第二项写"上诉人"。

(6) 附带民事诉讼的当事人提出上诉的，第一项写"上诉人"，第二项写"被上诉人"，即对方当事人，并分别在括号内注明其在原审中的诉讼地位。附带民事诉讼当事人的法定代理人提出上诉的，与自诉案件当事人的法定代理人的书写相同。

上列当事人的身份事项，均应写明姓名、性别、出生年月日、民族、籍贯、文化程度、职业或工作单位及职务、住址和因本案所受强制措施情况、现羁押处所等。

3. 辩护人项。与第一审刑事判决书的书写相同。

4. 案件来源和审理过程。首先写明案件的来源，是被告人不服提起上诉的，还是检察机关抗诉的，原审判决的日期与文书的编号，原审判决的结果，二审人民法院受理后合议庭审理的方式（公开或不公开审理），到庭参加诉讼的人的情况。具体可表述为：×××人民法院审理×××人民检察院指控原审被告人×××（写明姓名）犯××罪（写明案由）一案，于××××年××月××日作出（××××）×刑初字第××号刑事判决。原审被告人×××不服，提出上诉。如系被告人×××的辩护人或者近亲属提出上诉的，则表述为："原审被告人×××的近亲属（或辩护人）×××经征得原审被告人同意，提出上诉"。如系被害人及其法定代理人请求人民检察院提出抗诉，人民检察院根据《刑事诉讼法》第228条规定决定抗诉的，应表述为："被害人（或者其法定代表人）×××不服，请求×××人民检察院提出抗诉，×××人民检察院决定并于××××年××月××日向本院提出抗诉。"本院依法组成合议庭，公开（或者不公开）开庭审理了本案。×××人民检察院检察长（员）×××（姓名）出庭履行职务（如系抗诉案件，则应表述为："出庭支持抗诉"），上诉人（或者原审被告人）×××及其辩护人×××等到庭参加诉讼。现已审理终结（未开庭审理的，应表述为："经过阅卷，讯问原审被告人，听取其他当事人、辩护人、诉讼代理人的意见，认为事实清楚，决定不开庭审理。现已审理终结。"）。

（二）正文

正文包括案件事实、判决理由和判决结果三部分。

1. 事实。首先，概述原判决的基本内容，即认定的事实、证据、理由和判处结果；其次，概述上诉（或者抗诉）的主要理由和辩护的主要意见；最后，概述人民检察院在二审中提出的意见。

然后写"经审理查明……"的内容，首先写明经二审法院审理查明的事实；其次写明二审据以定案的证据；最后对上诉或抗诉理由与原判有争议的内容进行分析论证。

二审刑事判决书所叙述的事实，不是一审刑事判决书事实的照搬，而是第二审人民法院全面审理认定的事实和证据，不受上诉（或抗诉）范围的限制。二审刑事判决书事实的具体写法有以下三种：

（1）概括叙述。如果上诉人（或抗诉机关）对原审法院认定的事实没有提出异议，而仅以定罪量刑不当或适用法律不当为由提起上诉或抗诉，这种情况事实部分就应概括叙述，着重写明与定罪量刑、适用法律有关的重要情节即可。

（2）详细叙述。如果上诉人或抗诉机关全部否定原审法院认定的事实，而二审法院审理后肯定原审认定的事实的，就必须有针对性地就二审认定的事实进行详细地叙述，并写出肯定原判认定事实的理由和根据，切忌照搬一审认定的事实，这是需要特别注意的。

（3）半详半略叙述。如果上诉人或抗诉机关对原审认定的事实部分承认，部分否认，二审应就无争议的事实予以概略叙述，而对于有争议的事实详细叙述，并针对上诉人或抗诉机关否定的部分事实是否有根据亮明二审法院的观点。

采用何种方法叙述二审法院认定的事实，应根据上述三种情况来决定。

2. 理由。理由部分，在"本院认为"引语之后，要根据二审查明的事实、证据和有关法律规定，论证原审法院判决在认定事实、证据和适用法律方面是否正确。对于上诉人、辩护人或者出庭履行职务的检察人员等关于适用法律、定性处理方面的意见，应当表示是否予以采纳，并阐明其理由。如何阐述可根据下列情况酌情决定：

（1）如果上诉人（或抗诉机关）认为原审法院适用法律有误或量刑畸轻畸重，二审判决书的理由应阐明支持或否定上诉人（或抗诉机关）的具体道理。若二审法院认为原审法院适用法律准确、量刑适当，则应肯定原审法院判决的正确，对上诉或抗诉理由进行批驳；若二审法院确属适用法律不当，量刑畸轻畸重，就必须指明其不当之处并阐明改判的理由。

（2）如果上诉人（或抗诉机关）认为原审法院认定的事实有部分错误，二审判决书的理由则应紧紧针对这部分事实，根据查明的事实、获取的证据阐明是肯定这部分事实还是否定这部分事实的道理。

（3）如果上诉人（或抗诉机关）认为原审法院认定的事实不准，同时适用法律亦不当，二审判决书的理由需要分别阐明认定事实是否准确，适用法律是否得当的道理。阐述应注意论证的条理性，分项阐明，不要将二者混在一起论述。

3. 判决结果。第二审刑事判决书的判决结果有以下三种情况：

（1）如系全部改判的，首先应撤销原判，再写改判的具体内容。表述为：

"一、撤销×××人民法院（××××）×刑初字第××号刑事判决。

二、上诉人（原审被告人）×××………（写明改判的内容）"。

（2）如系部分改判的，先写维持原判决中的内容，再写撤销原判决中的内容，最后写部分改判的内容。表述为：

"一、维持×××人民法院（××××）×刑初字第××号刑事判决的第×项，即……（写明维持的具体内容）。

二、撤销×××人民法院（××××）×刑初字第××号刑事判决的第×项，即……（写明撤销的具体内容）。

三、上诉人（原审被告人）×××……（写明部分改判的具体内容）。

刑期从……（写明刑期起止日期）"。

（3）宣告上诉人无罪的，应先撤销原审判决，再写上诉人无罪。表述为：

"一、撤销×××人民法院（××××）×刑初字第××号刑事判决；

二、上诉人（原审被告人）×××无罪"。

（三）尾部

写明两项内容：判决结果之后另起一行写"本判决为终审判决"。右下角由审判人员署名，注明日期，加盖院印，再下由书记员署名。如系判决书副本，在日期左方空处加盖"本件与原本核对无异"印戳。

五、注意事项

1. 第二审人民法院应当就第一审判决认定的事实和适用法律进行全面审查，不受上诉或者抗诉范围的限制。

2. 必须针对上诉理由写事实。这是第二审刑事判决书的一个重要特点。它应该针对一审判决在认定事实或者适用法律上的错误，以及上诉、抗诉的意见和理由进行充分论证，不能脱离上诉、抗诉理由去写事实，观点要明确，证据要充分，论证要有逻辑性。

3. 叙述原判的基本内容，上诉辩护的主要意见及检察院在二审中提出的新意见时，要注意避免与法院查明认定事实的文字上出现不必要的重复，以免造成表述的拖沓、冗赘。

4. 对检察机关起诉两个罪，一审判决认定一个罪，检察院因此提出抗诉的案件，经二审法院审理，认为抗诉有理，确定原审被告人犯有两个罪的，也应当先撤销原判，再按数罪并罚的原则，决定应执行的刑罚。

5. 人民检察院抗诉的案件，经过第二审人民法院审理后，改判被告人死刑立即执行的，应当报请最高人民法院核准。因此，应将"本判决为终审判决"改写为"本判决依法报请最高人民法院核准"。

六、项目评价标准

1. 能够熟练掌握第二审刑事判决书的格式，能够通过亚伟速录软件生成模板，并根据需要对常用词进行造词与自定义。
2. 能够结合案例，利用已生成的模板，按照规范格式，完成所需要的文书写作。
3. 根据学习内容，建立自己的专属词库。

项目三　刑事附带民事判决书

一、概念

刑事附带民事诉讼判决书，是指在刑事诉讼过程中，由于被告人的犯罪行为使国家、集体或个人财产遭受损失，经受害单位、个人或人民检察院提起附带民事诉讼，追究被告人侵权的民事责任，由人民法院审理该刑事案件的同一审判组织一并审理终结后作出判决结论时所制作的司法文书。

根据我国《刑事诉讼法》第101、104条规定，提起附带民事诉讼，必须是由于刑事被告人的犯罪行为，使被害人遭受物质损失，或者国家财产、集体财产遭受损失；附带民事诉讼的提起，被害人遭受物质损失的，由被害人提起；公有财产遭受损失的，可以由人民检察院提起；提起附带民事诉讼的时间必须是在刑事诉讼过程中；附带民事诉讼应当同刑事案件一并审判，为了防止刑事案件的过分迟延，也可以在刑事案件审判后，由同一审判组织继续审理；对于刑事附带民事诉讼案件，按照第一审程序审理后所制作的判决书，是一审刑事附带民事判决书，可以上诉、抗诉；按照第二审程序审理后所制作的判决书，是二审刑事附带民事判决书，是终审判决书。

二、格式

××××人民法院
刑事附带民事判决书

（××××）×刑初字第××号

公诉机关×××人民检察院。

附带民事诉讼原告人……（写明姓名、性别、出生年月日、民族、出生地、文化程度、职业或者工作单位和职务、住址等）。

原告人……（写明姓名、性别、出生年月日、民族、出生地、文化程度、职业或者工作单位和职务、住址、因本案所受强制措施情况、现羁押处所等）。

辩护人……（写明姓名、工作单位和职务）。

×××人民检察院以×检×诉（　　）××号起诉书指控被告人×××犯××罪，于××××年××月××日向本院提起诉讼。在诉讼过程中，附带民事诉讼原告人向本院提起附带民事诉讼。本院依法组成合议庭，公开（或者不公开）开庭进行了合并审理。×××人民检察院指派检察员×××出庭支持诉讼，附带民事诉讼原告人×××及其法定（诉讼）代理人×××，被告人×××及其法定代理人×××、辩护人×××，证人×××，鉴定人×××，翻译人员×××等到庭参加诉讼。现已审理终结。

×××人民检察院指控……（概述人民检察院指控被告人犯罪的事实、证据和适用法律的意见）。附带民事诉讼原告人诉称……（概述附带民事诉讼原告人的诉讼请求和有关证据）。

被告人×××辩称……（概述被告人对人民检察院指控的犯罪事实和附带民事诉讼原告人的诉讼请求予以供述、辩解、自行辩护的意见和有关证据）。辩护人×××提出的辩护意见是……（概述辩护人的辩护意见和有关证据）。

经审理查明，……（首先写明经法庭审理查明的事实，既要写明经法庭查明的全部犯罪事实，又要写明由于被告人的犯罪行为使被害人遭受经济损失的事实；其次写明据以定案的证据及其来源；最后对控辩双方有异议的事实、证据进行分析、论证）。

本院认为，……（根据查证属实的事实、证据和法律规定，论证公诉机关指控的犯罪是否成立，被告人的行为是否构成犯罪，犯的什么罪，应否追究刑事责任；论证被害人是否由于被告人的犯罪行为而遭受经济损失，被告人对被害人的经济损失应否负民事赔偿责任；应否从轻、减轻、免除处罚或者从重处罚；对于控辩双方关于适用法律方面的意见，应当有分析地表示是否予以采纳，并阐明理由）。依照……（写明判决的法律依据）的规定，判决如下：

……［写明判决结果。分四种情况：

第一，定罪判刑并应当赔偿经济损失的，表述为：

"一、被告人×××犯××罪，……（写明主刑、附加刑）。（刑期从判决执行之日起计算。判决执行以前先行羁押的，羁押一日抵刑期一日，即自××××年××月××日起至××××年××月××日止）。

二、被告人×××赔偿附带民事诉讼原告人×××……（写明受偿人的姓名、赔偿的金额和支付的日期）"。

第二，定罪免刑并应当赔偿经济损失的，表述为：

"一、被告人×××犯××罪，免于刑事处罚；

二、被告人×××赔偿附带民事诉讼原告人×××……（写明受偿人的姓名、赔偿的金额和支付的日期）"。

第三，宣告无罪但应当赔偿经济损失的，表述为：

"一、被告人×××无罪；

二、被告人×××赔偿附带民事诉讼原告人×××……（写明受偿人的姓名、赔偿的金额和支付的日期)。"

第四，宣告无罪且不赔偿经济损失的，表述为：

"一、被告人×××无罪；

二、被告人×××不承担民事赔偿责任。"]

如不服本判决，可在接到判决书的第二日起10日内，通过本院或者直接向×××人民法院提出上诉。书面上诉的，应当提交上诉状正本1份，副本×份。

审判长　×××

审判员　×××

审判员　×××

×××年××月××日

(院　印)

书记员　×××

本件与原本核对无异

三、文本范例

华龙区人民法院

刑事附带民事判决书[1]

(2017) 濮中刑二终字第74号

原公诉机关濮阳市华龙区人民检察院。

上诉人（原审被告人）郭×明，男，1986年12月29日出生。

上诉人（原审被告人）郭×增，男，1963年12月27日出生。因犯故意伤害罪于2001年4月20日被华龙区人民法院判处免予刑事处罚。

辩护人窦××，河南优诚律师事务所律师。

原审附带民事诉讼原告人郭×某，男，1969年10月20日出生。

华龙区人民法院审理华龙区人民检察院指控原审被告人郭×明、郭×增犯故意伤害罪、原审附带民事诉讼原告人郭×某提起附带民事诉讼一案，于二〇一〇年九月九日作出（2017）华法刑初字第288号刑事附带民事判决。原审被告人郭×明、郭×增均不服，提出上诉。本院依法组成合议庭，经过阅卷，讯问被告人，询问附带民事诉讼原告人，经本院审判委员会研究决定，现已审理终结。

原判认定，2017年3月12日下午1时许，被告人郭×明在濮阳市华龙区胜利路办事处马湖村因琐事与被害人郭×某之妻张×红发生争执，郭×某闻声到现场与郭×明发生厮打，郭×明将郭×某的鼻子打出血后被人拉开。被告人郭×增接郭×明电话后

---

[1] "故意伤害罪刑事附带民事判决书格式范文（2018年最新版）"载赢了网，http://s.yingle.com/l/xf/224090.html，最后访问时间：2018年9月15日。

与郭××赶至现场，郭×增用拳击打郭×某面部，后被人拉开。经濮阳市公安局物证鉴定所法医学人体损伤程度鉴定，郭×某右侧鼻骨骨折明显移位，构成轻伤。

上述事实，有公诉机关提交并经法庭质证、认证的下列证据证实：

1. 被告人郭×明供述：我于 2017 年 3 月 12 日下午 1 时许，因琐事在本村与被害人郭×某之妻张×红对骂，郭×某出来后朝我母亲杨×英头上打了一拳，接着又抓住我的头发，我就用拳头朝郭×某身上乱打，具体打在哪个部位说不清，后郭×某的内弟张×林跑过来朝我身上踹了三脚，并撕扯我的衣服，很快被人拉开。我听到郭×某打电话叫人，遂打电话叫我父亲郭×增快来。我父亲、我弟弟来后不久民警就到了，他俩没有参与打架。

2. 被告人郭×增供述：我当天接到郭×明的电话后与郭××赶到现场，双方已经不打了，看到郭×明脸上有外伤，郭×某鼻子流血了。我问妻子杨×英为啥打架，刚说几句话民警就到了。我没有参与打架。

3. 被害人郭×某陈述：当天我听到吵闹声后从家中出来，看到郭×明将我妻子张×红打倒在地，我过去用手推郭×明的脸，郭×明一拳打在我鼻子上，当时鼻子就流血了。我就抓住郭×明的衣领相互厮打起来，很快被人拉开。过了约十分钟，郭×明父亲郭×增、弟弟郭××冲过来，郭×增用手指着我说道"小子，早就想找你的事"，接着伸手朝我鼻子上连打两拳，郭××朝我后背踹了两脚，后被人拉开。郭×增一直嚷着不了，我就报警了。

4. 证人张×红（被害人郭×某之妻）证：当天我与被告人郭某明发生口角后，郭×明将我摁倒在地上打，郭×某闻讯出来后上前去拉郭×明，郭×明一拳打到郭×某鼻子上，他俩就打了起来，我弟张×林出来拉架，其他人也过来劝，把他俩拉开。我看到郭×某鼻子流血了。这时郭×明母亲杨×英从家中出来又吵骂，郭×明也要过来接着打，郭×某的弟弟郭×民正好赶过来抱着郭×明，我与杨×英厮打起来，后被人拉开。这时郭×增、郭××赶到了，郭×增指着郭×某说"早就想收拾你了"，接着朝郭×某鼻子打了两下，郭××上前踹了郭×某后背两下，随后被人拉开。我们一方的人就打电话报警了。

5. 证人张×林（被害人郭×某之内弟）证：我看到郭×某正被一男子（后经辨认是郭×明）朝鼻子打了一下，我姐张×红还躺在地上，我上前拉架，郭×明用手推搡我，后被其他人拉开，双方不再吵了。这时，从北面过来一中年妇女大骂起来，张×红与她对骂并厮打。后过来一中年人及一戴眼镜的年轻人，中年人抓住郭×某的衣服，用拳头朝郭×某鼻子打了两下，因之前郭×某的鼻子就流血了，这时流的更多了。

6. 证人郭×民（被害人郭×某之弟）证：我当天赶到现场后看到郭×某正与郭×明相互厮打，郭×某鼻子正在流血，我上前拦住郭×明，郭×明打电话叫人，这时郭×增的妻子杨×英过来与张×红对骂。郭×增与郭××赶到后，郭×增上前打郭×某，我搂着郭×明，郭×增和郭××打了郭×某两下就被人拉开了，我没有看清郭×增、郭××是如何打郭×某的。有人打电话报警，民警就来了。

7. 证人郭×修（被害人郭×某之父）证：我当天出来后看到我儿子郭×某在他家门口稍北一点靠墙站着，满嘴、鼻子上都是血，在郭×某北侧十多米远，郭×明正打电话叫人，说要治死一个。约有四、五分钟，郭×增、郭××过来了，他们又要打郭×某，这时郭×民也跑过来挡着郭×明、郭××，二人与郭×民拉扯在一起。我见郭×增与郭×某打了起来，就过去拉，郭××又从北边冲过来，顺手掂砖要砸郭×某被人拉住了。这时郭×增还撕扯着郭×某的衣服，他们两个具体怎么打的没看到。郭××又冲过来朝郭×某后背踩了一脚，后被人拉开。郭×某就报警了。

8. 证人郭×甫（被害人郭×某之堂弟）证：当天我从家出来后看到郭×明正打电话说："过来吧，打架呢"。过了五六分钟，郭×增、郭××就从胡同口跑过来，郭×增啥话没说上前就抓住郭×某的衣领，郭××从地上拾了个砖头要砸郭×某，我上前拉住郭××，把砖头夺下来，回头看到郭×增与郭×某还撕扯在一起，郭×某的鼻子流血了，郭×某的父亲将他俩拉开，他俩就互相骂。过了一会儿民警就到了。咋打的没见，当时他们俩撕扯在一起。

9. 证人张×山证：我当天骑自行车从濮阳县回到村里路过郭×某家时，看到围着很多人，我下车看到郭某增一只手抓着郭×某胸前衣领，嘴里不断骂着要打郭×某，郭×某脸上有血，边上还围着郭×明、杨×英等人，他们也叫骂着要打郭×某。

10. 证人靳×山证：当天中午我骑车走到胡同口时看到郭×增左手抓住郭×某的衣领，右手朝郭×某的脸上打了一下，当时郭×某脸上有血。

11. 证人徐×安证：我当天去找郭×甫说事，走到他家胡同口时，看到郭×某的妻子与郭×增的妻子在对骂，郭×某鼻子流血了，郭×明在胡同的北边，郭×甫也在场劝架，周围有很多人在相互劝着。过了五六分钟，郭×增和他二儿子郭××骑电动车从村西边过来，郭×增就走向郭×某，一把抓住郭×某的衣领，挥拳朝郭×某的面部打了，随后郭×增被人拉开了，他们就没再打，后民警就来了。……至于和谁怎么打的不清楚，只看到郭×增用拳头打郭×某的面部。

12. 证人靳×国证：我当天路过郭×某家的胡同口时，看见郭×某与郭×明两人在郭×某家门口争吵，相互拉扯。一会儿郭××骑车带着郭×增赶到后，郭×增抓住郭×某的衣领，用拳朝郭×某脸上打了两三下，当时郭×某的脸上就流血了，郭×某就用手捂着脸，郭×明想冲上去打郭×某时被人拉住了，郭××对郭×某踩了两脚后，又拿砖想打郭×某，被人拉到一边去了，郭×增也被人拉开了。后民警就到了。

13. 证人杨×英（被告人郭×增之妻）证：我是郭×明的母亲，当天我在家中听到郭×明说话声音比较大，出来后看到郭×明正与张×红吵架，张×红朝北来，郭×明朝南边去。我跑过去推开他俩，这时郭×某从家中出来，冲到我面前并朝我头上打了两拳，郭×明上前护我，当时我头晕了。等醒来时双方已不打了，郭×某家的人在其门口站着。一会儿郭×增、郭××也回来了，双方未再发生打架。

14. 证人郭××（被告人郭×增之二儿子）证：当天我与我爸郭×增回到村里时，看到我母亲杨×英正在气头上，手上破了，郭×明脸上有伤，郭×某的鼻子流血了，郭×某的妻子与我母亲相互对骂着。没有看清我爸在干啥。过了没几分钟，民警就到了。

15. 证人位×琴证：当天张×红以为郭×明骂她，就吵了起来，接着相互厮打在一起，我见他们打起来，怕吓着孩子，就回家了。

16. 证人王×莲证：当天张×红以为郭×明骂她，双方吵了起来并厮打在一起。后郭×某出来，郭×某、郭×明及张×红的弟弟张×林就厮打在一起，具体怎么打的没有看清。郭×增赶到后，双方没有再打，只是吵了。另证实我丈夫与郭×增、位×琴丈夫是亲兄弟，郭×增与郭×某父亲郭×修是堂兄弟。

17. 证人王×玲证：当天我端着碗在大嫂王×莲家门前吃饭，二嫂位×琴抱着孙女，张×红逗小孩，不知为啥张×红与郭×明吵了起来，接着就走到一起撕扯起来，这时郭×某从家中出来，接着郭×某与郭×明就打了起来，在场的人都赶紧上前拉架，拉开后看到郭×某的鼻子流血了，郭×明脸上有伤。郭×增、郭××来后，双方再未发生打架。

18. 证人郭×春证：当天我听到吵闹就过去了，当时已不打了，郭×明家的人在胡同北边站着，郭×某家的人在胡同南边站着，郭×明脸上有抓伤，杨×英用手捂住头，郭×某的鼻子流血了，停了一会儿，郭×增、郭××就赶过来了，不久110民警就到了，双方没有再发生打架。

19. 证人雷×姣证：当天我听到吵架声就从家中出来，那时郭×某、郭×明已被拉开，我看到郭×明脸被抓破了，郭×某的鼻子流血了，郭×明家的人在胡同北边站着，郭×某家的人在胡同南边站着，过了一会儿，郭×增、郭××来了，郭×增来了就问打啥架呀，很快110民警就到了。郭×增来后，双方未再发生打架。

20. 抓获证明：公安机关于2017年3月29日上午在濮阳市京开道南段濮阳县消防队旁边郭×增家开的门市内将被告人郭×明抓获；又于同年5月24日上午在相同地点将被告人郭×增抓获。

21. 濮阳市公安局物证鉴定所法医学人体损伤程度鉴定结论：被害人郭×某右侧鼻骨骨折明显移位，已构成轻伤。

原审人民法院认为，被告人郭×明、郭×增故意伤害他人人身，致人轻伤，其行为侵犯了公民的人身健康权利，均已犯有故意伤害罪，且系共同犯罪。因被告人郭×明、郭×增的伤害行为给附带民事诉讼原告人郭×某造成了经济损失，应承担相应的民事赔偿责任。依法以故意伤害罪判处被告人郭×明、郭×增各有期徒刑一年，并赔偿附带民事诉讼原告人郭×某医疗费等损失共计1693.32元。

上诉人郭×明上诉称：郭×某的伤不构成轻伤，要求重新鉴定。

上诉人郭×增上诉称：没有打郭×某的鼻子致轻伤，事实不清，证据不足。请求改判其无罪。

经二审审理查明，2017年3月12日下午1时许，上诉人郭×明在濮阳市华龙区胜利路办事处马湖村因琐事与被害人郭×某之妻张×红发生争执，郭×某闻声到现场与郭×明发生厮打，郭×明将郭×某的鼻子打出血后被人拉开。上诉人郭×增接郭×明电话赶至现场，随后华龙区分局胜利派出所民警接报案后即赶到。经濮阳市公安局物证鉴定所法医学人体损伤程度鉴定，郭×某右侧鼻骨骨折明显移位，构成轻伤。

另查明，被害人郭×某、证人张×红、郭××、郭×春等证言证明：当时在现场的都是郭×明、郭×某两家前后院的人，郭×明一方有其母亲杨×英、郭××，郭×某一方有其父亲郭×修、弟弟郭×民、堂弟郭×甫；现场还有王×莲、位×琴、王×玲、雷×姣、郭×春。现场在郭×明、郭×某家的胡同里。

上诉人郭×明与张×红、郭×某发生吵架、打架的原因、经过，以及郭×某鼻子被打流血后被人拉开的事实，有证人张×林、郭×民、郭×修、王×玲、郭×春证言、被害人郭×某、张×红陈述、法医鉴定结论在卷证实，被告人郭×明亦供认不讳，双方均无异议。上诉人郭×明击打被害人郭×某鼻子构成轻伤，事实清楚，证据确实充分，本院予以确认。

上诉人郭×增用拳击打被害人郭×某鼻子的事实不清，证据之间存在如下矛盾：

被害人郭×某、其妻张×红、其内弟张×林均证明郭×增用拳朝郭×某鼻子打了两下。被害人郭×某的弟弟郭×民、父亲郭×修、堂弟郭×甫均证明：郭×增打郭×某了，撕扯在一起，但具体怎么打的没看清。证人张×山、靳×山、徐×安、靳×国均证明：路过郭×某家胡同口时，看到郭×增一手抓住郭×某的衣领，挥拳打郭×某的面部。现场证人王×玲、郭×春、雷×姣、杨×英、郭××均证明：郭×增来到现场后，双方未再发生打架。上诉人郭×增、郭×明供述：郭×增没有打郭×某。

从现场郭×某家胡同口经过的证人张×山、靳×山、徐×安、靳×国作证时间距案发时间较长，证明细节表述一致，击打脸部这一动作很短时内即可完成，互殴地点是在胡同内，互殴双方及郭×春等证人证言中均未证明上述证人在案发现场。故证人张×山、靳×山、徐×安、靳×国证言证实郭×增用拳击打郭×某面部的客观性、真实性较差，与其他证据缺乏关联性，证据效力差。

综上，被害人一方的数名证人证明互殴现场情节不一致，被告人一方的证人与被害人证明的内容存在较大矛盾，部分证人证言证据效力差，上诉人郭×增供述其没有殴打郭×某。据此，认定上诉人郭×增击打被害人郭×某鼻部致其骨折构成轻伤的事实不清，证据不足。

本院认为，上诉人郭×明故意伤害他人身体，致他人轻伤，其行为已构成故意伤害罪。上诉人郭×增故意伤害郭×某的事实不清，证据不足。上诉人郭×增上诉请求改判其无罪的理由成立，本院予以采纳。被告人郭×明上诉称要求对郭×某的伤重新鉴定，经查，濮阳市公安局物证鉴定所具有鉴定资格，鉴定程序合法，故其申请重新鉴定的理由不能成立，予以驳回。依照《中华人民共和国刑法》第 234 条第 1 款、第 36 条第 1 款，《中华人民共和国刑事诉讼法》第 162 条第 3 项、第 189 条第 1 项、第 3 项，最高人民法院《关于执行中华人民共和国刑事诉讼法若干问题的解释》第 176 条第 4 项的规定，判决如下：

一、维持华龙区人民法院（2017）华法刑初字第 288 号刑事附带民事判决的第一项，即被告人郭×明犯故意伤害罪，判处有期徒刑一年。（刑期从判决执行之日起计算。判决执行以前先行羁押的，羁押一日折抵刑期一日，即自二〇一〇年三月二十九日起至二〇一一年三月二十八日止。）

二、撤销华龙区人民法院（2017）华法刑初字第 288 号刑事附带民事判决的第二项、第三项，即被告人郭×增犯故意伤害罪，判处有期徒刑一年；被告人郭×明、郭×增赔偿附带民事诉讼原告人郭×某医疗费、营养费、住院伙食补助费、误工费、交通费共计 1693.32 元；

三、上诉人郭×明赔偿附带民事诉讼原告人郭×某物质损失 1693.32 元，限判决生效后十日内付清；

四、上诉人郭×增无罪，不承担附带民事赔偿责任。

本判决为终审判决。

审判长　王××
代理审判员　贺××
代理审判员　朱××
二〇一〇年十一月二日
（院印）
书记员　鲁××

四、制作要求

刑事附带民事判决书由首部、正文和尾部三部分组成。附带民事诉讼部分的判决书，与民事判决书的写法大体一致，仅是标题和当事人的称谓不同。

（一）首部

首部应依次写明下列事项：

1. 标题。由制作文书的机关名称与文种名称组成，分两行书写，即"×××人民法院 刑事附带民事判决书"。

2. 字号。由年份、机关代字、文种类型字和年度发文序号组成，位于标题的右下方。

（二）正文

正文包括以下几个方面的内容：

1. 公诉机关及诉讼参与人的情况。写法与相应审级的刑事判决书的写法基本相似。

（1）第一审刑事附带民事判决。公诉案件，先列写代表国家向人民法院提起公诉的人民检察院；自诉案件，先列写自诉人姓名及其基本情况，在当事人称谓上为"自诉人暨附带民事诉讼原告人"。如果是公诉案件被害人提起附带民事诉讼的，在公诉人之后写"附带民事诉讼原告人"。

自诉人和被害人有代理人的，分别在其被代理人的次行写其姓名和身份等基本情况。如代理人是律师的，只写姓名、单位和职务。

原告一方写完后，写被告人姓名及其身份等基本情况。被告人不止一人的，依次书写。

（2）第一审刑事部分和附带民事部分分开审理、分别判决的，处理刑事部分的刑事判决书，只写公诉人和刑事诉讼参与人的情况；单独处理附带民事诉讼的刑事附带民事诉讼的，则只列写附带民事诉讼参与人的情况。例如，公诉案件被害人提起附带民事诉讼的，在单独处理附带民事诉讼的判决书里，不必写公诉机关。

（3）第二审一并判决的，写法为：

人民检察院提出抗诉的，先列写抗诉机关，接着写原审被告人，附带民事诉讼被告人的姓名及其身份等基本情况；被告人和附带民事诉讼被告人如有辩护人和代理人的，应在其次行书写。

如果是当事人上诉的，写法为：上诉人（取原审自诉人兼附带民事诉讼原告人，或原审被告人、附带民事诉讼被告人、原审附带民事诉讼原告人。写明他们的姓名和身份等基本情况）。上诉人和被上诉人有代理人、辩护人的，应在其次行书写他们的姓名和身份等基本情况。是律师的，只写其姓名、单位和职务。

如果一个案件人民检察院既提起抗诉，当事人又提起上诉的，先列抗诉机关，后列上诉人，再列其他诉讼参与人，写明他们的姓名和基本情况。

（4）第二审单独受理附带民事诉讼的上诉、抗诉案件，制作判决书时，只写附带民事诉讼参与人的姓名和身份等基本情况。如检察院就附带民事诉讼部分提起抗诉的，也应将抗诉机关在当事人的前面予以书写。

2. 案由部分，写罪名、案件来源、审判组织和审判方式。

（1）一审自诉案件，案由部分的写法与一审民事案件的表述方法基本一致，表述为：

"自诉人×××以被告人×××犯××罪，并由此造成经济损失为由，于××××年××月××日向本院提起诉讼。本院受理后，依法实行独任审判（或者组成合议庭），公开（或者不公开）开庭审理了本案。自诉人×××及其诉讼代理人×××，被告人×××及其辩护人×××等到庭参加诉讼。现已审理终结"。

（2）一审公诉案件，表述为：

"×××人民检察院以×检×诉（××××）××号起诉书指控被告人×××犯××罪，于××××年××月××日向本院提起讼诉。在诉讼过程中，附带民事诉讼原告人向本院提起附带民事诉讼。本院依法组成合议庭，公开（或者不公开）开庭进行了合并审理。×××人民检察院指派检察员×××出庭支持公诉。附带民事诉讼原告人×××及其法定（诉讼）代理人×××，被告人×××及其辩护人×××，证人×××，鉴定人×××，翻译人员×××等到庭参加诉讼。现已审理终结"。

（3）二审案件，表述为：

"×××人民法院审理×××人民检察院指控原审被告人×××犯××罪，原审附带民事诉讼原告人×××提起附带民事诉讼一案，于××××年××月××日作出（××××）×刑初字第××号刑事附带民事判决。原审被告人不服，提起上诉。本院依法组成合议庭，公开（或不公开）开庭审理了本案。×××人民检察院指派检察员×××出庭履行职务。上诉人（原审被告人）×××及其辩护人×××，附带民事诉讼原告及其诉讼代理人×××等到庭参加诉讼。现已审理终结"。

以上三种，只是举例说明。一审和二审受理的刑事附带民事案件，情况多种多样。情况不同，案由部分的书写方法应当作相应的改变。但均应写明提起附带民事诉讼的主体、原因，人民法院名称，人民法院受理后组织审理的情况以及参加诉讼人员的基本情况。

3. 事实部分。事实部分是刑事附带民事诉讼的主体内容，是分析判决理由、作出判决结果的事实基础。

（1）刑事和附带民事诉讼一并审判的，一审刑事附带民事判决书事实部分的写法：

刑事部分的犯罪事实和一审刑事判决中犯罪事实的写法相同。在写完控告的犯罪事实之后，写明被害人或人民检察院提起附带民事诉讼的内容和要求，即被告人的犯罪行为给被害人造成了哪些物质损害，使国家财产和集体财产遭受了什么样的损失。接着写明被告人及其辩护人对刑事和民事诉讼的意见、辩解。然后再写明经法院审理认定的事实。

既然是刑事附带民事判决，事实部分以叙写被告人的犯罪事实为重点，被告人的侵权民事责任是犯罪行为派生出来的。因此，对于附带民事诉讼部分的叙述，力求简明扼要，避免文字冗长、喧宾夺主。

（2）刑事和附带民事分开审理，就附带民事诉讼部分单独制作的一审刑事附带民事判决书事实部分的写法：犯罪事实不必详写，因为这些内容不是本判决处理结论的事实根据。但是，对犯罪事实又不能完全不写，还需作必要的概括叙述。否则，附带民事诉讼的事实，便会成为无源之水、无本之木。

在简要地交代犯罪事实之后，接着重点叙写附带民事诉讼部分的事实，原告一方所提出的要求及其具体内容，对于其中应当肯定和否定的部分，都要叙述清楚。

（3）二审刑事附带民事判决书事实部分的写法：

二审刑事附带民事判决书的事实，刑事部分和二审刑事判决书的事实写法相同，只是在相应的各个层次，增写附带民事的事实情节。二审审理认定的事实，要有针对性地写明原审判决认定的事实哪些是正确的，哪些是不能成立的。

4．理由。

（1）论证被告人是否构成犯罪及罪名、情节的叙写，一审、二审刑事附带民事判决书，分别和一审、二审刑事判决书的相应部分写法相同。

（2）分析被告人的犯罪行为给被害人造成的物质损失，或使国家集体财产造成损失之间的必然因果关系，论证被告人应负侵权民事责任的根据。

（3）引用法律条文。关于刑事部分，对被告人定罪量刑，要引用刑法的有关条款；附带民事部分，要引用《民法通则》的有关条款，有的还要引用诉讼法的条款。

（4）二审刑事附带民事判决书的理由，要根据上诉、抗诉提出的问题，结合二审全面审理的结果，针对原判进行论证，论证原审判决认定的事实、证据和适用法律，包括判处被告人赔偿经济损失是否正确。对于上诉人、辩护人或者出庭履行职务的检察人员等在适用法律、定性处理和赔偿损失方面的意见，应当经过分析表示是否予以采纳，并阐明理由。

5．判决结果。

（1）刑事部分，对被告人定罪量刑的表述，分别和一、二审判决书写法相同。

（2）附带民事部分的写法，分别和一、二审民事判决书写法相同。具体写明判令被告人赔偿哪些方面的损失，共计折合人民币多少元，以及还应给付什么物品等，并应写明支付时间，或者是写明"被告人×××不承担民事赔偿责任"。

（三）尾部

1．一审判决要交代上诉权。刑事和附带民事一并审理的判决，按刑事判决对待，其上诉期为10日。就附带民事诉讼单独制作的判决按民事判决对待，上诉期为15日。

2．二审判决要写明"本判决为终审判决"。

3．合议庭组成人员和书记员署名，注明年月日等写法和前述刑事判决书相同。

五、注意事项

1．刑事附带民事判决书只用于刑事诉讼和民事诉讼合并审理的案件，若分开审理，则判决书应分开制作。

2．刑事附带民事判决书中所指的经济损失，包括已经受到的和以后必然要受到的损失。

3．刑事附带民事判决书内容较为复杂，行文要有层次。一并审理的，各部分先写与刑事判决有关的内容，再写与民事判决有关的内容，使之条理清楚，不要混为一体。

4. 制作此判决书时，记写刑事部分的内容与刑事判决书相应部分的内容和要求相同，记写民事部分的内容与民事判决书相应部分的内容和要求相同。

5. 提起二审刑事附带民事诉讼的原因有很多，要根据不同的情况，区别记写各部分的内容。

六、项目评价标准

1. 能够熟练掌握刑事附带民事判决书的格式，能够通过亚伟速录软件生成模板，并根据需要对常用词进行造词与自定义。
2. 能够结合案例，利用已生成的模板，按照规范格式，完成所需要的文书写作。
3. 根据学习内容，建立自己的专属词库。

项目四　刑事裁定书

一、概念

刑事裁定书，是指人民法院对刑事案件在审理和执行过程中的程序问题和部分实体问题，依照我国刑法、刑事诉讼法的规定作出裁判时所制作的法律文书。

刑事裁定书的种类比较多，从内容上讲，可分为解决程序问题的刑事裁定书和解决实体问题的刑事裁定书；从程序上讲，可分为第一审程序的刑事裁定书、第二审程序的刑事裁定书、复核程序的刑事裁定书、审判监督程序的刑事裁定书、执行程序的刑事裁定书等；从形式上分，有口头裁定和书面裁定等。

二、格式

××××人民法院
刑事裁定书
（二审维持原判决用）

（××××）×刑终字第××号

原公诉机关××××人民检察院。

上诉人（原审被告人）……（写明姓名、性别、出生年月日、民族、籍贯、职业或工作单位和职务、住址和因本案所受强制措施情况、现在何处等）。

辩护人……（写明姓名、性别、工作单位和职务）。

××××人民法院审理被告人……（写明姓名和案由）一案，于××××年××月××日作出（××××）×刑初字第××号刑事判决。被告人×××不服，提出上诉。本院依法组成合议庭，公开（或不公开）开庭审理了本案。××××人民检察院检察长（检察员）×××出庭支持公诉，上诉人（原审被告人）×××及其辩护人×

××、证人×××等到庭参加诉讼。本案现已审理终结（未开庭的改为："本院依法组成合议庭审理了本案，现已审理终结"）。

……（首先概述原判决的基本内容，其次写明上诉、辩护的主要意见，最后写明检察院在二审提出的新意见）。

经审理查明，……（肯定原判决认定的事实、情节是正确的，证据确凿、充分。如果上诉人、辩护人等对事实、情节提出异议，应予重点分析否定）。

本院认为，……（根据二审确认的事实、情节和有关法律规定，分析、批驳上诉人、辩护人等对原判决定罪量刑方面的主要意见和理由，论证原审判决结果的正确性）。依照……（写明裁定所依据的法律条款项）的规定，裁定如下：

驳回上诉，维持原判。

本裁定为终审裁定。

审判长　×××
审判员　×××
审判员　×××

本件与原本核对无异

××××年××月××日
（院　印）
书记员　×××

三、文本范例

××中级人民法院
刑事裁定书

（2005）×一中刑终字第378号

原公诉机关××县人民检察院。

上诉人（原审被告人）唐×，化名廖×，男，1986年11月24日出生于××省××县，汉族，初中文化，农民，住××省××县××乡××村一组。2003年9月1日因犯盗窃罪被判处有期徒刑1年，2004年7月1日刑满释放。2004年12月9日因涉嫌犯盗窃罪被刑事拘留，1月17日被逮捕。现羁押于××县看守所。

××县人民法院审理××县人民检察院指控被告人唐×犯盗窃罪一案，于2005年6月6日作出（2005）×刑初字第56号刑事判决，原审被告人唐×不服，向本院提出上诉。本院受理后，依法组成合议庭，经过阅卷，讯问被告人，认为事实清楚，决定不开庭审理。现已审理终结。

原判认定，2004年12月9日凌晨1时许，被告人唐×窜至××县××镇××小区××街9栋28号"××网吧"后门处，趁无人之机，将肖×的"××"牌150型摩托车一辆（牌号为×××）盗走，价值人民币5110元。失主肖×发现被盗后立即与车×、颜×、钟×寻找。肖×、车×等人在距"××网吧"后门约6米处发现被告人唐

×骑在肖×的摩托车上正准备将车骑走，唐×被前来寻找摩托车的肖×、车×等人当场抓获，并向公安机关报了案。公安机关将肖×被盗的摩托车发还了失主。

原判认定上述事实的证据有：

……

原判认为，被告人唐×以非法占有为目的，秘密窃取公民财物，数额巨大，其行为已构成盗窃罪。被告人唐×在刑满释放后5年内又犯应当被判处有期徒刑刑罚之罪，系累犯，应从重处罚。被告人唐×盗窃肖×摩托车的事实，虽无被告人唐×的供述，但有失主及证人证言等证据证实，足以证明被告人唐×盗窃肖×摩托车的事实成立。依照《中华人民共和国刑法》第264条、第65条第1款、第52条、第53条之规定，对被告人唐×犯盗窃罪，判处有期徒刑4年，并处罚金人民币1000元。

被告人唐×对原判认定的事实和罪名均提出异议，以自己未盗窃摩托车，失主与证人相互认识，想陷害、敲诈自己，公安人员有刑讯逼供等为由，提出上诉，要求宣告无罪。

二审审理查明，××县人民法院在判决书中列举了认定本案事实的证据，列举的证据已在一审开庭审理时当庭宣读、出示并质证。在本院审理中，上诉人唐×未提出新的证据。本院对一审判决书所认定的事实和证据予以确认。

本院认为，上诉人唐×以非法占有为目的，秘密窃取他人财物，数额巨大，其行为已构成盗窃罪，依法应予处罚。上诉人唐×在刑满释放后5年内又犯应当判处有期徒刑刑罚之罪，系累犯，应从重处罚。上诉人唐×提出自己未盗窃摩托车，失主与证人相互认识，想陷害、敲诈自己的辩解理由，经查，被害人与证人虽相互认识，但均不认识唐×，现无任何证据证明被害人与证人有陷害、敲诈唐×的意图；且上诉人唐×自称到网吧找人，不走开着的前门，而在关闭的后门处与被害人的摩托车在一起，并将摩托车的防盗系统破坏；被抓获后，又不如实供述自己的姓名、住址等情况，结合被害人与证人均证实摩托车已离开停放地5、6米远，唐×骑在摩托车上欲将该车盗走这一情节，对上诉人唐×盗窃被害人摩托车的事实应予认定，故唐×提出的该上诉理由不能成立。上诉人唐×提出公安人员对其有刑讯逼供的辩解理由，经查，公安机关已出具证据证明，上诉人唐×的伤情系外出指认现场和辨认作案工具时故意撞击玻璃自伤而形成，唐×亦对该事实予以认可，故该上诉理由亦不能成立。原审判决认定事实清楚，定罪和适用法律正确，量刑适当，审判程序合法。依照《中华人民共和国刑事诉讼法》第××条之规定，裁定如下：

驳回上诉，维持原判。

本裁定为终审裁定。

审　判　长　胡××

审　判　员　虎××

代理审判员　李××

　　　　　　　　　　　　　　　　　　　二〇〇五年七月二十六日
本件与原本核对无异　　　　　　　　　　　　　　　（院印）
　　　　　　　　　　　　　　　　　　　书　记　员　许××

四、制作要求

刑事裁定书与刑事判决书的格式比较接近。一般来说，就程序问题作出的刑事裁定书内容较简单，而就实体问题作出决定的刑事裁定书内容较复杂。刑事裁定书由首部、正文和尾部三部分组成。

（一）首部

1. 标题。在文书顶端居中分两行标出发文法院名称和文书名称。标题不用标明审级。

2. 编号。在标题右下方写文书编号，表述为（××××）×刑××字××号。

3. 抗诉及诉讼参与人情况。这一部分，可以参照与其同审级的刑事判决书的相应部分的写法来列写。有些裁定，具有自身的特点：如减刑、假释裁定书，只写罪犯姓名及其身份等基本情况。

4. 案由。

（1）一审刑事裁定书和二审、再审就程序问题所制作的刑事裁定书，可以在正文的开头叙写案由，不必单独写出。

（2）二审、再审维持原判的刑事裁定书的案由，可以参照二审、再审刑事判决书的案由部分来写。

（二）正文

1. 第一审刑事裁定书的正文可表述如下：

（1）事实。准许撤诉或按撤诉处理的，简写自诉人申请准许撤诉或者按撤诉处理的事实和理由。

（2）理由。驳回自诉的，写为："本院认为，……（简述驳回自诉的事实和理由。写明裁定所依据的法律根据）"。

准许撤诉或者按撤诉处理的，写为："本院认为，……（简述是否准许撤诉或者按撤诉处理的理由）。依照……（写明裁定所依据的法律条款项）的规定"。

中止审理的，写为："本案在审判过程中，因……（写明需要中止审理的理由）"。

终止审理的，写为："本案在审理过程中，被告人×××于××××年××月××日死亡。据此，依照……（写明裁定所依据的法律条款项）的规定"。

（3）裁定结果。驳回自诉刑事案件的，写："驳回自诉人×××对被告人×××的控诉"。

准许自诉人申请撤诉的，写："准许自诉人撤诉"。

按撤诉处理的，写："对自诉人的控诉按撤诉处理"。

中止、终止审理的分别写："本案中止审理""本案终止审理"（共同犯罪案件写"对被告人×××终止审理"）。

2. 第二审刑事裁定书正文部分按照裁定的内容不同，事实和理由可以分开写，也可以合并写。例如，驳回上诉或者抗诉的裁定，一般都将事实和理由分开来写，按照第一审刑事判决书制作；而发回重审的裁定，只写"本院认为……"

驳回上诉或者抗诉的裁定，由于原判认定事实没有错误，因此，在叙述事实时，应将二审全面审查认定的事实加以概括叙述，不要照抄一审认定的事实，但对涉及定罪量刑的关键性的事实，则要叙述清楚，裁定理由应针对上诉（或者抗诉）的主要理由进行分析论证，原审法院判决在认定事实和适用法律方面是正确的，对诉讼各方提出的异议，应予回答，说明不予采纳的理由。一般可采取逐点反驳的方法，也可以综合上诉（或者抗诉）意见，重点予以反驳。但不论采取哪种方法，驳回上诉（或者抗诉）的理由都要实事求是，是非、罪责分明，有理有据，以法服人；文字上应力求写得概括、精练、注意分寸。发回重审的裁定，只解决程序问题，一般无须叙述案件事实证据、判决的理由以及上诉、抗诉的意见和理由等，主要写明原判事实不清、证据不足并阐明发回重审的理由和法律依据。如果认为一审严重违反诉讼程序而需要发回重新审判的，应当按照我国《刑事诉讼法》第238条规定的五种情形具体写明原因。

（三）尾部

1. 第一审刑事裁定书，一般要交代上诉权；第二审刑事裁定书一般要写明"本裁定为终审裁定"。如果有判处死刑的被告人，二审还应当交代是核准死刑的裁定，还是需报请最高人民法院核准。

2. 减刑、假释裁定书和终止审理裁定书写明"本裁定书送达后即发生法律效力"。

3. 审判人员署名及注明年月日，与判决书的写法相同。

五、注意事项

1. 各类刑事裁定书中，对当事人的称谓要注意区分。在审判过程中应称为被告人，而在判决执行过程中应称为罪犯。如减刑、假释裁定书，由于减刑、假释对象是正在服刑的犯人，所以应称为"罪犯"。

2. 刑事裁定书在刑事诉讼活动中，根据不同阶段的需要随时都可以使用。所以，一个刑事案件可以有若干份裁定书。

3. 刑事裁定书要解决的主要是程序问题，虽然也解决实体问题，但那只是部分的、次要的，而不是整个案件的实体问题。

4. 第一审刑事裁定书尾部所述的上诉期限较短，仅为5天，对裁定的抗诉期限也是5天。

六、项目评价标准

1. 能够熟练掌握刑事裁定书的格式，能够通过亚伟速录软件生成模板，并根据需要对常用词进行造词与自定义。
2. 能够结合案例，利用已生成的模板，按照规范格式，完成所需要的文书写作。
3. 根据学习内容，建立自己的专属词库。

项目五　第一审民事判决书

一、概念

第一审民事判决书，是指第一审人民法院依照《中华人民共和国民事诉讼法》规定的第一审程序，对审理的民事案件和经济纠纷案件审理终结后，就当事人双方的权利与义务实体问题所作出的书面决定。

民事诉讼法规定的第一审程序，包括普通程序、简易程序和特别程序三种。简易程序由审判员一人独任审判，特别程序一般也实行独任审理，特别程序实行一审终审。

我国《民事诉讼法》第152条规定："判决书应当写明判决结果和作出该判决的理由。判决书内容包括：①案由、诉讼请求、争议的事实和理由；②判决认定的事实、理由、适用的法律和理由；③判决结果和诉讼费用的负担；④上诉期间和上诉的法院。判决书由审判人员、书记员署名，加盖人民法院印章。"这是制作民事判决书的法律依据。

二、格式

××××人民法院
民事判决书

（××××）×民初字第××号

原告……（写明姓名或名称等基本情况）。

法定代表人（或代表人）……（写明姓名和职务）。

法定代理人（或指定代理人）……（写明姓名等基本情况）。

委托代理人……（写明姓名等基本情况）。

被告……（写明姓名或名称等基本情况）。

法定代表人（或代表人）……（写明姓名和职务）。

法定代理人（或指定代理人）……（写明姓名等基本情况）。

委托代理人……（写明姓名等基本情况）。

第三人……（写明姓名或名称等基本情况）。

法定代表人（或代表人）……（写明姓名和职务）。

法定代理人（或指定代理人）……（写明姓名等基本情况）。

委托代理人……（写明姓名等基本情况）。

……（写明当事人的姓名或名称和案由）一案，本院受理后，依法组成合议庭（或依法由审判员×××独任审判），公开（或不公开）开庭进行了审理。……（写明本案当事人及其诉讼代理人等）到庭参加诉讼。本案现已审理终结。

原告×××诉称，……（概述原告提出的具体诉讼请求和所根据的事实与理由）。

被告×××辩称，……（概述被告答辩的主要内容）。

第三人×××述称，……（概述第三人的主要意见）。

经审理查明，……（写明法院认定的事实和证据）。

本院认为，……（写明判决的理由）。依照……（写明判决所依据的法律条款项）的规定，判决如下：

……（写明判决结果）。

……（写明诉讼费用的负担）。

如不服本判决，可在判决书送达之日起 15 日内，向本院递交上诉状，并按对方当事人的人数提出副本，上诉于××××人民法院。

审判长　×××

审判员　×××

审判员　×××

××××年××月××日

（院　印）

书记员　×××

本件与原本核对无异

三、文本范例

民事判决书

（2004）×民初字第 256 号

原告××市××××开发公司（以下称开发公司），地址：××市银河路 10 号。

法定代表人刘××，开发公司总经理。

委托代理人冯××，××市××律师事务所律师。

被告张×，男，1950 年 3 月 4 日生，汉族，××市××研究所工人，住××市胜棋路 20 号。

原告开发公司与被告张×房屋迁让一案，本院受理后，依法组成合议庭，公开开庭进行了审理。原告开发公司的委托代理人冯××和被告张×到庭参加诉讼。本案现已审理终结。

原告开发公司诉称，2001 年对被告原本市西街 10 号的房屋拆迁时，因被告无房过渡，遂将本市小园第1、2号过渡房安排给被告过渡，现被告早已搬入新居，故诉请被告立即腾让过渡房并赔偿损失费1.5万元。

被告张×辩称，现虽住进了安置房，但因安置房的产权证书和拆迁遗留问题未解决，故未腾让过渡房，原告将上述问题解决并赔偿损失3万元后，立即腾让过渡房。

经审理查明，2001年原告下属××指挥部对被告原本市西街20号住房进行了拆迁并于2002年5月4日与被告订立拆迁补偿协议。嗣后，因被告无房过渡，该指挥部于2002年5月10日将本市小园第1、2号过渡房提供给被告过渡。2003年被告的安置房交付使用后，因安置房的产权及补偿问题尚未解决，故被告未能腾让过渡房。原告经催要未果遂诉请被告立即迁让过渡房并赔偿损失1.5万元。被告应诉后，要求原告先解决安置房的产权证及拆迁遗留问题并赔偿损失3万元。原、被告各执己见，不能达成一致意见。

上述事实，有双方当事人陈述及补偿安置协议书等书证证实。

本院认为，被告住进安置房后理应腾让过渡房，故原告要求被告腾让过渡房的请求应予支持。被告以未办理安置房的产权证等为由，不腾让过渡房的主张，不予支持。被告未腾让过渡房引起纠纷，应负主要责任，故其要求原告赔偿损失的请求不予支持；原告未及时解决与拆迁相关的问题，亦有一定的责任，故对其要求被告赔偿损失的请求亦不予支持。为此，依照《中华人民共和国民法通则》第5条之规定，判决如下：

被告张×应于本判决生效后5日内腾让本市小园第1、2号过渡房，交原告开发公司。

本案受理费50元，其他诉讼费用100元，由张×负担。

如不服本判决，可在判决书送达之日起15日内向本院递交上诉状，并按对方当事人的人数提出副本，上诉于××省××市中级人民法院。

审判长：刘××

审判员：李××

审判员：管××

二〇〇四年十月八日

（院 印）

本件与原本核对无异

书记员：方××

四、制作要求

文书由首部、事实、理由、判决结果和尾部五个部分组成。

（一）首部

1. 标题。标题由法院名称、案件性质、文书种类三个要素组成。法院名称应写在文书上部正中位置，基层法院应冠以省、自治区、直辖市的名称；涉外案件还应冠以

"中华人民共和国"字样。文书名称应另起一行，在制作机关的正下方写明"民事判决书"。

2. 案号。由立案年度、制作法院、案件性质简称、审判程序简称、案件顺序号五个要素组成，在标题的右下方书写。

3. 当事人的身份事项。当事人包括原告、被告、共同诉讼人、法定代表人、第三人、起诉人和申请人等。由于当事人在诉讼中所处的法律地位不同，称谓不同，书写顺序依次列写为原告、被告和第三人。

当事人是自然人的，应依次写明姓名、性别、出生年月日、民族、职业或工作单位、职务、住址。住址应写明其住所所在地；住所地与经常居住地不一致的，写经常居住地。当事人是法人的，应写明法人名称和所在地址，法定代表人的姓名和职务。当事人是不具备法人资格的其他组织或者是起有字号的个人合伙单位，应写明其名称或者字号和所在地址，并另起一行写明代表人的姓名、职务。当事人是个体工商户的，应写明业主的姓名、性别、出生年月日、民族、住址；起有字号的，在其姓名之后，用括号注明"系……（字号）业主"。

被告提出反诉的，可在本诉称谓后用括号注明其反诉称谓。如："原告（反诉被告）""被告（反诉原告）"。

4. 诉讼代理人的身份事项。诉讼代理人包括法定代理人、指定代理人和委托代理人三种，应写明是何种诉讼代理人，具体写明其称谓，并在其称谓后写明姓名、性别、年龄、民族、职业和单位、住址。

5. 案由、审判组织、审判方式和开庭审理过程。依照《法院诉讼文书样式（试行）》规定，此部分需要写明：①案由；②组成合议庭审判还是独任审判；③依法公开审理还是不公开审理；④诉讼当事人到庭情况。具体表述为："原告×××（姓名）与被告×××（姓名）××（案由）一案，本院于××××年××月××日开庭审理后，依法组成合议庭（或者依法由审判员×××独任审判），公开（或者不公开）开庭进行了审理。……（写明本案当事人及其诉讼代理人等）到庭参加诉讼。本案现已审理终结"。如果是当事人经合法传唤未到庭的，应写明："×告×××经本院合法传唤无正当理由拒不到庭"。如果是当事人未经法庭许可中途退庭的，应写明："×告×××未经法庭许可中途退庭"。

（二）正文

1. 事实。这部分包括两方面内容：

（1）当事人的诉讼请求、争议的事实和理由。首先简述原告的诉讼请求及所依据的事实，然后概述被告的答辩意见，以表明双方争议的焦点。如果本案有第三人参与诉讼，还应写明第三人的意见，属于有独立诉讼请求权第三人的还应表明对本案所主张的诉讼请求。因此，法院诉讼文书样式中对该项内容规定为：

原告×××诉称：（概括原告提出的具体诉讼请求和所根据的事实与理由）。被告×××辩称：（概述被告答辩的主要内容）。第三人×××述称：（概述第三人的主要意见）。

（2）人民法院认定的事实和依据。包括当事人之间的法律关系、产生纠纷的时间、地点、原因、经过、情节、双方争议的焦点及经过庭审举证、质证、认证（包括法院依职权收集、调查的）足以证明事实的证据等要素。

2. 理由。这部分包括判决的理由和判决所适用的法律。所谓判决的理由是人民法院根据认定的事实和证据，针对当事人双方争议的事实和理由，依照有关法律的规定，阐明人民法院对纠纷的性质、当事人的责任以及如何解决纠纷的看法。所谓判决所适用的法律，即判决所依据的民事实体法律条文。

3. 判决结果。判决结果是人民法院根据案件的事实，依照民事实体法的有关规定，就民事诉讼争议如何解决所作出的具体处理决定。判决结果在法律依据之后，用"判决如下"引出。如果判决结果不止一项，可以分项列出。判决结果应当使用肯定、明确、具体的文字确认当事人之间的民事权利义务，从而解决纠纷。如给付之诉，要明确指出给付双方、给付的标的物、给付的数额、期限和方式；分期给付的，应具体写明每次给付物品或金钱的数额及期限，并说明逾期交付按双倍计罚利息，或依照中国人民银行规定的日罚万分之三滞纳金罚则，督促败诉人自觉履行义务。

判决结果中，对于当事人不合法、不合理的诉讼请求，应当依法予以驳回，需要驳回当事人某项诉讼请求的，应写明："驳回原告（或被告）×××的××诉讼请求"。

（三）尾部

第一审民事判决书的尾部按顺序应写明：一是诉讼费用的负担；二是当事人的上诉权利、上诉期限和上诉法院名称；三是审判人员的姓名、判决日期、加盖院印、书记员署名、正本及副本加盖校对。

1. 诉讼费用的负担。在判决结果之后另起一行写明。如："诉讼费用××元，由被告（或原告）×××（姓名）负担。自本判决生效后×日内交纳"。如果当事人部分败诉，部分胜诉，则按比例分担，写明："诉讼费用××元，由原告×××（姓名）负担××元，被告×××（姓名）负担××元，自本判决生效后×日内交纳"。对于共同诉讼的当事人败诉，由人民法院根据他们的人数和他们各自对诉讼标的利害关系决定诉讼费用分担的，写明："诉讼费用××元，由原告（或被告）×××（姓名）负担××元，×××（姓名）负担××元，×××（姓名）负担××元，自本判决生效后×日内交纳"。

2. 上诉事项的交待。在诉讼费用的负担之后，另起一行写明："如不服本判决，可在判决书送达之日起××日内，向本院递交上诉状，并按对方当事人的人数提出副本，上诉于×××人民法院"。

3. 判决书的署名。组成合议庭的，由审判长和组成合议庭的其他审判人员或者人民陪审员共同署名；独任审判的，由独任审判员署名；助理审判员参加合议庭或者独任审判的，署代理审判员；人民陪审员参加合议庭的署人民陪审员；院长、庭长参加合议庭审判的案件，署名中应称审判长。署名后，另起一行，写明年、月、日，并加盖院印。年、月、日的次行由书记员署名。判决书在印发时，在其正本及副本尾部署名。左方空白处还应加盖"本件与原本核对无异"的印戳。

五、注意事项

1. 不要错列和漏列诉讼当事人。凡具有民事权利能力的诉讼者，均应列为当事人。注意把符合条件的未成年人列为当事人，鉴于其缺乏行为能力，其法定代理人代为进行诉讼的，并不等于法定代理人就是当事人。死者不能列为当事人。当事人一方死亡后，死者生前的诉讼，如属于财产权益争议，应更换当事人；如属于人身关系诉讼，则应当终结诉讼。共同诉讼案件，不能遗漏了共同诉讼人。

2. 叙述事实应简明扼要，突出重点。叙述事实时，应当围绕案件解决的中心问题，认真鉴别材料，合理选用材料，对于案件主要事实应详尽叙述，对于次要或无关事实应略写或不写。

3. 正确引用法律规范性文件。最高人民法院的《关于人民法院制作法律文书如何引用法律规范性文件的批复》指出："人民法院在依法审理民事和经济纠纷案件制作法律文书时，对于全国人民代表大会及其常务委员会制定的法律，国务院制订的行政法规，均可引用。各省、直辖市人民代表大会及其常务委员会制定的与宪法、法律和行政法规不相抵触的地方性法规，民族自治地方的人民代表大会依照当地政治、经济和文化特点制定的自治条例和单行条例，人民法院在依法审理当事人双方属于本行政区域内的民事和经济纠纷案件制作法律文书时，也可引用。国务院各部委发布的命令、指示和规章，各县、市人民代表大会通过和发布的决定、决议，地方各级人民政府发布的决定、命令和规章，凡与宪法、法律行政法规不相抵触的，可在办案时参照执行，但不要引用。最高人民法院提出的贯彻执行各种法律的意见以及批复等，应当贯彻执行，但也不宜直接引用。"

六、项目评价标准

1. 能够熟练掌握第一审民事判决书的格式，能够通过亚伟速录软件生成模板，并根据需要对常用词进行造词与自定义。

2. 能够结合案例，利用已生成的模板，按照规范格式，完成所需要的文书写作。

项目六　第二审民事判决书

一、概念

第二审民事判决书，是指人民法院依照《民事诉讼法》的规定，对于当事人不服第一审人民法院的民事判决而提起上诉的民事案件或经济纠纷案件，经审理终结后就实体问题作出裁判时所制作的法律文书。

《民事诉讼法》第 164 条规定，当事人不服地方各级人民法院第一审判决的，有权在判决书送达之日起 15 日内向上一级人民法院提起上诉。第 168 条规定，第二审人民法院应当对上诉请求的有关事实和适用法律进行审查，这是第二审法院审理上诉案件的原则和法律依据。

二、格式

××××人民法院

民事判决书

（××××）×民终字第××号

上诉人（原审××告）……（写明姓名或名称等基本情况）。

被上诉人（原审××告）……（写明姓名或名称等基本情况）。

第三人……（写明姓名或名称等基本情况）。

（当事人及其他诉讼参加人的列项和基本情况的写法，除双方当事人的称谓外，与一审民事判决书样式相同）。

上诉人×××因……（写明案由）一案，不服×××人民法院（××××）×民初字第××号民事判决，向本院提起上诉。本院依法组成合议庭，公开（或不公开）开庭审理了本案。……（写明当事人及其诉讼代理人等）到庭参加诉讼。本案现已审理终结。（未开庭的，写："本院依法组成合议庭审理了本案，现已审理终结"）。

……（概括写明原审认定的事实和判决结果，简述上诉人提起上诉的请求和主要理由，被上诉人的主要答辩，以及第三人的意见）。

经审理查明，……（写明二审认定的事实和证据）。

本院认为，……（根据二审查明的事实，针对上诉请求和理由，就原审判决认定事实和适用法律是否正确，上诉理由能否成立，上诉请求是否应予支持，以及被上诉人的答辩是否有理等，进行有分析的评论，阐明维持原判或者改判的理由）。依照……（写明判决所依据的法律条款项）的规定，判决如下：

……［写明判决结果。分四种情况：

第一、维持原判的，写：

"驳回上诉，维持原判"。

第二、全部改判的，写：

"一、撤销×××人民法院（××××）×民初字第××号民事判决；

二、……（写明改判的内容，内容多的可分项书写）"。

第三、部分改判的，写：

"一、维持×××人民法院（××××）×民初字第××号民事判决的第×项，即……（写明维持的具体内容）；

二、撤销×××人民法院（××××）×民初字第××号民事判决的第×项，即……（写明撤销的具体内容）；

三、……（写明部分改判的内容，内容多的可分项书写）"。

第四、维持原判，又有加判内容的，写：

"一、维持×××人民法院（××××）×民初字第××号民事判决；

二、……（写明加判的内容）"。]

……（写明诉讼费用的负担）。

本判决为终审判决。

审判长　×××

审判长　×××

审判员　×××

××××年××月××日

（院　印）

书记员　×××

本件与原本核对无异

三、文本范例

××省××市中级人民法院
民事判决书

（2001）×民终字第439号

上诉人（原审被告）：万××，男，1972年6月22日出生，汉族，××食品厂工人，住××市夕照新村××幢×号门××室。

被上诉人（原审原告）：胡××，女，1973年8月28日出生，汉族，××××化工厂工人，住××县城关镇穿城南路××号。

上诉人万××因离婚一案，不服××市××区人民法院（2000）×民初字第252号民事判决，向本院提起上诉。本院依法组成合议庭审理了本案，现已审理终结。

原审判决认定：万××与胡××于1998年7月相识恋爱，1999年1月在××县城关镇登记结婚（双方均系再婚）。婚后不久，双方即因经济等生活细节问题发生矛盾。同年4月，万××向××县人民法院起诉，要求与胡××离婚，因万××在开庭时借故缺席，××县人民法院按撤诉处理。此后双方开始分居生活达两年之久，夫妻感情确已破裂。据此，原审法院判决：一、准予胡××与万××离婚；二、财产维持现状，即在谁处的归谁所有。判决宣告后，万××不服，以胡××借婚姻索取财物，要其返还金戒指1只及其他物品等为由上诉来院，并提供证人刘××的书面证据一份。胡××辩称，万××没给过她金戒指，她戴的是自己购买的戒指。没有索取过万××的财物。

经审理查明：一审判决对万××与胡××婚姻关系，纠纷发生的原因，婚后夫妻感情破裂的认定，事实清楚。万××提供的证人刘××向本院提供证言时称，他没有亲眼看到万××的金戒指被胡××拿走。万××也不能提供胡××索取财物的其他证据。

本院认为：万××与胡××系自主婚姻，但婚后不久即产生矛盾，双方共同生活不到3个月即曾向法院起诉离婚，此后一直分居生活，夫妻感情确已破裂，原审法院依法判决准予双方离婚是正确的，同时对财产的处理并无不当。上诉人万××所提出的胡××借婚姻索取财物和要求胡返还金戒指等物品之诉，经查不能成立，上诉理由本院不予支持。据此依照《中华人民共和国民事诉讼法》第153条第1款第1项的规定，判决如下：

驳回上诉，维持原判。

二审案件受理费人民币50元，由上诉人万××负担。

本判决为终审判决。

审判长：王××
审判员：朱××
审判员：陈××
二〇〇一年三月十日
（院　印）
书记员：黄××

本件与原本核对无异

四、制作要求

（一）首部

1. 标题。与第一审民事判决书相同。
2. 案号。第二审民事判决书的审级代字为"终"字，以表明是第二审。
3. 当事人的身份事项。与一审民事判决书基本相同，不同在于称谓有所变化，第二审民事判决书的当事人的称谓为"上诉人"和"被上诉人"；没有上诉的其他当事人分别写为"原审原告"或"原审被告"；双方当事人、第三人都提出上诉的，均列为"上诉人"。在写"上诉人"或"被上诉人"时应用括号表明系原审的原告或被告，如"上诉人（原审被告）""被上诉人（原审原告）"。原审有第三人的，除提起上诉的写"上诉人"外，仍写为"第三人"。上诉人和被上诉人身份情况的写法与第一审民事判决书相同。

  4. 诉讼代理人的身份事项。上诉案件当事人有诉讼代理人的，应分别在该当事人项下另起一行列项书写。诉讼代理人项的具体写法，与第一审民事判决书相同。

  5. 案由、审判组织、审判方式和开庭审理过程。第二审人民法院对上诉案件，可以组成合议庭开庭审理，也可以径行判决。

  按格式规定，开庭审理的，应写明："上诉人×××因××（写明案由）一案，不服××××人民法院（××××）×民初字第××号民事判决，向本院提起上诉。本院依法组成合议庭，公开（不公开）开庭审理了本案。（写明当事人及其诉讼代理人等）到庭参加诉讼。本案现已审理终结"。

  进行判决的，应写明："上诉人×××因××（写明案由）一案，不服××××人民法院（××××）×民初字第××号民事判决，向本院提起上诉。本院依法组成合议庭审理了本案，现已审理终结"。

（二）正文

1. 事实。第二审民事判决书的事实部分应包括：

（1）原审认定的事实和判决结果。

（2）简述上诉人提起上诉的请求和主要理由，被上诉人的主要答辩及第三人的意见。此部分表述为："原告×××诉称，……（概述原告提出的具体诉讼请求和所根据的事实与理由）；被告人×××辩称，……（概述被告答辩的主要内容）；第三人×××述称，……（概述第三人的主要意见）"。

（3）二审认定的事实和证据。事实是二审维持原判或者改判的根据。书写时要体现出上诉审的特点，主要是针对上诉人提出的问题进行重点叙述，并适用相应的证据进行分析评断。叙述时应根据案件的不同情况采取不同的书写方法。大体上有以下四种情况：①原判决认定的事实清楚，上诉人又无异议的，可以简叙。②原判决认定的主要事实或部分事实有错误的，对改变的事实要详叙，并运用证据，指出原判决认定事实的不当之处。③原判决认定的事实有遗漏的，则应补充叙述。④原判决认定的事实没有错误，但上诉人提出异议的，应把有异议的部分叙述清楚，并应有针对性地列举相关的证据进行分析，论证异议不能成立。

  二审认定的事实和证据通常应另起一段，这样可以对比出二审在哪些方面纠正了一审认定的事实中的错误。如果一审认定的事实没有错误，二审认定的事实也可以不写，只在理由中加以肯定即可。

  2. 理由。理由是判决的依据，应根据二审查明的事实，针对上诉请求和理由，就原审判决认定事实和运用法律是否正确、上诉理由能否成立、上诉请示是否应予支持以及被上诉人的答辩是否有理等，进行有分析地评述，阐明改判或维持原判的理由，并写明判决所依据的法律条款项，包括程序法和实体法。

在援引法律条款方面，维持原判的，只须援引《民事诉讼法》第153条第1款第1项；全部改判或者部分改判的，除了应当援引程序法的有关条款外，还应援引改判所依据的实体法的有关条款。

3. 判决结果。二审的判决结果应对当事人争议的实体问题作出终审结论。这一部分是二审民事判决书的关键部分。

根据我国《民事诉讼法》第170条的规定，二审民事判决书经过审理，作出最终处理决定的，主要有以下几种情况：

（1）维持原判的写："驳回上诉，维持原判"。

（2）全部改判的写："①撤销×××人民法院（××××）×民初字第××号民事判决；②写明改判的内容，内容多的可分项书写"。

（3）部分改判的写："①维持×××人民法院（××××）×民初字第××号民事判决的第×项；②撤销×××人民法院（××××）×民初字第××号民事判决；③写明部分改判的内容，内容多的可分项书写"。

（4）维持原判又有加判内容的写："①维持×××人民法院（××××）×民初字第××号民事判决；②……（写明加判的内容）"。

在写判决结果时，对于部分改判的，如果原审认定的事实、适用的法律基本正确，二审仅部分变动财产数额，在这种情况下，不宜采取先撤销原判再改判的写法，而应该直接写："变更×项为……"。因为"撤销"意味着原判决有错误。此外，对于改判或加判的，不必写明"改判"和"加判"字样；对于维持或撤销原判决的，不要写成维持或撤销原"判决书"。

（三）尾部

二审民事判决书的尾部除写明诉讼费用的负担外还应写明以下两方面的内容：

1. 根据《民事诉讼法》第175条的规定："第二审人民法院的判决、裁定，是终审的判决、裁定。"表明当事人再无上诉权利。因而在诉讼费用负担的左下方应写明"本判决为终审判决"的字样。

2. 在此项右下方由合议庭人员，即审判长、审判员（或代理审判员）署名。并注明制作判决书的年月日，加盖院印。再下方是书记员署名，书记员署名的左上方打出"本件与原本核对无异"字样。

五、注意事项

1. 叙述二审民事判决书的事实要体现出上诉审特点，要根据当事人双方争讼的焦点问题，处理好详略。凡是与一审认定相同的事实与证据，要略写；与一审认定不同的事实、证据要详写。

2. 理由部分的分析、论证要立足于所认定的事实、证据，要针对诉讼的矛盾展开，做到有理有据，增强说服力。原判正确，上诉无理的，要指出上诉请求的不当之处；原判不当，上诉有理的，应阐明原判决错在何处，上诉请求符合什么法律规定；原判决部分正确，或者上诉部分有理，则要具体阐明原判决和上诉请求分别对在何处，错在何处。

3. 引用法律条文要准确、全面。在援引法律条款方面，维持原判的，只须援引《民事诉讼法》第170条第1款第1项；全部改判或者部分改判的，除了应当援引程序法的有关条款外，还应援引改判所依据的实体法的有关条款。

4. 二审民事判决书的尾部有关诉讼费用负担写法，应当区分两种情形：一是驳回上诉，维持原判的，只需写明二审受理费用由谁负担即可；二是改判的，应当根据《人民法院诉讼收费办法》有关规定，除应写明当事人对二审诉讼费用的负担外，还应将变更一审诉讼费用负担的决定一并写明。

六、项目评价标准

1. 能够熟练掌握第二审民事判决书的格式，能够通过亚伟速录软件生成模板，并根据需要对常用词进行造词与自定义。
2. 能够结合案例，利用已生成的模板，按照规范格式，完成所需要的文书写作。
3. 根据学习内容，建立自己的专属词库。

项目七　民事裁定书

民事裁定书，是指人民法院在审理民事案件过程中，就解决诉讼程序方面及特定实体方面的问题依法作出裁判时所制作的法律文书。

民事裁定书与民事判决书主要有以下三点区别：

1. 解决的问题性质不同。民事裁定书主要是解决有关诉讼程序方面的问题，即民事诉讼法律关系问题所使用的裁判文书；而民事判决书则是解决当事人之间的实体问题，即民事权利义务关系问题所使用的裁判文书。

2. 内容和格式不同。民事裁定书的内容比较简单，一般不要求具体叙述案件事实，在格式上也不要求有事实和理由的区分；而民事判决书的内容则比较复杂，一般要求全面地分别叙述案件的事实和理由，在格式上也要求把事实和理由分开书写。

3. 关于上诉的规定不同。民事裁定除法律明文规定准许当事人上诉的以外，一般不准许上诉，裁定书一经送达即发生法律效力；民事判决除法律明文规定一审终审的以外，一般准许上诉，上诉期间内，民事判决书虽已送达，但没有发生法律效力。此外，民事裁定书与民事判决书关于上诉期限的规定也不同，民事裁定书规定上诉的期限为 10 日，而民事判决书规定上诉的期限为 15 日。

这里我们主要介绍第一审程序中的民事裁定书。

一、概念

第一审民事裁定书，是指人民法院适用第一审普通程序或者简易程序，在审理民事案件过程中，就解决诉讼程序方面及特定实体方面的问题依法作出裁判时所制作的法律文书。

根据《民事诉讼法》第 154 条的规定，第一审民事裁定书主要有：

1. 不予受理起诉民事裁定书。是指人民法院收到起诉人的起诉状或者口头起诉，经审查认为不符合起诉条件，依法作出不予受理时所制作的法律文书。《民事诉讼法》第 123 条规定："……符合起诉条件的，应当在 7 日内立案，并通知当事人；不符合起诉条件的，应当在 7 日内作出裁定书，不予受理；原告对裁定不服的，可以提起上诉。"《最高人民法院适用〈中华人民共和国民事诉讼法〉若干问题的意见》第 139 条第 1 款规定："起诉不符合受理条件的，人民法院应当裁定不予受理。……"

2. 管辖权异议民事裁定书。是指人民法院对当事人提出的管辖权异议，经审查后，依法作出驳回异议或者确认异议成立裁判时所制作的法律文书。《民事诉讼法》第 127 条规定："人民法院受理案件后，当事人对管辖权有异议的，应当在提交答辩状期间提出。人民法院对当事人提出的异议，应当审查。异议成立的，裁定将案件移送有管辖权的人民法院；异议不成立的，裁定驳回。"

3. 驳回起诉裁定书。是指人民法院对已经受理的民事案件审查后，发现原告起诉不符合法定条件，裁定驳回原告的起诉请求时所制作的裁判文书。《最高人民法院关于适用〈中华人民共和国民事诉讼法〉若干问题的意见》第 139 条第 1 款规定："起诉不符合受理条件的，人民法院应当裁定不予受理。立案后发现起诉不符合受理条件的，裁定驳回起诉。"

4. 先予执行民事裁定书。是指人民法院根据当事人的申请，在判决前依法作出责令被申请人履行一定义务的裁判时所制作的法律文书。《民事诉讼法》第 106 条规定："人民法院对下列案件，根据当事人的申请，可以裁定先予执行：①追索赡养费、扶养费、抚育费、抚恤金、医疗费用的；②追索劳动报酬的；③因情况紧急需要先予执行的。"《最高人民法院关于适用〈中华人民共和国民事诉讼法〉若干问题的意见》第 107 条把上述紧急情况解释为：①需要立即停止侵害、排除妨碍的；②需要立即停止某项行为的；③需要立即返还用于购置生产原料、生产工具贷款的；④追索恢复生产、经营急需的保险理赔费的。此外，《民事诉讼法》第 107 条还规定了裁定先予执行的条件为："……①当事人之间权利义务关系明确，不先予执行将严重影响申请人的生活或者生产经营的；②被申请人有履行能力……"

5. 中止或者终结诉讼民事裁定书。是指人民法院在审理民事案件过程中，因发生某种无法克服和难以避免的特殊情况，或者由于当事人死亡，需要暂时停止诉讼或者结束诉讼时，依法作出暂时停止诉讼或者结束诉讼的裁判时所制作的法律文书。《民事诉讼法》第 150 条规定："有下列情形之一的，中止诉讼：①一方当事人死亡，需要等待继承人表明是否参加诉讼的；②一方当事人丧失诉讼行为能力，尚未确定法定代理人的；③作为一方当事人的法人或者其他组织终止，尚未确定权利义务承受人的；④一方当事人因不可抗拒的事由，不能参加诉讼的；⑤本案必须以另一案的审理结果为依据，而另一案尚未审结的；⑥其他应当中止诉讼的情形。中止诉讼的原因消除后，恢复诉讼。"第 151 条规定："有下列情形之一的，终结诉讼：①原告死亡，没有继承人，或者继承人放弃诉讼权利的；②被告死亡，没有遗产，也没有应当承担义务的人的；③离婚案件一方当事人死亡的；④追索赡养费、扶养费、抚育费以及解除收养关系案件的一方当事人死亡的。"

二、格式

1. 不予受理起诉民事裁定书的格式。

×××人民法院
民事裁定书

（××××）××字民初第××号

起诉人……（写明姓名或名称等基本情况）。

××××年××月××日，本院收到×××的起诉状，……（写明起诉的事由）。依照《中华人民共和国民事诉讼法》第 112 条的规定，裁定如下：

对×××的起诉，本院不予受理。

如不服裁定，可在裁定书送达之日起 10 日内，向本院递交上诉状，上诉于×××人民法院。

审判员　×××
××××年××月××日

本件与原本核对无异　　　　　　　　　　　　　　　　　　　　（院印）

书记员　×××

2. 管辖权异议民事裁定书的格式。

×××人民法院
民事裁定书

（××××）××民初字第××号

原告……（写明姓名或名称等基本情况）。

被告……（写明姓名或名称等基本情况）。

（当事人及其他诉讼参加人的列项和基本情况的写法，与一审民事判决书样式相同）。

本院受理……（写明当事人姓名或名称和理由）一案后，被告×××在提交答辩状期间对管辖权提出异议，认为……（写明异议的内容及理由）。

经审查，本院认为：……（写明异议成立或异议不成立的根据和理由）。依照《中华人民共和国民事诉讼法》第38条的规定，裁定如下：

……（写明裁定结果。分两种情况：

第一，异议成立的，写：

"被告×××对管辖权提出的异议成立，本案移送×××人民法院处理"。

第二，异议不成立的，写：

"驳回被告×××对本案管辖权提出的异议"）。

如不服本裁定，可在裁定书送达之日起10日内，向本院递交上诉状，并按对方当事人的人数提交副本，上诉于×××人民法院。

审判员　×××
××××年××月××日

本件与原本核对无异
（院　印）
书记员　×××

3. 驳回起诉裁定书的格式。

×××人民法院
民事裁定书

（××××）××民初字第××号

原告……（写明姓名或名称等基本情况）。

被告……（写明姓名或名称等基本情况）。

（当事人及其他诉讼参加人的列项和基本情况的写法，与一审民事判决书相同。）

……（写明当事人的姓名或名称和案由）一案，本院依法进行了审理，现已审理终结。

……（简述原告起诉的理由和诉讼请求）。

本院认为，……（写明驳回起诉的理由）。依照……（写明裁定所依据的法律条款项）的规定，裁定如下：

驳回……的起诉。

……（写明诉讼费用的负担）。

如不服裁定，可在裁定书送达之日起10日内，向本院递交上诉状，并按对方当事人的人数提交副本，上诉于×××人民院。

审判长　×××
审判员　×××

审判员　×××

××××年××月××日

本件与原本核对无异　　　　　　　　　　　　　　　　（院　印）

书记员　×××

4. 先予执行民事裁定书的格式。

×××人民法院
民事裁定书

（××××）×民初字第××号

原告……（写明姓名或名称等基本情况）。

被告……（写明姓名或名称等基本情况）。

（当事人及其他诉讼参加人的列项和基本情况的写法，与一审民事判决书相同）。

本院在审理……（写明当事人姓名或名称和案由）一案中，×告×××于×××
×年××月××日向本院提出先予执行的申请，要求……（概括写明请求的具体内
容），并已提供担保（未提供担保的不写此句）。

本院认为，……（写明裁定先予执行的理由）。依照……（写明裁定所依据的法律
条款项）的规定，裁定如下：

……（写明先予执行的内容及其时间和方式）。

本裁定书送达后立即执行。

如不服本裁定，可以向本院申请复议一次。复议期间不停止裁定的执行。

审判长：×××

审判员：×××

审判员：×××

××××年××月××日

本件与原本核对无异　　　　　　　　　　　　　　　　（院　印）

书记员：×××

5. 中止或者终结诉讼民事裁定的格式。

×××人民法院
民事裁定书

（××××）×民初字第××号

原告……（写明姓名或名称等基本情况）。

被告……（写明姓名或名称等基本情况）。

（当事人及其他诉讼参加人的列项和基本情况的写法，与一审民事判决书相同。如
果当事人已经死亡，其基本情况只写姓名、性别和死亡年月日。）

本院在审理……（写明当事人姓名或名称和案由）一案中，……（写明中止或者
终结诉讼的事实根据）。依照……（写明裁定所依据的法律条款项）的规定，裁定

如下：

……［写明裁定结果。分两种情况：

第一，中止诉讼的，写：

"本案中止诉讼"。

第二，终结诉讼的，写：

"本案终结诉讼"。

……（写明诉讼费用的负担）］。

审判长：×××
审判员：×××
审判员：×××
××××年××月××日

本件与原本核对无异　　　　　　　　　　　　　　　　　　　（院　印）

书记员：×××

三、文本范例

范例一

××市 A 区人民法院
民事裁定书

（2003）×民初字第 16 号

原告：××市××建筑总公司，住所地，××市 A 区××街 39 号。

法定代表人：王××，董事长。

委托代理人：李××，××律师事务所律师。

被告：××市××商业公司，住所地，××市 B 区××街 65 号。

法定代表人：何××，总经理。

委托代理人：于××，××律师事务所律师。

本院在审理原告××建筑总公司诉被告××商业公司支付工程款一案中，被告××市××商业公司于 2003 年 11 月 10 日向本市 B 区人民法院申请破产，并已由该法院立案受理，进入破产程序。依据《中华人民共和国民事诉讼法》第 140 条第 6 项及《最高人民法院关于贯彻执行〈中华人民共和国企业破产法（试行）〉若干问题的意见》第 12 条第 2 项之规定，裁定如下：

本案终结诉讼。

本案受理费 1658 元，由原告××建筑总公司负担。

审判长：王××
审判员：于××
审判员：刘××

二〇〇三年十一月十二日

本件与原本核对无异

（院印）

书记员：王××

范例二

××市××中级人民法院
民事裁定书

（2004）××中经初字第 36 号

原告：××市××有限公司，住所地，××市××街 8 号。

法定代表人：李××，董事长。

委托代理人：王××，××律师事务所律师。

被告：××市××服装有限公司，住所地，××市××街 23 号。

法定代表人：刘××，总经理。

委托代理人：何××，××律师事务所律师。

原告××市××有限公司与被告××市××服装有限公司贷款纠纷一案，本院依法进行了审理。现已审理终结。

原告诉称：原、被告有长期业务关系。2001 年 3 月至 2003 年 9 月被告分 3 次于原告处订购××布料，总计欠原告贷款人民币 68000 元。原告多次催款无着落，故诉请人民法院判令被告立即偿还全部欠款，并支付违约金人民币 11000 元及承担诉讼费用。

经审理查明：××市工商行政管理局已于 2004 年 6 月 9 日对本案原告××市××有限公司无照经营、侵犯商标权案进行立案调查。2004 年 6 月 28 日××市工商行政管理局通知本案被告××市××服装有限公司，因原告违法经营，请暂停支付你公司拖欠××市××有限公司的 68000 元货款。同时告知：原告××市××有限公司属于违法经营，××市工商行政管理局已于 2004 年 6 月 28 日通知××市××服装有限公司，因你公司违法经营，暂停支付拖欠你公司的 68000 元货款。

本院认为：原告的经营行为已被××市工商行政管理部门认定属于违法经营行为并且已立案。本案所涉及的 68000 元货款也已被××市工商行政管理局通知暂停支付。因此，本案的法律关系已不属于人民法院受理的民事诉讼案件范围。鉴此，依据《中华人民共和国民事诉讼法》第 108 条第 4 项，第 140 条第 1 款第 3 项、第 2 款之规定，裁定如下：

一、驳回原告××市××有限公司的起诉请求。

二、本案受理费 1650 元，由原告××市××有限公司负担。

如不服本裁定，可在裁定书送达之日起 10 日内，向本院递交上诉状，并按对方当事人的人数提交副本，上诉于×××省高级人民法院。

审判长：刘××

审判员：王××

审判员：王××

二〇〇四年十一月十五日

本件与原本核对无异 （院印）

书记员：于××

四、制作要求

（一）不予受理起诉民事裁定书

该文书由首部、正文和尾部组成。

1. 首部。首部应当写明文书制作机关名称、文书名称、文书编号和当事人的基本情况。

本裁定书当事人的称谓，由于该裁定是在立案前作出的，即在起诉人的起诉未经人民法院受理的情况下作出的，在这种情况下，尚未形成原告与被告的诉讼法律关系，故不能称谓原告或被告。为了使起诉人的称谓与诉讼成立后的当事人的称谓有所区别，试行样式使用了"起诉人"的称谓，而且不列被诉人一项。

2. 正文。正文应当写明：①收到起诉状的时间和起诉的事由，即起诉人请求人民法院解决什么纠纷和提出一些什么具体要求，可以简要书写；②人民法院认为不符合法定的受理条件和不予受理的理由；③裁定所依据的法律条文和裁定结果。

具体行文可作如下表述：

"××××年××月××日，本院收到×××的起诉状，……（写明起诉的事由）。

经审查，本院认为，……（写明不符合起诉条件，不予受理的理由）。依照……（写明适用的法律的条款项）的规定，裁定如下：

对×××的起诉，本院不予受理"。

3. 尾部。裁定书的尾部应当写明诉讼费用的负担和上诉事项。本裁定书样式中对于上诉事项的表述，与其他裁判文书的不同之处，是不要求上诉人提供上诉状的副本。因为这种裁定书并不向被诉人送达，因此，行文要表述为：

"……（诉讼费用的负担）。

如不服本裁定，可在裁定书送达之日起10日内，向本院递交上诉状，上诉于××××人民法院"。

此外，根据《最高人民法院关于适用〈中华人民共和国民事诉讼法〉若干问题的意见》第139条第2款的规定，本裁定书由负责审查立案的审判员、书记员署名。

（二）管辖权异议民事裁定书

1. 首部。同前。

2. 正文。正文应当写明：①当事人对管辖权问题提出异议的内容及理由。这一部分应当把当事人的主要意见及其理由叙述清楚。②人民法院对异议的审查意见，即异议成立或者不成立的根据和理由。③裁定所依据的法律条文。④裁定结果。具体行文可作如下表述：

"本院受理原告×××与被告×××……（写明案由）一案后，被告×××在提交答辩状期间对管辖权提出异议，认为……（写明异议的内容及理由）。

经审查，本院认为，……（写明异议成立或者不成立的根据和理由）。依照《中华人民共和国民事诉讼法》第××条的规定，裁定如下：

……（写明裁定结果。分两种情况：

第一，异议成立的，写'被告×××对管辖权提出的异议成立，本案移送×××人民法院处理'。

第二，异议不成立的，写：'驳回被告×××对本案管辖权提出的异议'）"。

3. 尾部。《民事诉讼法》第154条第2款规定，对管辖权提出异议案件的裁定可以上诉。因此，裁定书尾部还应写明上诉事项。此外，裁定确认管辖权异议成立的，裁定书只送达当事人。裁定生效后，向有管辖权的人民法院移送案件时，则应另行使用移送函。

此外，根据《最高人民法院关于适用〈中华人民共和国民事诉讼法〉若干问题的意见》第139条第2款的规定，本裁定书由负责审查立案的审判员、书记员署名。

（三）驳回起诉裁定书

1. 首部。同前。

2. 正文。正文应当写明：案由，即原告起诉的原因；人民法院裁定驳回起诉的理由和法律依据；裁定结果。具体行文可作如下表述：

"原告×××与被告×××……（案由）一案，本院依法进行了审理，现已审理终结。

……（简述原告起诉的理由和诉讼请求）。

本院认为，……（写明驳回起诉的理由）。依照《民事诉讼法》第××条第×款第×项（写明裁定所依据的法律条款项）的规定，裁定如下：驳回原告的起诉"。

3. 尾部。裁定书的尾部应当写明诉讼费用的负担和上诉事项。具体行文可表述为：

"……（诉讼费用的负担）。

如不服本裁定，可在裁定书送达之日起10日内，向本院递交上诉状，并按对方当事人的人数提交副本，上诉于×××人民法院"。

（四）先予执行民事裁定书

1. 首部。同前。

2. 正文。正文应当写明：①案由，申请人提出先予执行申请的时间和具体请求内容；②人民法院裁定对被申请人的财产或者行为先予执行的理由和法律依据；③裁定结果。具体行文可作如下表述：

"本院在审理原告×××与被告×××……（案由）一案中，×告×××于××××年××月××日向本院提出先予执行的申请，要求……（概括写明请求的具体内容），并已提供担保（未提供担保的，不写此句）。

本院认为，……（写明裁定先予执行的理由）。依照《中华人民共和国民事诉讼法》第××条的规定，裁定如下：

……（写明先予执行的内容及其时间和方式)"。

（3）尾部。尾部应当写明裁定的执行效力和复议事项。具体行文可作如下表述：

"本裁定立即执行。

如不服本裁定，可以向本院申请复议一次。复议期间不停止裁定的执行"。

此外，根据《最高人民法院关于适用〈中华人民共和国民事诉讼法〉若干问题的意见》第139条第2款的规定，本裁定书由负责审查立案的审判员、书记员署名。

（五）中止或者终结诉讼民事裁定书

1. 首部。首部当事人基本情况的写法，与其他民事裁定书相同。一方当事人死亡的，在当事人诸项中还应当写明死者的姓名、性别和死亡时间。

2. 正文。正文应当写明：案由和中止或者终结诉讼的事实根据。所谓事实根据，是指客观存在的或者已发生的某种致使诉讼中断或者不能继续进行的事实。其次，还要写明法律依据和裁定结果。具体行文可作如下表述："本院在审理原告×××与被告×××……（案由）一案中，……（写明中止或者终结诉讼的事实根据）。依照《中华人民共和国民事诉讼法》第××条第×款第×项的规定，裁定如下：本案中止诉讼（或本案终结诉讼）"。

3. 尾部。终结诉讼的，裁定书尾部应当写明诉讼费用的负担。

此外，根据《最高人民法院关于适用〈中华人民共和国民事诉讼法〉若干问题的意见》第139条第2款的规定，本裁定书由负责审查立案的审判员、书记员署名。

五、项目评价标准

1. 能够熟练掌握本节所涉相关民事裁判文书的规范格式，能够通过亚伟速录软件生成模板，并根据需要对常用词进行造词与自定义。

2. 能够结合案例，利用已生成的模板，按照规范格式，完成所需要的文书写作。

3. 根据学习内容，建立自己的专属词库。

项目八　民事调解书

一、概念

民事调解书，是指人民法院对正在审理中的民事案件依法进行调解，在诉讼双方当事人自愿、合法地达成解决纠纷的协议之后，予以认可而制作的具有法律效力的文书。

《民事诉讼法》第 9 条规定，人民法院审理民事案件，应当根据自愿和合法的原则进行调解。第 93 条规定："人民法院审理民事案件，根据当事人自愿的原则，在事实清楚的基础上，分清是非，进行调解。"

调解是人民法院处理民事纠纷，解决实体问题的重要方式之一，其法律效力与民事判决相同。但是，民事调解书与民事判决书有着重要的区别：

1. 解决纠纷的方式不同。民事调解书是人民法院依法进行调解，促成诉讼双方当事人自愿、合法地达成解决纠纷协议而予以认可的司法文书；民事判决书则是人民法院对案件经过审理，就诉讼双方当事人纠纷的实体争议依法作出判决的司法文书。

2. 体现的意志不同。民事调解书在合法的前提下，体现了诉讼双方当事人的意志，是人民法院依法对诉讼双方当事人自愿达成解决纠纷协议的确认；民事判决书体现的则是人民法院的意志即国家意志。

3. 内容及其文书样式不同。民事调解书的内容比较简单，样式上不要求写明有关审理程序方面的问题及调解理由；民事判决书的内容则比较复杂，样式也有严格要求。

4. 发生法律效力的时间不同。《民事诉讼法》第 97 条第 3 款规定，民事调解书经双方当事人签收后，即具有法律效力，不论哪个审判程序都是如此；但一审民事判决书送达当事人后并不立即生效，只有超过了法定的上诉期限，当事人不上诉的，民事判决书才发生法律效力。

二、格式

×××人民法院
民事调解书

（××××）×民初字第××号

原告……（写明姓名或名称等基本情况）。
被告……（写明姓名或名称等基本情况）。
第三人……（写明姓名或名称等基本情况）。
（当事人及其他诉讼参加人的列项和基本情况的写法，与一审民事判决书样式相同）。

案由：……。

……（写明当事人的诉讼请求和案件的事实）。

本案在审理过程中，经本院组织调解，双方当事人自愿达成如下协议：

……（写明协议的内容）。

……（写明诉讼费用的负担）。

上述协议，符合有关法律规定，本院予以确认。

本调解书经双方当事人签收后，即具有法律效力。

审 判 长：×××

审 判 员：×××

审 判 员：×××

×××年××月××日

本件与原本核对无异　　　　　　　　　　　　　　　　　　（院印）

书 记 员：×××

三、文本范例

××市××区人民法院

民事调解书

（2003）×民初第 12 号

原告：王××，男，46 岁，汉族，××工商局职工，住××市××区××街 6 号 612。

被告：李××，女，43 岁，汉族，××医院医生，住××市××区××街 6 号 612。

本院依法适用简易程序审理此案，由审判员胡××独任审理，王××和李××到庭参加诉讼。本案现已调解结案。

案由：离婚。

经审理查明王××与李××经人介绍于 1972 年初相识恋爱，并于同年 8 月登记结婚。1990 年 5 月生一子，王×。婚后因为夫妻缺乏了解，彼此性格不合，经常因生活琐事发生口角，甚至拳打脚踢，事后两人又互不谅解。2002 年 10 月，李××与同事谢××关系暧昧，并不听王××的劝阻，对家庭事务不闻不问，严重影响了夫妻感情，现王××以感情破裂为由诉至人民法院要求与李××离婚。本案在审理过程中，经本院主持调解，双方当事人自愿达成如下协议：

一、王××与李××自愿离婚；

二、双方所生之子王×由王××抚育，李××自 2003 年 10 月始每月付子女生活费 600 元，至子女独立生活止；

三、家庭共有财产由王××所有，由王××给付李××财产折价2.8万元人民币；

四、××区××街6号楼6层612公房一套由王××租住，本案受理费200元，由王××负担（已交纳）。

上述协议，符合有关法律规定，本院予以确认。

本调解书双方签收后，即具有法律效力。

审判员：陈××

二〇〇三年十月十日

（院 印）

书记员：于××

本件与原本核对无异

四、制作要求

民事调解书由首部、正文和尾部组成。

1. 首部。第一审民事调解书首部写法与民事判决书相同。但需另起一行，单独列项写明案由。

2. 正文。正文应当写明两点：第一，当事人的诉讼请求和案件的事实。当事人的诉讼请求包括原告、被告和第三人的主要意见。案件的事实可根据不同的情况书写。第二，写明调解结果，即调解达成协议的内容。调解结果，是指当事人自愿达成解决争讼的协议条款，其内容应当写得明确、具体，便于双方当事人履行。

调解书中应当写明人民法院对双方当事人协议内容的确认。具体表述可以写为："上述协议，符合有关法律规定，本院予以确认"。如果当事人的协议内容法律没有明文规定，但并不违法，在表述时可以写为："上述协议，不违背法律规定，本院予以确认"。

3. 尾部。《诉讼费用交纳办法》第31条规定："经人民法院调解达成协议的案件，诉讼费用的负担由双方协商解决；协商不成的，由人民法院决定。"诉讼费用的负担，如果是由双方当事人协商解决的，可以作为协商内容的最后一项书写；如果是由人民法院决定的，应当在写完人民法院对双方协议确认一段之后，另起一行书写。

民事调解书的尾部，应当写明调解书的生效条件和效力。可表述为："本调解书经双方当事人签收后，即具有法律效力"。这样就把调解书生效的条件和效力都表述了出来，符合《民事诉讼法》第97条第3款的规定。

五、注意事项

不是所有的调解案件都需要制作调解书，对于调解不离婚的案件、维持收养关系、能够即时履行的和当事人不要求制作调解书的，可以不制作调解书。对于不制作调解书的协议，应当记入笔录，由双方当事人、审判员和书记员签名后，即具有法律效力。制作调解书时应力求条理清楚、用语准确，充分尊重当事人的意愿，不能歪曲当事人达成协议的本意，也不应使用强制性的语言文字。

六、项目评价标准

1. 能够熟练掌握民事调解书的格式，能够通过亚伟速录软件生成模板，并根据需要对常用词进行造词与自定义。
2. 能够结合案例，利用已生成的模板，按照规范格式，完成所需要的文书写作。
3. 根据学习内容，建立自己的专属词库。

项目九　第一审行政判决书

一、概念

第一审行政判决书，是指第一审人民法院依照《行政诉讼法》规定的第一审程序，对审理终结的第一审行政案件，就其实体问题作出裁判时所制作的具有法律效力的文书。《行政诉讼法》第70条规定："行政行为有下列情形之一的，人民法院判决撤销或者部分撤销，并可以判决被告重新作出行政行为：①主要证据不足的；②适用法律、法规错误的；③违反法定程序的；④超越职权的；⑤滥用职权的；⑥明显不当的。"第72条规定："人民法院经过审理，查明被告不履行法定职责的，判决被告在一定期限内履行。"第74条规定："行政行为有下列情形之一的，人民法院判决确认违法，但不撤销行政行为：①行政行为依法应当撤销，但撤销会给国家利益、社会公共利益造成重大损害的；②行政行为程序轻微违法，但对原告权利不产生实际影响的。行政行为有下列情形之一，不需要撤销或者判决履行的，人民法院判决确认违法：①行政行为违法，但不具有可撤销内容的；②被告改变原违法行政行为，原告仍要求确认原行政行为违法的；③被告不履行或者拖延履行法定职责，判决履行没有意义的。"第77条规定："行政处罚明显不当，或者其他行政行为涉及对款额的确定、认定确有错误的，人民法院可以判决变更。人民法院判决变更，不得加重原告的义务或者减损原告的权益。但利害关系人同为原告，且诉讼请求相反的除外。"

二、格式

×××人民法院
行政判决书

（××××）×行初字第××号

原告……（写明起诉人的姓名或名称等基本情况）。
法定代表人（或代表人）……（写明姓名和职务）。
法定代理人（或指定代理人）……（写明姓名等基本情况）。

委托代理人……（写明姓名等基本情况）。

被告……（写明被诉的行政机关名称和所在地址）。

法定代表人（或代表人）……（写明姓名和职务）。

委托代理人……（写明姓名等基本情况）。

第三人……（写明姓名或名称等基本情况）。

法定代表人（或代表人）……（写明姓名和职务）。

法定代理人（或指定代理人）……（写明姓名等基本情况）。

委托代理人……（写明姓名等基本情况）。

原告×××不服××××（行政机关名称）××××年××月××日（××××）×字第××号××××处罚决定（或复议决定、其他具体行政行为），向本院提出诉讼。

本院受理后，依法组成合议庭，公开（或不公开）开庭进行了审理。……（写明到庭的当事人、代理人等）到庭参加诉讼。本案现已审理终结。

……（概述写明被告所作出的具体行政行为的主要内容及其事实与根据，以及原告不服的主要意见、理由和请求等。）

经审理查明，……（写明法院认定的事实和证据。）

本院认为，……（根据查明的事实和有关法律规定，就行政机关所做的具体行政行为是否合法，原告的诉讼请求是否有理，进行分析论述。）依照……（写明判决所依据的法律条款项）的规定，判决如下：

……[写明判决结果。分六种情况：

第一，维持行政机关具体行政行为的，写：

"维持××××（行政机关名称）××××年××月××日（××××）×字第××号××××处罚决定（或复议决定、其他具体行政行为）"。

第二，撤销行政机关具体行政行为的，写：

"一、撤销××××（行政机关名称）××××年××月××日（××××）×字第××号××××处罚决定（或复议决定、其他具体行政行为）；

二、……（写明判决被告重新作出具体行政行为的内容。如果是不需要重新作出具体行政行为的，此项不写。如果是确认被告的具体行政行为侵犯原告合法权益而须承担行政赔偿责任的，应当写明赔偿的数额和交付的时间等）"。

第三，部分撤销行政机关具体行政行为的，写：

"一、维持××××（行政机关名称）××××年××月××日（××××）×字第××号××××处罚决定（或复议决定、其他具体行政行为）的第几项，即……（写明维持的具体内容）；

二、撤销××××（行政机关名称）××××年××月××日（××××）×字第××号××××处罚决定（或复议决定、其他具体行政行为）的第几项，即……

(写明撤销的具体内容）；

三、……（相对撤销部分写明判决被告重新作出具体行政行为的内容。如果是不需要重新作出具体行政行为的，此项不写。如果是确认被告的具体行政行为侵犯原告合法权益而须承担行政赔偿责任的，应当写明赔偿的数额和交付的时间等）"。

第四，判决行政机关在一定期限内履行法定职责的，写：

"责成被告××××……（写明被告应当履行的法定职责内容和期限）"。

第五，判决变更行政处罚的，写：

"变更××××（行政机关名称）××××年××月××日（××××）×字第××号××××处罚决定（或复议决定），改为……（写明变更后的处罚内容）"。

第六，单独判决行政赔偿的，写：

"被告××××赔偿原告×××……（写明赔偿的金额、交付时间，或者返还原物、恢复原状等）"]。

……（写明诉讼费用的负担）。

如不服本判决，可在判决书送达之日起 15 日内，向本院递交上诉状，并按对方当事人的人数提出副本，上诉于××××人民法院。

审　判　长：×××

审　判　员：×××

审　判　员：×××

×××年××月××日

（院　印）

书　记　员：×××

本件与原本核对无异

三、文本范例

×××人民法院
行政判决书

（2004）×行初字第 6 号

原告：王××，男，1986 年 8 月 2 日出生，汉族，××市××路中学学生，住××市××街 36 号。

法定代理人：王×（原告的父亲），男，1961 年 9 月出生，汉族，××市粮食局职工，住址同上。

委托代理人：李××，××律师事务所律师。

被告：××市公安局，××市××路 138 号。

法定代理人：赵××，××市公安局局长。

委托代理人：胡××，××律师事务所律师。

原告王××不服××市公安机关 2003 年 10 月 11 日作出的（2003）×字第 32 号

"关于对王××实施行政拘留10天"的处罚决定,向本院提起诉讼,本院受理后,依法组成合议庭,公开开庭审理了本案。原告王××,法定代理人王×,委托代理人李××,被告××市公安局法定代理人赵××,委托代理人胡××到庭参加诉讼,本案现已审理终结。

2003年10月10日,××市××路中学初二(3)班同学刘××发现自己新买的MP3不见了,即报告班主任老师李××,李××老师遂向保卫处报告。保卫处人员根据刘××的怀疑和指认,认为同班同学王××的MP3与刘××的MP3在品牌、型号、新旧程度、颜色、特征方面都极其相似。于是,便将王××带至保卫处进行教育。王××声称是自己刚买的,而不是偷的,双方争执未果,保卫处同志便向××市公安局报案,5分钟后,××市公安局江××和何××到达××中学保卫处,在听取保卫处同志汇报后,不听王××的辩解,强行将其带走。次日,××市公安局作出对王××实施行政拘留10天的处罚决定。王××不服,向××市人民政府申请复议,××市人民政府复议后维持原处罚决定。原告王××以××市公安局为被告,以××市公安局的错误羁押为理由向本院提起诉讼,要求撤销(2003)×字第32号处罚决定,责令被告赔偿原告人民币820元。

经审理查明,2003年10月10日××市××路中学初二(3)班同学刘××的丢失的MP3系社会无业人员吕××所盗窃(吕××现已被××市公安局×派出所拘留),原告王××的MP3是父亲在××路××商场购买,有××路××商场的专用发票在案佐证,此案上述事实由原告王××、法定代理人王×的陈述以及犯罪嫌疑人吕××供述在案佐证。

本院认为,根据《中华人民共和国治安管理处罚条例》的有关规定,××市公安局,在只听取校方保卫处一方之词,没有经过充分调查,获取充足的证据的情况下滥用职权,作出的(2003)×字第32号关于对王××实施行政拘留10天的处罚决定是不合法的,原告要求撤销(2003)×字第32号处罚决定理由充分,证据确实。依照《中华人民共和国行政诉讼法》第××条、《中华人民共和国行政诉讼法》第68条第1款的规定,判决如下:

一、撤销××市公安局2003年10月11日(2003)×第32号处罚决定。

二、被告××市公安局在本判决生效后15日内向原告王××赔偿人民币820元,并恢复王××名誉。

本案诉讼费用150元人民币由被告××市公安局负担。

如果不服判决,可在判决书送达之日起15日内向本院递交上诉状,并按对方当事人人数提出副本,上诉于×××人民法院。

审判长:厉××

审判员:麻××

审判员:刘××

二〇〇四年一月十日

本件与原本核对无异　　　　　　　　　　　　　　　（院　印）

　　　　　　　　　　　　　　　　　　　　　　书记员：胡××

四、制作要求

第一审行政判决书由首部、事实、理由、判决结果和尾部五部分组成。

（一）首部

1. 制作文书的机关名称和文书名称。可分两行写为："××省××市（县）人民法院行政判决书"。

2. 文书编号（即案号），由立案年度、制作法院、案件性质、审判程序代字和案件顺序号组成。

3. 被告及其法定代表人（或者代表人）、法定代理人（或者指定代理人）和委托代理人的身份事项。行政判决书中的被告，要写明被诉的行政机关名称、所在地址；另起一行写明该机关的法定代表人（指行政机关的"首长"）及其姓名和职务；再另起一行写明委托代理人的姓名、性别、职业、工作单位和职务等。

4. 案件由来、审判组织、审判方式和开庭审理过程，可写为："原告×××不服×××（行政机关名称）××××年××月××日（××××）×字第××号处罚决定（复议决定或者其他具体行政行为），向本院提出诉讼。本院于××××年××月××日受理后，于××××年××月××日向被告送达起诉状副本和应诉通知书。本院依法组成合议庭。公开（或者不公开）开庭审理了本案。……（写明到庭的当事人、代理人等）到庭参加诉讼。本案现已审理终结"。

（二）事实

事实部分应当写明两方面的内容：即当事人行政争议的内容与经人民法院审理确认的事实和证据。

1. 当事人争议的内容。行政诉讼案件可分为行政作为与行政不作为两大类。对于行政作为案件，当事人争议的事实，首先应当概括写明被告所作的具体行政行为的主要内容、列举的证据和所依据的法律、法规；然后简要叙述原告不服行政机关复议或者处罚、处理决定的主要理由和诉讼请求，以及被告的答辩。对于行政不作为案件，由于当事人双方的举证要求与行政作为案件有所区别，在判决书中应有所体现。对这类案件争议的事实，首先应当概括写明原告提供的其已经向被诉行政机关申请的事实证据，及其认为被诉行政机关不作为的有关证据及依据；然后叙述被告提供证据证明原告的申请是否属于其法定职责及法定义务、是否在法定期限内已经履行法定职责或者义务，拖延履行和不予答复等行为是否符合法律规定等事实。

2. 人民法院认定的事实和证据。这是判决书的关键部分。可以先写经法庭审理认定的事实。事实要客观、真实，表达要准确、具体。要把行政争议发生的时间、地点、内容、情节、后果和因果关系等交代清楚，然后写认定的证据；也可以先写证据，再写根据证据确认的事实。行政诉讼不同与民事诉讼。根据《行政诉讼法》和《最高人民法院关于行政诉讼证据若干问题的规定》（以下简称《证据规定》）规定，被告负有举证责任，应当提供作出该具体行政行为的证据和所依据的规范性文件。因此，行政判决书应当强调被告的举证责任。

（三）理由

理由部分应当写明两方面的内容：即判决的理由和判决所依据的法律、法规条文。

1. 判决的理由。根据庭审查明的事实和有关法律规定以及行政诉讼的特点，应当结合具体案情，着重就行政主体所作的具体行政行为是否合法，原告的诉讼请求是否合理，从法理上、法律上进行充分的分析、论证，阐明人民法院的观点和判决的理由。

论述被诉具体行政行为的合法性，包括：被告是否具有法定职权，是否超越职权、滥用职权，行政处罚是否显失公正；被诉具体行政行为是否符合法定程序；被诉具体行政行为认定事实是否清楚，主要证据是否充分；适用法律法规是否正确。对双方当事人在适用法律方面的不同意见，应阐明是否予以采纳及其理由。

对于行政不作为案件，理由部分则可根据具体案情，就被告是否具有法定职权，或者被告是否存在拖延履行、不予答复等情况；原告申请的理由是否依法成立，原告的诉讼请求是否符合法定条件；原告的合法权益是否受到侵害，与行政主体不作为有无因果关系等进行阐述。

2. 判决所依据的法律法规。表述要做到准确、具体、完整。引用法律、法规要写明所适用的具体条、款、项。既要引用法律，又要引用司法解释的，在顺序上，则应当先引用法律，再引用相关司法解释。

（四）判决结果

判决结果，是人民法院对当事人之间的行政诉讼争议作出的实体处理结论。人民法院经过审理，根据不同情况，可分别作出以下判决：

1. 判决维持。这是肯定具体行政行为合法的判决。根据法律规定，判决维持，必须具有行政行为事实清楚、证据确凿，适用法律法规正确，符合法定程序之条件。这三个条件是统一的，缺少其中任何一个条件，都不能判决维持具体行政行为。

2. 判决撤销或者部分撤销，并可以判决被告重新作出具体行政行为。判决撤销，是否定具体行政行为合法的判决。根据法律规定，只要具备下列五种行为之一，就可以判决全部撤销：具体行政行为或者主要证据不足的；适用法律、法规错误的；违反法定程序的；超越职权的；滥用职权的。如果某具体行政行为，部分合法、部分不合法的，则对合法部分判决予以维持，对不合法部分判决予以撤销。

某行政主体的具体行政行为虽因违法而被撤销，但并非说在具体行政法律关系中相对人的行为得到了维护，还需要行政主体对相对人作出正确处理。在这种情况下，人民法院可以同时判决被告重新作出具体行政行为。这样做既可以使行政主体纠正原违法的具体行政行为，又可以重新作出合法的具体行政行为，以维护正常的行政管理秩序。但被告不得以同一事实和理由，作出与原具体行政行为基本相同的具体行政行为。

3. 判决被告限期履行法定职责。即当被告不履行或者拖延履行法定职责时，人民法院作出的责令被告在一定期限内履行该职责的判决。根据《行政诉讼法》的相关规定，对符合法定条件申请颁发许可证和执照，被诉行政机关拒绝颁发或者不予答复的；申请履行保护人身权、财产权的法定职责，被诉行政机关拒绝履行或者不予答复的；被诉行政机关没有依法发给抚恤金的，可以判决被告限期履行法定职责。具体期限，则应当根据案件的具体情况和履行的实际可能予以确定。

4. 判决变更具体行政行为。当行政机关作出的行政处罚显失公平时，人民法院可作出直接改变原具体行政行为的判决。判决变更必须具备两个条件：一是行政机关依照法律、法规实施了行政处罚的行为；二是这种行政处罚行为必须达到显失公平的程度。

5. 判决驳回原告的诉讼请求。当原告起诉不作为的理由不成立；或者被诉具体行政行为合法，但存在合理性问题；或者被诉具体行政行为合法，但因法律、政策变化需要变更或者废止；或者其他判决应当驳回诉讼请求的情形，即可以作出驳回原告诉讼请求的判决。

6. 确认被诉具体行政行为合法或者有效。即人民法院认为被诉具体行政行为合法，但不适宜判决维持或者驳回诉讼请求的，可以作出确认其合法或者有效的判决。

7. 确认被诉具体行政行为违法。这是指被诉具体行政行为违法，但撤销该具体行政行为将给国家利益或者公共利益造成重大损失的，人民法院应当作出确认被诉具体行政行为违法的判决，并责令被诉行政机关采取补救措施；造成损失的，依法判决行政主体承担赔偿责任。

对于判决结果在具体行文上，可作如下表述：

第一，维持行政机关具体行政行为的，写为：

"维持××××（行政机关名称）××××年××月××日（××××）×字第××号处罚决定（复议决定或者其他具体行政行为）"。

第二，撤销行政机关具体行政行为的，写为：

"一、撤销××××（行政机关名称）××××年××月××日（××××）×字第××号处罚决定（复议决定或者其他具体行政行为）；

二、……（写明判决被告重新作出具体行政行为的内容。如果不需要重新作出具体行政行为的，此项不写。如果确认被告的具体行政行为侵犯原告合法权益且应当承担行政赔偿责任的，则应当写明赔偿数额、交付时间等）"。

第三，部分撤销行政机关具体行政行为的，写为：

"一、维持××××（行政机关名称）××××年××月××日（××××）×字第××号处罚决定（复议决定或者其他具体行政行为）的第×项，即……（写明维持的具体内容）；

二、撤销××××（行政机关名称）××××年××月××日（××××）×字第××号处罚决定（复议决定或者其他具体行政行为）的第×项，即……（写明撤销的具体内容）；

三、……（写明判决被告重新作出具体行政行为的内容。如果不需要重新作出具体行政行为的，此项不写。如果确认被告侵犯原告合法权益且应当承担行政赔偿责任的，则应写明赔偿数额、交付时间等）"。

第四，判决行政机关在一定时期内履行法定职责的，写为：

"责成被告××××……（写明履行法定职责的期限和内容）"。

第五，判决变更具体行政行为的，写为：

"变更××××（行政机关名称）××××年××月××日作出的（××××）×字第××号行政处罚决定（或行政复议决定、或属行政处罚性质的其他具体行政行为），改为……（变更后的具体行政行为）"。

第六，驳回原告诉讼请求的，写为：

"一、驳回原告要求撤销××××（行政机关名称）××××年××月××日作出的（××××）×字第××号……（具体行政行为名称。如：行政处罚决定、行政复议决定或者其他具体行政行为）的诉讼请求；

二、驳回原告×××关于……（赔偿请求事项）的赔偿请求（原告未提出赔偿请求的，此项不写）"。

第七，确认被诉具体行政行为合法或有效的，写为：

"一、确认××××（行政机关名称）××××年××月××日作出的（××××）×字第××号……（具体行政行为名称。如：行政处罚决定、行政复议决定或者其他行政行为）合法（或有效）；

二、驳回原告×××关于……（赔偿请求事项）的赔偿请求（原告未提出赔偿请求的，此项不写）"。

第八，确认被诉具体行政行为违法（或无效）的，写为：

"一、确认××××（行政机关名称）××××年××月××日作出的（××××）×字第××号……（具体行政行为名称。如：行政处罚决定、行政复议决定或者其他具体行政行为）违法（或无效）；

二、责令被告××××在……（限定的期限）内，……（写明采取的补救措施。不需要采取补救措施的，此项不写）；

三、责令被告××××于本判决生效之日起××日内赔偿原告×××……（写明赔偿的金额、交付时间。不需要赔偿的，写明驳回原告诉讼请求或对原告诉讼请求不予支持。未提出赔偿请求的，此项不写）"。

第九，单独判决行政赔偿的，写为：

"被告×××赔偿原告×××……（写明赔偿范围、赔偿方式、赔偿数额、交付时间等）"。

（五）尾部

应当依次写明诉讼费用的负担，交待上述权利、方法、期限和上诉审人民法院，合议庭成员署名，判决日期，书记员署名等内容。

五、注意事项

1. 本样式为各级人民法院在受理行政诉讼案件后，按照我国《行政诉讼法》规定的第一审程序审理终结，依照法律法规、参照规章，就案件的实体问题作出裁判时所使用的文书。

2. 《行政诉讼法》第34条规定，被告对作出的具体行政行为承担举证责任。因此，对判决认定的事实一定要注意用相应的证据加以支持。

3. 要注意行政判决书各部分的逻辑结构并使之相互协调。行政判决书要重点写好正文部分。正文部分主要说明事实、举证、质证、认证及裁判理由、结论。事实和法律是论据，理由部分是论证，判决结果是论点。要做到论点正确、论据充分、论证有力和结构严谨。

六、项目评价标准

1. 能够熟练掌握第一审行政判决书的格式，能够通过亚伟速录软件生成模板，并根据需要对常用词进行造词与自定义。

2. 能够结合案例，利用已生成的模板，按照规范格式，完成所需要的文书写作。

项目十　第二审行政判决书

一、概念

第二审行政判决书，是指第二审人民法院依照行政诉讼法规定的第二审程序，对不服第一审判决的上诉案件审理终结后，就实体问题依法作出维持原判或者改判的裁判时所制作的法律文书。《行政诉讼法》第85条规定："当事人不服人民法院第一审判决的，有权在判决书送达之日起15日内向上一级人民法院提起上诉。……"第87条规定："人民法院审理上诉案件，应当对原审人民法院的判决、裁定和被诉行政行为进行全面审查。"

二、格式

××××人民法院
行政判决书
（二审维持原判或改判用）

（××××）×行终字第××号

上诉人（原审×告）×××，……（写明姓名或名称等基本情况）。

被上诉人（原审×告）×××，……（写明姓名或名称等基本情况）。

（当事人及其他诉讼参加人的列项和基本情况的写法，除当事人的称谓外，与一审行政判决书样式相同）。

上诉人×××因……（写明案由）一案，不服××××人民法院（××××）×行初字第××号行政判决，向本院提起上诉。本院依法组成合议庭，公开（或不公开）开庭审理了本案。……（写明到庭的当事人、诉讼代理人等）到庭参加诉讼。本案现已审理终结。（未开庭的，写"本院依法组成合议庭，对本案进行了审理，现已审理终结"）。

……（概括写明原审认定的事实、理由和判决结果，简述上诉人的上诉请求及其主要理由、被上诉人的主要答辩的内容及原审第三人的陈述意见）。

……（当事人二审期间提出新证据的，写明二审是否采纳以及质证情况，并说明理由。如无新证据，本段不写）。

经审理查明，……（写明二审认定的事实和证据）。

本院认为，……（写明本院判决的理由）。依照……（写明判决依据的法律以及相关司法解释的条、款、项、目）的规定，判决如下：

……（写明判决结果）。

……（写明诉讼费用的负担）。

本判决为终审判决。

审　判　长　×××
审　判　员　×××
审　判　员　×××
××××年××月××日
（院印）
书　记　员　×××

本件与原本核对无异

附：本判决适用的相关法律依据

三、文本范例

××××人民法院
行政判决书

（2003）×行终字第28号

上诉人（原审原告）：胡××，男，1967年6月26日出生，汉族，××食品公司职员，住××市××区××路10号。

委托代理人：张××，××律师事务所律师。

被上诉人：××市××区工商管理局。

法定代表人：毛××，××市××区工商管理局局长。

委托代理人：李××，××市××律师事务所律师。

上诉人胡××因诉××区工商管理局具体行政行为不合法，不服××区人民法院（2003）×行初字第168号行政判决，向本院提起上诉，本院依法组成合议庭，公开开庭审理了本案。上诉人胡××，委托代理人张××，被上诉人法定代表人毛××，委托代理人李××到庭参加诉讼。本案现已审理终结。

上诉人诉称：我在2003年7月22日早上送早餐到客户家的过程中，被两名自称是××市××区工商管理局工作人员的王××和李××拦住，要求我停车检查，我让他们出示证件，他们说没带。我便骑车要走，他们二人便强行锁住我的自行车，要我随他们到市质量检测站进行检测。我说不行，客户正等着要早餐，不能迟到。那两人不准，于是我们便发生了争吵，最后决定由他们其中一人（王××）到检测站叫检测员过来检测。等了约20分钟，我怕迟到，便强行要走，在拉扯过程中被那位自称是××市××区工商局的李××推倒，造成肩部骨折，经医院治疗支付医疗费4500元。该月23日，××市××区工商局便给我下达了罚款500元的处罚决定书。同年8月23日胡××遂以××市××区工商管理局的行政处罚不当为由诉诸××区人民法院，请求判令：①撤销××市××区工商管理局第23号处罚决定书；②赔偿原告治疗费4500元，误工费共2600元；③诉讼费用全部由被告承担。被上诉人辩称：当时胡××不听指挥，强行阻挡质量检测，性质恶劣，影响极坏，请求人民法院驳回其诉讼请求。原审人民法院经审理后判决，××市××区工商管理局两位工作人员未出示证件证明其身份，其行政行为不合法，故撤销××市××区工商管理局第23号处罚决定书，并赔偿胡××医疗费3800元，误工费共800元，共计4600元。诉讼费用310元由被告负担。原告胡××不服原审判决，上诉本院。

经查，2003年7月22日凌晨7:00，在××食品送餐员胡××送餐上门途中，××市××区工商管理局工作人员王××、李××在未出示证件表明其身份的情况下，要求胡××停车检测，胡××不听欲强行离去，随后工作人员王××去市质量检测站请检测员前来检查，胡××却以会迟到为由强行离去，而工作人员李××不许，二人在互相拉扯过程中李××将胡××推倒，造成胡××肩部骨折。胡××因此支付医疗费3800元，并且因治疗而误工33天，误工损失为800元。

以上事实有过路行人于××的陈述，医疗费用报销凭证，胡××单位的工资证明及双方当事人陈述在案佐证。

本院认为，××市××区工商管理局工作人员王××和李××未出示证件证明其身份便行使行政权力，其行政行为不合法。所以，原审判决认定事实清楚，适用法律正确，依据《中华人民共和国行政诉讼法》第61条第1项的规定，判决如下：

一、驳回上诉，维持原判。

二、本案诉讼费用220元由上诉人胡××承担。

本判决为终审判决。

审判长：于××

审判员：刘××

审判员：李××

二〇〇三年十二月十日

（院 印）

书记员：赵××

本件与原本核对无异

四、制作要求

第二审行政判决书由首部、事实、理由、判决结果和尾部五部分组成。

（一）首部

文书编号应用"行终"字。如："（××××）×行终字第××号"。

（二）事实

第二审行政判决书的事实部分，由两个方面的内容构成：

1. 上诉争议的事实。包括：原审认定的事实、适用的法律、法规和判决的结果；上诉人的上诉请求及其主要理由；被上诉人答辩的主要内容。叙述要概括、简练、准确，抓住争议焦点。

2. 二审查明认定的事实和证据。要根据不同类型的案件书写。如果原审判决认定的事实清楚，上诉人亦无异议的，简要地确认原判认定的事实即可；如果原审判决认定的事实清楚，但上诉人提出异议的，则应当对有异议的事实、证据进行重点叙述，并进行具体的分析、认证，阐明采信证据的理由；如果原审判认定的事实不清、证据不足，经二审查清事实后改判的，则应当具体叙述查明的事实和有关证据。

（三）理由

第二审行政判决书的理由部分，也由两个方面的内容构成：

1. 维持或者改判的理由。应当针对上诉的请求和理由，就原审判决认定的事实是否清楚，适用法律、法规是否正确，有无违反法定程序，上诉理由是否成立，上诉请求是否予以支持，以及被上诉人的答辩是否有理等，进行分析、论证，阐明维持原判或者撤销原判予以改判的理由。叙述的理由要有针对性和说服力，分析要合乎逻辑。

2. 二审判决所依据的法律条文。除引用《行政诉讼法》的有关条款外，还应当同时引用改判所依据的实体法的有关条文。

（四）判决结果

《行政诉讼法》第89条规定："人民法院审理上诉案件，按照下列情形，分别处理：①原判决、裁定认定事实清楚，适用法律、法规正确的，判决或者裁定驳回上诉，维持原判决、裁定；②原判决、裁定认定事实错误或者适用法律、法规错误的，依法改判、撤销或者变更；③原判决认定基本事实不清、证据不足的，发回原审人民法院重审，或者查清事实后改判；④原判决遗漏当事人或者违法缺席判决等严重违反法定程序的，裁定撤销原判决，发回原审人民法院重审。"

据此，"判决结果"部分可分为以下四种情形：

第一，维持原审判决的，写：

"驳回上诉，维持原判"。

第二，对原审判决部分维持、部分撤销的，写：

"一、维持××××人民法院（××××）×行初字第××号行政判决第×项，即……（写明维持的具体内容）；

二、撤销××××人民法院（××××）×行初字第××号行政判决第×项，即……（写明撤销的具体内容）；

三、……（写明对撤销部分作出的改判内容。如无需作出改判的此项不写）"。

第三，撤销原审判决，驳回原审原告的诉讼请求的，写：

"一、撤销××××人民法院（××××）×行初字第××号行政判决；

二、驳回×××（当事人姓名）的诉讼请求"。

第四，撤销原审判决，同时撤销或变更行政机关的行政行为的，写：

"一、撤销××××人民法院（××××）×行初字第××号行政判决；

二、撤销（或变更）××××（行政主体名称）××××年××月××日（×××）×××字第××号……（写明具体行政行为或者复议决定名称或其他行政行为）；

三、……（写明二审法院改判结果的内容。如无需作出改判的，此项不写）"。

（五）尾部

与第二审民事判决书相同。

五、注意事项

1. 本样式供二审人民法院在收到当事人不服一审判决提起上诉的行政案件后，按照第二审程序审理终结，就案件的实体问题依法作出维持原判或者改判的判决时使用。

2. 注意二审行政判决书与一审行政判决书的区别。一审行政判决书是对被诉具体行政行为的合法性进行审查后作出的裁判文书，而二审行政判决书是对一审行政判决书的正确性和被诉具体行政行为的合法性进行全面审查后作出的裁判文书。

3. 二审行政判决书的制作应当重点针对上诉人有异议的事实和证据进行重点分析和论证。

六、项目评价标准

1. 能够熟练掌握第二审行政判决书的格式，能够通过亚伟速录软件生成模板，并根据需要对常用词进行造词与自定义。

2. 能够结合案例，利用已生成的模板，按照规范格式，完成所需要的文书写作。

3. 根据学习内容，建立自己的专属词库。

项目十一　行政裁定书

一、概念

行政裁定书，是人民法院依照《行政诉讼法》规定的程序审理行政案件，为解决行政诉讼程序方面及特定实体方面的问题作出裁判时所制作的法律文书。根据《行政诉讼法》的规定和《最高人民法院关于执行〈中华人民共和国行政诉讼法〉若干问题的解释》，裁定适用于以下范围：①不予受理；②驳回起诉；③管辖异议；④终结诉讼；⑤中止诉讼；⑥移送或者指定管辖；⑦诉讼期间停止具体行政行为的执行或者驳回停止执行的申请；⑧财产保全；⑨先予执行；⑩准许或者不准许撤诉；⑪补正裁判文书中的笔误；⑫中止或终结执行；⑬提审、指令再审或者发回重审；⑭准许或者不准许执行行政机关的具体行政行为；⑮其它需要裁定的事项。其中，对第①②③项裁定，当事人可以上诉，其余各项当事人均不可提起上诉。这里只介绍①②⑩三种裁定书的格式，其余可参照民事裁定书格式。

二、格式

1. 不予受理裁定书。

×××人民法院
行政裁定书

（××××）×行×字第××号

起诉人……（写明姓名或名称等基本情况）。

×××年××月××日，本院收到×××的起诉状，……（概括写明起诉的事由）。

经审查，本院认为，……（写明不受理的理由）。依照……（写明引用法律的条款项）的规定，裁定如下：

对×××的起诉，本院不予受理。

如不服本裁定，可在裁定书送达之日起10日内，向本院递交上诉状，上诉于×××级人民法院。

审　判　长：×××
审　判　员：×××
审　判　员：×××
××××年××月××日

本件与原本核对无异　　　　　　　　　　　　　　　　　　　　（院　印）

书　记　员：×××

2. 驳回起诉裁定书。

×××人民法院
行政裁定书

（××××）×行初字第××号

原告……（写明姓名或名称等基本情况）。

被告……（写明行政机关名称和所在地址）。

第三人……（写明姓名或名称等基本情况）。

（当事人及其他诉讼参加人的列项和基本情况的写法，与一审行政判决书样式相同）。

原告×××不服××××（行政机关名称）××××年××月××日（××××）×××字第××号处罚决定（复议决定或者其他具体行政行为），向本院提起诉讼。本院受理后，依法组成合议庭，公开（或者不公开）开庭审理了本案。

……（简述原告起诉的理由）。

本院认为，……（写明驳回起诉的理由）。依照……（写明引用法律的条款项）的规定，裁定如下：

驳回原告×××的起诉。

……（写明起诉费用的负担）。

如不服本裁定，可在裁定书送达之日起10日内，向本院递交上诉状，并按对方当事人的人数提出副本，上诉于×××人民法院。

审　判　长：×××
审　判　员：×××
审　判　员：×××
××××年××月××日

本件与原本核对无异 　　　　　　　　　　　　　　　　　　　　　（院　印）

　　　　　　　　　　　　　　　　　　　　　　　　　书 记 员：×××

3. 准许或者不准许撤诉裁定书。

×××人民法院
行政裁定书

　　　　　　　　　　　　　　　　　　　　　（××××）×行初字第××号

　　原告……（写明姓名或名称等基本情况）。

　　被告……（写明行政机关名称和所在地址）。

　　第三人……（写明姓名或名称等基本情况）。

　　(当事人及其他诉讼参加人的列项和基本情况的写法，与一审行政判决书样式相同。)

　　原告×××不服××××（行政机关名称）××××年××月××日（××××）××字第××号处罚决定（复议决定或其他具体行政行为），向本院提起诉讼。本院已依法受理。在审理过程中，原告×××……（简要写明原告提出的撤诉请求和理由）。

　　经审查，本院认为，……（写明准许撤诉或不准许撤诉的理由）。依照《中华人民共和国行政诉讼法》第51条的规定，裁定如下：

　　……（写明裁定结果。分两种情况：

　　第一，准许撤诉的，写：

　　"准许原告×××撤回起诉"。

　　第二，不准撤诉的，写：

　　"不准原告×××撤诉，本案继续审理"。）

　　……（准许撤诉的，写明诉讼费用的负担；不准撤诉的，此项不写）。

　　　　　　　　　　　　　　　　　　　　　　　　　审 判 长：×××
　　　　　　　　　　　　　　　　　　　　　　　　　审 判 员：×××
　　　　　　　　　　　　　　　　　　　　　　　　　审 判 员：×××
　　　　　　　　　　　　　　　　　　　　　　　　　××××年××月××日

本件与原本核对无异 　　　　　　　　　　　　　　　　　　　　　（院　印）

　　　　　　　　　　　　　　　　　　　　　　　　　书 记 员：×××

三、文本范例

××市××区人民法院
行政裁定书

　　　　　　　　　　　　　　　　　　　　　　　　（2003）×行初字第38号

　　原告：×××食品公司；住所地：××市××路31号。

法定代表人：何××，×××食品公司经理。

委托代理人：王××，××市××律师事务所律师。

被告：××市××区卫生防疫中心；住所地：××市×路19号。

法定代表人：于××，××市××区卫生防疫中心主任。

委托代理人：王××，××市×××律师事务所律师。

原告×××食品公司不服××市××区卫生防疫中心2003年5月6日（2003）×卫疫罚字第111号处罚决定，向本院提起行政诉讼，本院已依法受理。在对本案审理过程中，原告×××食品公司已表示愿意接受××市××区卫生防疫中心的行政处罚决定，故特向本院申请撤诉。

经审查，本院认为：原告×××食品公司以次充好，非法变更袋装食品出厂日期标签的行为，事实清楚，××市××区卫生防疫中心作出的（2003）×卫疫罚字第111号处罚决定适用法律正确。2003年5月18日×××食品公司不服××市××区卫生防疫中心作出的（2003）×卫疫罚字第111号处罚决定向本院提起诉讼，要求撤销处罚决定。在本案的审理过程中，原告×××食品公司于2003年6月8日又主动向本院提交了撤诉申请书，表示愿意接受××市××区卫生防疫中心的（2003）×卫疫罚字第111号行政处罚决定的处罚。本院审查后，认为原告×××食品公司申请撤诉的理由正当，且与我国有关法律规定无相悖之处。故依照《中华人民共和国行政诉讼法》第51条之规定，裁定如下：

一、准许原告×××食品公司撤回起诉。

二、案件受理费100元，由原告×××食品公司承担。

审判长：赵××

审判员：于××

审判员：林××

二〇〇三年六月二十日

（院　印）

书记员：何　×

本件与原本核对无异

四、制作要求

行政裁定书由首部、正文和尾部组成。为避免重复并且保持与前面介绍的格式一致，这里只介绍不予受理裁定书、驳回起诉裁定书、准许或者不准许撤诉裁定书三种裁定书的制作，其余可参照民事裁定书制作。

（一）首部

与第一审行政判决书不同的是：

1. 文书名称为"行政裁定书"。

2. 当事人称谓。不予受理，称"起诉人"；驳回起诉、准许或不准许撤诉，称"原告""被告""第三人"。

（二）正文

这是行政裁定书的主要内容，包括事实、理由和裁定结果。裁定书的正文，按其内容不同，其表述方式也不同。

1. 不予受理裁定书的制作要求。根据《行政诉讼法》第49条的规定，起诉应当符合下列条件：①原告是符合本法第二十五条规定的公民、法人或者其他组织；②有明确的被告；③有具体的诉讼请求和事实根据；④属于人民法院受案范围和受诉人民法院管辖。《行政诉讼法》第51条规定，对当场不能判定是否符合该法规定的起诉条件的，应当接收起诉状，出具注明收到日期的书面凭证，并在7日内决定是否立案。不符合起诉条件的，作出不予立案的裁定。因此，在裁定书的正文中，应当结合本案的具体情况，写明不予受理的理由。具体可表述为：

"××××年××月××日，本院收到×××的起诉状，……（概括写明起诉的事由）。

经审查，本院认为，……（写明不受理的理由）。依照……（写明引用法律的条款项）的规定，裁定如下：

对×××的起诉，本院不予受理"。

2. 驳回起诉裁定书的制作要求。具体可表述为：

"原告×××不服××××（行政机关名称）××××年××月××日×字第××号处罚决定（复议决定或者其他具体行政行为），向本院提起诉讼。本院受理后，依法组成合议庭，公开（或者不公开）开庭审理了本案。

……（简述原告起诉的理由）。

本院认为，……（写明驳回起诉的理由）。依照……（写明引用法律的条款项）的规定，裁定如下：

驳回原告×××的起诉"。

3. 准许或者不准许撤诉裁定书的制作要求。具体可表述为：

"原告×××不服××××（行政机关名称）××××年××月××日×字第××号处罚决定（复议决定或者其他具体行政行为），向本院提起诉讼，本院已依法受理。在审理过程中，原告×××……（简要写明原告提出的撤诉请求和理由）。

经审查，本院认为，……（写明准许撤诉或者不准许撤诉的理由）。依照《行政诉讼法》第51条的规定，裁定如下：

……（写明裁定结果）"。分两种情况：

第一，准许撤诉的，写："准许原告×××撤回起诉"。

第二，不准许撤诉的，写："不准许原告×××撤诉，本案继续审理"。

裁定书的正文，应当具体写明准许撤诉或者不准许撤诉的理由。因为原告处分自己的诉讼权利，必须在法律规定的范围内进行，以不损害国家、集体的利益和他人的合法权益为前提。即使行政机关改变其所作的具体行政行为，原告同意并申请撤诉的，也必须以合法为条件。

对于不准许撤回起诉的案件，一般都采用口头裁定的形式，但必要时也可以书面裁定。

（三）尾部

1. 准许撤诉的裁定，应当在裁定结果的左下方，另起一行写明诉讼费用的负担。

2. 依照最高人民法院发布的《行政诉讼法》的司法解释，原告对不予受理或者驳回起诉的裁定不服的，可以提起上诉。但二者在表述上有所不同。对于不受理的裁定，在裁定结果的左下方，应当写明："如不服本裁定，可在裁定书送达之日起 10 日内，向本法院递交上诉状，上诉于×××人民法院"。

对于驳回起诉的裁定，在裁定结果的左下方，应当写明："如不服本裁定，可在裁定书送达之日起 10 日内，向本院递交上诉状，并按对方当事人的人数提出副本，上诉于×××人民法院"。

五、项目评价标准

1. 能够熟练掌握行政裁定书的格式，能够通过亚伟速录软件生成模板，并根据需要对常用词进行造词与自定义。

2. 能够结合案例，利用已生成的模板，按照规范格式，完成所需要的文书写作。

3. 根据学习内容，建立自己的专属词库。

单元四
速录在监狱工作实践中的应用

知识目标

通过本单元学习,使学生了解和掌握监狱工作实践中常用到的各类文书并能熟练运用。

能力目标

使学生熟练地掌握各类监狱工作常用文书的写作,熟悉其写作格式及注意事项,了解相关法律知识,最终能够得心应手地在实际工作中运用。

项目一 罪犯入监登记表

一、概念

罪犯入监登记表,是指监狱记载新入监罪犯基本情况的表格类文书。它被喻为监狱内第一张执法文书表格。

我国《监狱法》第 15 条规定:"人民法院对被判处死刑缓期二年执行、无期徒刑、有期徒刑的罪犯,应当将执行通知书、判决书送达羁押该罪犯的公安机关,公安机关应当自收到执行通知书、判决书之日起 1 个月内将该罪犯送交监狱执行刑罚。罪犯在被交付执行刑罚前,剩余刑期在 3 个月以下的,由看守所代为执行。"第 16 条规定:"罪犯被交付执行刑罚时,交付执行的人民法院应当将人民检察院的起诉书副本、人民法院的判决书、执行通知书、结案登记表同时送达监狱。监狱没有收到上述文件的,不得收监;上述文件不齐全或者记载有误的,作出生效判决的人民法院应当及时补充齐全或者作出更正;对其中可能导致错误收监的,不予收监。"收监意味着刑罚执行的开始,必须严格依照法定程序执行。监狱在收押新入监罪犯时必须填写入监登记表。

二、格式

罪犯入监登记表

单位：　　　　　　编号：　　　　　　　　　　入监日期：　　年　月　日

姓名		别名		性别		一寸免冠照片
民族		出生日期		文化程度		
捕前职业		原政治面貌		特长		
身份证号			口音			
籍贯（国籍）			原户籍所在地			
家庭住址				婚姻状况		
拘留日期		逮捕机关			逮捕日期	
判决书号		判决机关			判决日期	
罪名					刑种	
刑期		刑期起止	自年月日至年月日		附加刑	
曾受何种惩处						

本人简历	起时	止时	所在单位	职务（职业）

主要犯罪事实	

家庭成员及主要社会关系	关系	姓名	出生日期	政治面貌	工作单位职务（职业）	住址	电话

同案犯	姓名	性别	出生日期	捕前职业	罪名	刑期	家庭住址

说明：此表一式两份

三、文本范例

罪犯入监登记表

单位：广东省××监狱二监区　　　编号：440234××　　　入监日期：2005 年 6 月 10 日

姓名		张×	别名	无	性别	男	
民族		汉族	出生日期	1980 年 3 月 7 日	文化程度	高中	一寸免冠照片
捕前职业		无业	原政治面貌	群众	特长	无	
身份证号		440××19800307××		口音		湖南口音	
籍贯（国籍）		湖南 湘潭	原户籍所在地		广东省广州市××区×××路×号×栋×房		
家庭住址		广东省广州市××区×××路×号×栋×房		婚姻状况		未婚	
拘留日期		2005 年 1 月 7 日	逮捕机关	广东省广州市××公安局	逮捕日期	2005 年 1 月 12 日	
判决书号		（2005）×刑初字第 8 号	判决机关	广东省广州市××区人民法院	判决日期	2005 年 5 月 29 日	
罪名			盗窃罪		刑种	有期徒刑	
刑期		3 年	刑期起止	自 2005 年 5 月 29 日至 2008 年 5 月 28 日	附加刑	无	
曾受何种惩处				无			
本人简历	起时	止时	所在单位		职务（职业）		
	1987.9	1993.8	在广东省广州市××小学读书				
	1993.9	1996.8	在广东省广州市××中学读初中				
	1996.9	1999.7	在广东省广州市××中学读高中				
	1999.8	案发	无工作，待业在家				
主要犯罪事实	该犯在 2004 年 12 月至 2005 年 1 月期间，用撬锁方式先后进入广州市××区×××路×号×栋×房和广州市××区×××路×号×栋×房进行盗窃，盗得赃款共计人民币 5000 元。						
家庭成员及主要社会关系	关系	姓名	出生日期	政治面貌	工作单位职务（职业）	住址	电话
	父	张××	1956.7	群众	广州市××工厂工人	广州市××区×××路×号×栋×房	×××××××
	母	李××	1958.6	群众	广州市××工厂工人	广州市××区×××路×号×栋×房	

续表

同案犯	姓名	性别	出生日期	捕前职业	罪名	刑期	家庭住址
	无						

说明：此表一式两份

四、制作要求

1. 姓名。此项必须准确无误。要杜绝写音同字不同的同音字、近音字和形似字。要杜绝写不规范的简化字。

2. 别名、特长、附加刑、曾受何种惩处、同案犯。罪犯的"别名""特长""附加刑""曾受何种惩处""同案犯"栏在填写时，如无相应的内容可填，不得开"天窗"，可在该栏内填写一个"无"字，也可在栏目内划上一条斜线。对外国籍罪犯，其英文名填在"别名"栏。"曾受过何种惩处"指捕前受过的行政拘留以上的惩处。

3. 性别。罪犯的"性别"在填写时，填男或女。由于广东省的监狱系统已采用监狱管理的计算机信息系统软件进行相关文书的制作，在使用计算机录入表格时，在该栏目中只需要滑动滚动条进行选择即可。

4. 民族。罪犯的"民族"栏在填写时，应当填民族全称，如维吾尔族人，要填"维吾尔族"，不能只填简称"维族"。

5. 出生日期、拘留日期、逮捕日期、判决日期。罪犯的"出生日期""逮捕日期""拘留日期""判决日期"栏在填写时，均应以"××××年××月××日"的样式填写，不得随意苟简。

6. 文化程度。罪犯的"文化程度"通常分为文盲、小学、初中、高中、职校、中专、大专、高职、大学、研究生、博士生等学历层次；未毕业的，必须填写肄业年级。

7. 捕前职业。罪犯的"捕前职业"栏在填写时应根据实际情况填写工人、农民、公务员、教师、个体工商户等职业，如被捕前无工作的，应填写"无业"。

8. 原政治面貌。罪犯的"原政治面貌"栏，可如实填上中共党员或共青团员、九三学社社员等。如为无党派人士，应填写为"群众"。

9. 身份证号、籍贯、原户籍所在地、家庭地址、婚姻状况。罪犯的"身份证号""籍贯""原户籍所在地""家庭地址""婚姻状况"栏按照监狱收到的该罪犯的法院判决书（或裁定书）中所列事项填写。"原户籍所在地"填写捕前户口登记所在地。对外国籍罪犯，其国籍填在"籍贯（国籍）"栏。

10. 口音。罪犯的"口音"栏应填写地方口音，如潮汕口音、客家口音、兰州口音等，不能笼统写北方口音、南方口音。

11. 判决书号、判决机关、罪名、刑种、刑期、刑期起止。罪犯的"判决书号"

"判决机关""罪名""刑种""刑期""刑期起止"栏的填写应按照监狱收到的该罪犯的法院判决书（或裁定书）填写。判决机关应为生效判决或裁定的制作机关，且应具体写到省一级，如广州市白云区人民法院应写为"广东省广州市白云区人民法院"。刑种应填主刑，主刑有死刑缓期二年执行、无期徒刑、有期徒刑。

"刑期起止"栏填写时包括两种情况：一是对原判有期徒刑的罪犯，因其既有服刑的开始时间，又有刑期的终止时间，故应根据该罪犯判决书或裁定书上所确定的刑期时间来填写；二是对原判为无期徒刑或死刑缓期两年执行的罪犯，只需填写其开始计算执行刑罚的时间即可。

12. 本人简历。罪犯的"本人简历"栏在填写时，一般从小学入学写起，一直写到被羁押或者判决时止。要分时分段填写，要注意写明每个阶段的起止年月，前后阶段上的时间要互相衔接不可中断；并且要把工作或学习的单位名称写清楚，要写全称，不可写简称。

13. 主要犯罪事实。罪犯的"主要犯罪事实"栏在填写时，应根据人民法院的生效刑事判决书或刑事裁定书所认定的犯罪事实填写。不需像人民法院的刑事判决书或刑事裁定书那样全面、具体的详写犯罪事实，只要求重点填写罪犯犯罪的基本情况；对该罪犯属共同犯罪的，还需要对罪犯在实施犯罪时所处的地位和作用予以说明，如主犯、从犯等，为管教工作提供最基本的情况。

14. 家庭成员及主要社会关系。罪犯的"家庭成员及主要社会关系"栏在填写时主要填写与罪犯本人长期一起共同生活的直系血亲（如父母、子女、祖父母、外祖父母等）、旁系血亲（如同胞兄弟姐妹等）、姻亲（如配偶等）以及来往密切的主要亲朋好友（如姑妈、舅舅等）；对罪犯家属中已去世的家庭成员及主要社会关系，不填。此外，一定要注意把称谓、姓名、性别、出生日期、职业、住址、电话等填写清楚。否则，将会给安排接见、通信带来困难；并且一旦发生脱逃事件，如果罪犯隐匿在监狱干警未登记的亲友家里，就可能造成不良的社会后果。

五、训练内容及评价标准

1. 能够熟练掌握罪犯入监登记表的格式，能够通过亚伟速录软件生成模板，并根据需要对常用词进行造词与自定义。

2. 能够结合案例，利用已生成的模板，按照规范格式，完成所需要的文书写作。

3. 根据学习内容，建立自己的专属词库。

项目二　对罪犯刑事判决提请处理意见书

一、概念

对罪犯刑事判决提请处理意见书，是监狱在执行刑罚中，认为对罪犯的判决、裁定有错误，依法提请人民检察院或原判人民法院处理时所制作的意见书。对罪犯刑事判决提请处理，既是国家赋予监狱的特有权力，也是监狱对检察机关、审判机关的工作进行法律监督的重要手段。它健全了罪犯申诉的法律制度，保障了罪犯的合法权益，对于及时纠正判决、裁定中的错误，保护罪犯的合法权益，促进罪犯改造都具有重要意义。对罪犯刑事判决提请处理意见书是填空式文书，这与监狱起诉意见书等意见书不同，在制作方面比较简单。但是对罪犯刑事判决提请处理意见书是监狱提请人民检察院或原判人民法院处理时所制作的执法文书，并不像罪犯入监登记表等是监狱内部文书，因此在制作时用语要讲究分寸。

《监狱法》第 24 条规定："监狱在执行刑罚过程中，根据罪犯的申诉，认为判决可能有错误的，应当提请人民检察院或者人民法院处理，人民检察院或者人民法院应当自收到监狱提请处理意见书之日起 6 个月内将处理结果通知监狱。"

二、格式

对罪犯刑事判决提请处理意见书（存根）	对罪犯刑事判决提请处理意见书
（　）字第　号 姓名＿＿＿＿＿＿＿＿ 罪名＿＿＿＿＿＿＿＿ 刑期＿＿＿＿＿＿＿＿ 提请理由＿＿＿＿＿＿ ＿＿＿＿＿＿＿＿＿＿ ＿＿＿＿＿＿＿＿＿＿ ＿＿＿＿＿＿＿＿＿＿ ＿＿＿＿＿＿＿＿＿＿ 转递单位：＿＿＿＿＿ 时间：＿＿年＿月＿日 承办人：＿＿＿＿＿＿ 回复时间：＿年＿月＿日 回复结果：	（　）字第　号 人民法院： 　　罪犯＿＿＿经＿＿＿人民法院以（　）＿＿字第＿＿号刑事判决书判处＿＿＿＿。在刑罚执行中，我狱发现对＿＿＿的判决可能有错误。具体理由是：＿＿＿＿＿ ＿＿＿＿＿＿＿＿＿＿＿＿＿＿＿＿＿＿＿＿ 为此，根据《中华人民共和国监狱法》第 24 条和《中华人民共和国刑事诉讼法》第 275 条的规定，提请你院对＿＿＿＿的判决予以处理，并将处理结果函告我监。 （公章） 　年　月　日

（一）字第　号

三、文本范例

对罪犯刑事判决提请处理
意　见　书
（存根）

　　　　　　（2005）×监×字第1号

姓名　张××　　　　　　　　

罪名　抢劫罪　　　　　　　　

刑期　有期徒刑2年　　　　　

提请理由　量刑畸轻　　　　　

　　　　　　　　　　　　　　

　　　　　　　　　　　　　　

转递单位：××市××区人民法院

时间：二〇〇五年一月十五日

承办人：　陈××　　　　　　

回复时间：　　年　　月　　日

回复结果：

（贰零零伍）×监×字第壹号

对罪犯刑事判决提请处理意见书

　　　　　　　　　　　　（2005）×监×字第1号

××市××区人民法院：

　　罪犯张××经××市××区人民法院以（2005）　×刑初　字第　23　号刑事判决书判处　有期徒刑2年　。在刑罚执行中，我狱发现对张××的判决可能有错误。具体理由是：量刑畸轻。

　　罪犯张××于2004年12月21日上午在×市五月花酒店的农业银行门口，发现李×取款出来，遂起歹意。尾随其后，当行至人烟稀少的偏僻处时，张犯突然从李×的身后猛扑上去，将李×摔倒在地，抢去李全部现金1650元，作案后逃跑。张××在光天化日之下，使用暴力抢劫行人现款，罪行严重，情节恶劣。我们认为××区人民法院判处张××有期徒刑2年，量刑低于《中华人民共和国刑法》第263条之规定。

　　为此，根据《中华人民共和国监狱法》第24条和《中华人民共和国刑事诉讼法》第275条的规定，提请你院对罪犯张××的判决予以处理，并将处理结果函告我监。

　　　　　　　　　　　　　　　××××监狱

　　　　　　　　　　　　　　　　（公章）

　　　　　　　　　　　　二〇〇五年一月十五日

四、制作要求

对罪犯刑事判决提请处理意见书是填空式文书，一式两联，第一联是存根，第二联为正本。正本分为首部、正文、结尾三部分。

（一）首部

1. 标题。标题由"事由+文种名称"组成。例："对罪犯刑事判决提请处理意见书"。

2. 发文字号。发文字号由"年份+机关代号+文书代号+发文顺序号"组成。写在标题的右下方。

3. 受文机关。即受文的人民检察院或原判人民法院，应使用全称，提行顶格书写于标题之下。

（二）正文

1. 原判情况和事由。首先依次填写罪犯姓名、原判法院、原判字号、刑期等原判决情况,然后写出提请处理事由。

2. 提请处理的具体理由。应针对原判决适用法律的错误,如定罪、量刑等错误进行说理,写明监狱认为应当纠正的事实、理由和看法。

(三)尾部

注明成文时间、加盖监狱印章。该文书存根部分,应根据正文内容摘要抄录,留存备查。

由于该文书的性质与特点,有以下事项特别需要注意:

1. 对罪犯刑事判决提请处理意见书在制作时,用语要态度鲜明,讲究分寸。文书制作时应在主旨上强调判决"可能"有错误,是监狱"认为"有错误,既表明意见,又没有越权。并强调监狱无决定权,是否错判须经法定程序决定。

2. 对罪犯刑事判决提请处理意见书的制作要紧紧围绕着"提请处理的具体理由",应具有很强的针对性。一定要针对原判决,有什么问题,就提什么问题,并说明理由,不能泛泛而论。

3. 对罪犯刑事判决提请处理意见书在填写制作时,应注意"存根"与"正本"联内容上的一致,特别是文书字号必须一致,骑缝处上的文书字号必须注意数字的写法,必须用中文大写。

五、项目评价标准

1. 能够熟练掌握对罪犯刑事判决提请处理意见书的格式,能够通过亚伟速录软件生成模板,并根据需要对常用词进行造词与自定义。

2. 能够结合案例,利用已生成的模板,按照规范格式,完成所需要的文书写作。

项目三 罪犯奖惩审批表

一、概念

罪犯奖惩审批表,是指监狱的基层单位在依据监管法规给予服刑罪犯行政奖惩时填写的呈请上级审批的表格类文书。它包括两种表格:罪犯奖励审批表、罪犯处罚审批表。

对罪犯奖惩是刑罚执行机关对罪犯接受教育改造和劳动改造的情况进行考核和评比,并根据考核和评比的结果对罪犯依照法律规定的条件和程序给予的不同奖励和惩罚。对罪犯的奖励分为表扬、物质奖励和记功三种形式。对罪犯的处罚分警告、记过、禁闭三种形式,但《罪犯处罚审批表》仅适用于对罪犯的警告、记过。罪犯奖惩审批表是监狱基层单位即分监区呈请上级部门对罪犯给予奖惩的文书,并不是对外文书,因此不需有受文机关。另外罪犯奖惩审批表是监狱基层单位呈请上级部门审批的文书，故应包括分监区、监区、狱政科意见和监狱领导批示等。

二、格式

罪犯奖励审批表

单位：　　　　　　　　　　　　　　　　　　　　罪犯编号：

姓名		性别		出生日期	年　月　日
民族		文化程度		罪名	
刑种		刑期		刑期起止	自　年　月　日至　年　月　日
奖励依据					（签字） 年　月　日
分监区意见					（签字） 年　月　日
监区意见					（签字） 年　月　日
狱政科意见					（签字） 年　月　日
监狱意见					（签章） 年　月　日

罪犯处罚审批表的格式因与罪犯奖励审批表的格式基本一致，在此不再赘述。

三、文本范例

罪犯奖励审批表

单位：×监狱十一监区　　　　　　　　　　　　　　　　　　罪犯编号：44148899

姓名	张×	性别	男	出生日期	1957年9月13日
民族	汉	文化程度	大学	罪名	受贿
刑种	有期徒刑	刑期	11年	刑期起止	自1997年2月8日至2008年2月27日
奖励依据	2005年2月14日下午3时，罪犯高×与罪犯李×在劳动现场因劳动位置问题发生口角，李×手持凳子要打高×。张×看此情况立即上前夺过李×手中的凳子，将其推到一边，制止了斗殴事件的发生。事后，罪犯张×向管教干警汇报了情况。 　　罪犯张×的行为符合《中华人民共和国监狱法》第57条第2款的规定。 　　　　　　　　　　　　　　　　　　　　　　　　（签字） 　　　　　　　　　　　　　　　　　　　　　　　年　月　日				
分监区意见	罪犯张×及时制止一起罪犯之间斗殴事件的发生，经分监区区务会议讨论，建议给予该犯表扬一次的奖励。 　　　　　　　　　　　　　　　　　　　　　　　　分监区长李× 　　　　　　　　　　　　　　　　　　　　　　　二〇〇五年三月十三日				
监区意见	拟同意呈报监狱给予该犯表扬一次。 　　　　　　　　　　　　　　　　　　　　　　　　监区长张×× 　　　　　　　　　　　　　　　　　　　　　　　二〇〇五年三月十三日				
狱政科意见	拟同意表扬。 　　　　　　　　　　　　　　　　　　　　　　　　李×× 　　　　　　　　　　　　　　　　　　　　　　　二〇〇五年三月十四日				
监狱意见	同意表扬。 　　　　　　　　　　　　　　　　　　　　　　　　（签章） 　　　　　　　　　　　　　　　　　　　　　　　二〇〇五年三月十四日				

说明：凡提请对罪犯给予表扬、物质奖励或记功均填写此表。

罪犯处罚审批表

单位：×监狱七监区　　　　　　　　　　　　　　　　　　　罪犯编号：448041899

姓名	张××	性别	男	出生日期	1976年9月8日		
民族	汉	文化程度	小学	罪名	盗窃		
刑种	有期徒刑	刑期	12年	刑期起止	自1997年7月6日至2009年7月5日		
处罚依据	2001年7月12日，该犯在车间劳动时，有意违反操作规程，致使产品报废。其行为被同组罪犯方××揭发后，张××当即受到分队长的严厉批评。对此，张××怀恨在心，寻机报复方××。7月15日上午收工时，张××趁方××不注意，将一铁片（下脚料）扔进罪犯方××的车床内。这一过程被另一罪犯李××看到，李××在下午出工时，向分队长报告了所见情况，开机前经检查发现了车床内被人扔进去的铁片。经过个别谈话，张××承认了所犯错误的事实。 　　张××为报复李××，实施试图破坏产生设施的行为。符合《中华人民共和国监狱法》第58条第7款的规定。						
分监区意见	张××以企图破坏生产设施的行为，报复揭发其违规行为的其他罪犯，属于破坏监管秩序的行为，建议给予记过处分。 　　　　　　　　　　　　　　　　　　　　　　　　分监区长：章× 　　　　　　　　　　　　　　　　　　　　　　　　二〇〇一年七月十八日						
监区意见	拟同意呈报监狱给予该犯记过一次。 　　　　　　　　　　　　　　　　　　　　　　　　监区长：陈× 　　　　　　　　　　　　　　　　　　　　　　　　二〇〇一年七月十八日						
狱政科意见	拟同意记过一次。 　　　　　　　　　　　　　　　　　　　　　　　　杨×× 　　　　　　　　　　　　　　　　　　　　　　　　二〇〇一年七月十八日						
监狱意见	同意记过。 　　　　　　　　　　　　　　　　　　　　　　　　（监狱公章） 　　　　　　　　　　　　　　　　　　　　　　　　二〇〇一年七月十九日						

说明：凡提请对罪犯给予警告、记过均填写此表。

四、制作要求

罪犯奖惩审批表分为表头、腹栏、尾栏三部分。

（一）表头

表头栏目内容较多，主要用于记载罪犯的基本情况。包括姓名、性别、出生日期、民族、文化程度、罪名、刑种、刑期、刑期起止。

"刑期起止"栏填写时包括三种情况

1. 对原判有期徒刑的罪犯，应既有服刑的开始时间，又有刑期的终止时间，故应根据该罪犯判决书或裁定书上所确定的刑期时间来填写。

2. 对原判为无期徒刑或死刑缓期两年执行的罪犯，只需填写其开始计算执行刑罚的时间即可。

3. 对原判为上述三种刑罚的罪犯，假如期间经过一次或数次减刑裁定或判决的，则该罪犯的刑期终止时间应根据最近一次的裁定书或判决书上确定的日期来填写。

（二）腹栏

即奖励依据或处罚依据。这部分包括事实依据和法律依据，又称叙议栏目。如奖惩依据、申请理由、主要犯罪事实、改造表现等。填写时应注意：

1. 叙述事实应紧紧抓住时间、地点、人物、原因、手段、情节、后果七要素来写，抓住关键情节，叙述得具体准确；并且对填入表中的事实进行认真的复查核实。

2. 填写法律依据应注意以叙述的事实为基础，援引我国的《监狱法》，并提出具体的奖惩意见，切实做到"以事实为根据，以法律为准绳"。

（三）尾栏

包括分监区、监区、狱政科意见和监狱领导批示等。对这些栏目的填写要概括、精练、简明扼要。对于没有设分监区的，可不填写"分监区意见"栏；如无相应的内容可填，不得开"天窗"，可在该栏内填写一个"无"字，也可在栏目内划上一条斜线。

在填写罪犯奖惩审批表时应注意：

1. 凡提请对罪犯给予表扬、物质奖励或记功的均填写罪犯奖励审批表；凡提请对罪犯给予警告或记过的均填写罪犯处罚审批表。

2. "罪犯编号"应与《罪犯入监登记表》中的相同。

五、项目评价标准

1. 能够熟练掌握犯罪奖惩审批表的格式，能够通过亚伟速录软件生成模板，并根据需要对常用词进行造词与自定义。

2. 能够结合案例，利用已生成的模板，按照规范格式，完成所需要的文书写作。

项目四　使用戒具、罪犯禁闭审批表

一、概念

使用戒具审批表，是指监狱的基层单位在依据监管法规对服刑罪犯使用戒具时填写的呈请上级审批的表格类文书。戒具是对有危险行为的罪犯的人身所使用的防御性器具。我国监狱管理中使用的戒具，主要有手铐和脚镣。《监狱法》第45条规定："监狱遇有下列情形之一的，可以使用戒具：①罪犯有脱逃行为的；②罪犯有使用暴力行为的；③罪犯正在押解途中的；④罪犯有其他危险行为需要采取防范措施的。前款所列情形消失后，应当停止使用戒具。"

罪犯禁闭审批表，则是指监狱的基层单位在依据监管法规对服刑罪犯进行关押禁闭时填写的呈请上级审批的表格类文书。《监狱法》第58条规定了可以施行禁闭的条件。另外，遇有下列情形时，也可以对罪犯关押禁闭：①对罪犯加戴戒具后，仍不能消除其犯罪危险的；②罪犯具有犯罪嫌疑，正在审理期间的；罪犯报处死刑，等待批复的；罪犯严重违反监规纪律，情节严重的。除判处死刑待批者与正在审理的罪犯之外，禁闭期限一般期为7天，最长时间不超过半个月。

二、格式

使用戒具审批表

单位：　　　　　　　　　　　　　　　　　　　　　　　　编号：

姓名		性别		出生日期		年　月　日	
罪名		刑种		刑期		健康状况	
申请依据							
申请期限	（签字） 年　月　日						
监区意见	（签字） 年　月　日						

续表

主管科室意见	（签字） 年　月　日
监狱意见	（签章） 年　月　日
罪犯戴戒具期间的表现	
解除戒具情况	对罪犯　　已于　年　月　日解除戒具。 　　　　批准人：（签字）　　　　　　　　　　　执行人：（签字） 　　　　年　月　日　　　　　　　　　　　　　　　　年　月　日

罪犯禁闭审批表

单位：　　　　　　　　　　　　　　　　　　　　　　　　　　编号：

姓名		性别		出生日期		年　月　日
罪名		刑种		刑期		健康状况	
申请依据	
申请期限	（签字） 年　月　日

续表

监区 意见	（签字） 年　月　日
主管 科室 意见	（签字） 年　月　日
监狱 意见	（签章） 年　月　日
罪犯 禁闭 期间 表现	
解除 禁闭 情况	对罪犯　　已于　年　月　日解除禁闭。 　　　　批准人：（签字）　　　　　　　　　　　执行人：（签字） 　　　　　　年　月　日　　　　　　　　　　　　　年　月　日

三、文本范例

使用戒具审批表

单位：××监狱××监区　　　　　　　　　　　　　　　　编号：44123456

姓名	张××	性别	男	出生日期	1966 年 3 月 8 日		
罪名	强奸	刑种	有期徒刑	刑期	15 年	健康状况	良好
申请依据	2005 年 7 月 14 日凌晨 5 时许，罪犯张××在监仓内使用自制的刀片割脉自杀，被同监仓罪犯李××发现并加以制止，张××自杀未遂。 为了防范张××再有危险的行为，根据《中华人民共和国监狱法》第 45 条第 1 款第 4 项之规定，申请对张××使用戒具。						
申请期限	使用手铐 7 天。 （自 2005 年 7 月 14 日至 2005 年 7 月 20 日） 　　　　　　　　　　　　　　　　　　　　　　　　分监区长陈×× 　　　　　　　　　　　　　　　　　　　　　　　　二〇〇五年七月十四日						
监区意见	根据该犯违反监规的行为和《中华人民共和国监狱法》的有关规定，拟同意张××所在分监区提出的意见。 　　　　　　　　　　　　　　　　　　　　　　　　监区长堂×× 　　　　　　　　　　　　　　　　　　　　　　　　二〇〇五年七月十四日						
主管科室意见	拟同意戴手铐 7 天。 　　　　　　　　　　　　　　　　　　　　　　　　狱政科室××× 　　　　　　　　　　　　　　　　　　　　　　　　二〇〇五年七月十四日						
监狱意见	同意使用手铐 7 天，做好罪犯的思想转化工作。 　　　　　　　　　　　　　　　　　　　　　　　　签章 　　　　　　　　　　　　　　　　　　　　　　　　二〇〇五年七月十四日						
罪犯戴戒具期间的表现	该犯戴手铐期间，经教育，对其危险行为有了进一步的认识，张××已写了书面检查，表示愿意悔改。据此，可以解除戒具。						
解除戒具情况	对罪犯张××已于二〇〇五年七月二十日解除禁闭。 　　批准人：陈××　　　　　　　　　　　　　　　　执行人：胡× 　　二〇〇五年七月二十日　　　　　　　　　　　　二〇〇五年七月二十日						

罪犯禁闭审批表

单位：××监狱××监区　　　　　　　　　　　　　　　　　编号：44412345678

姓名	张××	性别	男	出生日期	1975年5月7日		
罪名	抢劫	刑种	有期徒刑	刑期	15年	健康状况	良好

申请依据	2005年7月12日晚上，××监区组织全体罪犯集中在电视室看电视，张××以上厕所为由请假离开，到厕所去偷吸香烟。犯人方×发现后报告队长。当即从张××身上搜到香烟一包、打火机一只。经教育，张××承认违反监规纪律，愿意接受处分。后从其监舍内搜到香烟一包。为了教育张××，维护监规纪律的严肃性，维护改造秩序，根据《中华人民共和国监狱法》第58条第8项之规定，申请将张犯关押禁闭。
申请期限	关押禁闭7天 　　（自2005年7月13日至7月19日） 　　　　　　　　　　　　　　　　　　　　　　　　分监区长张×× 　　　　　　　　　　　　　　　　　　　　　　　　二〇〇五年七月十三日
监区意见	根据该犯违反监规的行为和《中华人民共和国监狱法》的有关规定，拟同意张××所在分监区提出的意见。 　　　　　　　　　　　　　　　　　　　　　　　　监区长张×× 　　　　　　　　　　　　　　　　　　　　　　　　二〇〇五年七月十三日
主管科室意见	拟同意关押禁闭7天。 　　　　　　　　　　　　　　　　　　　　　　　　狱政科艾×× 　　　　　　　　　　　　　　　　　　　　　　　　二〇〇五年七月十三日
监狱意见	同意关押禁闭7天，查明香烟来源，做好罪犯的思想转化工作。 　　　　　　　　　　　　　　　　　　　　　　　　签章 　　　　　　　　　　　　　　　　　　　　　　　　二〇〇五年七月十三日
罪犯禁闭期间表现	该犯关押禁闭期间，经教育，对违纪行为有了进一步的认识，交代了香烟、火柴系十车间工人张×带入（已转告有关部门）。张××已写了书面检查，表示愿意悔改。据此，可以解除禁闭。
解除禁闭情况	对罪犯张××已于二〇〇五年七月十九日解除禁闭。 　　批准人：陈××　　　　　　　　　　　　　　　　执行人：胡× 　　二〇〇五年七月十九日　　　　　　　　　　　　二〇〇五年七月十九日

四、制作要求

使用戒具、罪犯禁闭审批表是监狱基层单位即分监区呈请上级部门对罪犯使用戒具、进行关押禁闭的文书，并不是对外文书，因此不需有致送机关；使用戒具、罪犯禁闭审批表是监狱基层单位呈请上级部门审批的文书，故应包括分监区、监区、狱政科意见和监狱领导批示等。

使用戒具、罪犯禁闭审批表是表格类文书，分为表头、腹栏、尾栏三部分。

（一）表头

表头栏目的填写内容包括姓名、性别、出生日期、罪名、刑种、刑期、健康状况等。

（二）腹栏

腹栏部分的填写内容包括申请依据、申请期限。

"申请依据"栏在制作时要注意叙清对该罪犯使用戒具或进行关押禁闭的事实依据和法规依据。"申请期限"栏在制作时要清晰写明对该罪犯使用戒具、关押禁闭的具体天数。

（三）尾栏

尾栏部分包括监区意见、主管科室意见、监狱意见、罪犯戴戒具（或关押禁闭）期间的表现及解除戒具（或禁闭）情况等栏目。在"罪犯戴戒具（或禁闭）期间表现"栏中，要及时、准确记载该罪犯在戴戒具或禁闭期间的表现。具体包括：该罪犯是否认识到自己的罪错，是否接受了教育，是否写有检查或交代材料，罪犯危险行为是否已消除等。在"解除戒具（或禁闭）情况"栏中，当提前解除戒具或禁闭时，须有批准人签字。

与其他监狱执法文书不同，使用戒具、罪犯禁闭审批表的"编号"是指审批表序号，而不是罪犯编号。

五、项目评价标准

1. 能够熟练掌握使用戒具、罪犯禁闭审批表的格式，能够通过亚伟速录软件生成模板，并根据需要对常用词进行造词与自定义。

2. 能够结合案例，利用已生成的模板，按照规范格式，完成所需要的文书写作。

项目五 监狱起诉意见书

一、概念

监狱起诉意见书，是指监狱对在监狱又犯新罪应当追究刑事责任的罪犯依法建议人民检察院向人民法院提起公诉而制作的法律文书。

《监狱法》第60条规定："对罪犯在监狱内犯罪的案件，由监狱进行侦查。侦查终结后，写出起诉意见书，连同案卷材料、证据一并移送人民检察院。"这是监狱制作监狱起诉意见书的法律根据。

二、格式

×××监狱
起诉意见书

（××××）×监起字第××号

罪犯_____男（女），____年____月__日出生，____族，原户籍所在地__，因_____罪经_____人民法院于_____年____月____日以（____）_____字第_____号刑事判决书判处_____，附加_____。于_____年__月__日交付执行，现押_____。

现经侦察，罪犯_____在服刑期间涉嫌_____。主要犯罪事实如下：

_____

_____

_____

为此，根据《中华人民共和国监狱法》第____条____款、《中华人民共和国刑法》第_____条和《中华人民共和国刑事诉讼法》第273条第1款特提请你院审查处理。

此致

_____人民检察院

（公章）

年 月 日

附：1. 罪犯____档案共____卷____册

2. 罪犯____涉嫌又犯罪的案卷材料共____卷____册

三、文本范例

×××监狱

起诉意见书

（2004）×监起字第85号

罪犯张××　男，1966年 6 月 7 日出生，　汉　族，原户籍所在地江苏省××市×路×号　，因　强奸　罪经　××市××区　人民法院于　1992　年 2 月 21 　日以(1992) ×法刑初字第30　　号刑事判决书判处有期徒刑15年，附加　剥夺政治权利5年　　。于　1992　年 3 月 1 日交付执行，现押×××省×××监狱　　。

现经侦察，罪犯　张×　　　　在服刑期间涉嫌××罪　　　　　　　　　。主要犯罪事实如下：

罪犯张×于2004年5月上旬由××监狱转来我监执行改造后，罪犯中的刘××、王××、韩××等对转监极为不满，公然煽动、蒙蔽、胁迫同来的罪犯对抗政府，抗拒改造，并策划越狱。张×受鼓动后，积极响应。于2004年5月12日、13日、14日三次参与密谋活动。并提出"散布谣言，煽动罪犯，聚众闹事，趁机抢夺干警枪支，捣毁监舍，冲出去"的越狱方案。

2004年5月15日上午9时许，张×伙同他犯撬开监区文化室大门后，带头冲进室内将锦旗扯下，扔在地上乱踩乱踏，将室内桌椅、板凳等设施全部砸烂。张×还抢夺25寸彩电1台（后被另一罪犯李××用木棒捣毁）。9时46分，该犯又与越狱罪犯捣毁了分监区办公室大门。在罪犯越狱过程中，管教干警曾多次喊话予以严正警告，但张×等对此置若罔闻，不仅毫无收敛，反而继续鼓动其他罪犯进行破坏活动，负隅顽抗，后被我干警抓获。

综上所述，罪犯张×在服刑改造期间，不认罪伏法，积极响应、参与了以刘××等犯为首的越狱集团，并为其出谋划策。带头捣毁监狱设施，蛊惑其他罪犯参与越狱，使国家财产遭受损失，严重危害了监管改造秩序，是此案的主犯，已构成犯罪。张×参与越狱的犯罪事实清楚，证据确凿，在大量的事实、证据面前，张×不得已才作了交待，并记录在案。

为此，根据《中华人民共和国监狱法》第　60　条、《中华人民共和国刑法》第　317　条和《中华人民共和国刑事诉讼法》第××条特提请你院审查处理。

此致

×××人民检察院

（公章）

二〇〇四年六月二日

附：1. 罪犯张××　　档案共　3　卷　7　册

2. 罪犯张××涉嫌又犯罪的案卷材料共__4__卷__6__册

四、制作要求

监狱起诉意见书分首部、正文、尾部三个部分。

（一）首部

1. 标题。在文书顶端正中分两行书写制作机关名称和文书名称。

2. 案号。在标题右下方书写案号，一般由年度、机关代字、文书代字、序号组成。

3. 罪犯的基本情况。依次写清罪犯的姓名、性别、出生日期、民族、原户籍所在地、原判罪名、原判法院、原判年月日、原判决书编号、刑种、刑期、附加刑以及交付执行日期和执行机关等。

如果同案移送审查起诉的罪犯有数人，应按主犯在前、从犯在后的排列顺序，分别按要求依次写明。罪犯在服刑期间，曾有被减刑、加刑、调换过服刑场所等情况，也应逐一写明。

4. 案由。要写明经审查认定的罪名。应写："现经侦查，罪犯×××在服刑期间涉嫌……"

（二）正文

这是监狱起诉意见书的重点部分，应着重写明两个方面的内容：

1. 犯罪事实。

（1）要实事求是地、客观地综述监狱侦查部门调查核实的罪犯又犯新罪或被发现漏罪的犯罪事实。

（2）写清侦查中所获得的证据。写证据一般使用说明的方法，要求确凿、充分、具体。

（3）罪犯重新犯罪后的认罪态度。

2. 建议起诉的理由和法律根据。这是起诉意见书的主旨所在。其大致包括以下几方面的内容：

（1）对犯罪事实进行分析、概括，阐明罪犯在服刑改造期间又犯有或隐瞒什么罪行，其性质如何，危害程度怎样，造成了什么后果或影响等。

（2）援引有关的刑法条文和刑事诉讼法条款，以确认其应当追究的刑事责任和明确移送审查起诉的法律根据。请求人民检察院依法处理。

（三）尾部

1. 受文机关。分两行写明致送的人民检察院全称，即"此致""××××人民检察院"。

2. 落款。制作文书的年月日，加盖建议起诉机关公章。

3. 附项。注明随同起诉意见书移送的罪犯改造档案的卷数、页数；罪犯新犯之罪或漏判之罪的案卷材料的卷数、页数；其他随同移送的证据材料的件数；有些无法移送的证据材料的名称、数量及存放地点。

五、注意事项

1. 分清罪与非罪的界限。起诉意见书所叙述的应是有充分证据证明的犯罪事实，而不是一般违反监规监纪、不服管教等错误。

2. 紧扣新罪和漏罪。起诉意见书中叙述的犯罪事实，应是罪犯在服刑改造期间发生或在判决时没有发现而又应当追究其刑事责任的犯罪事实。

3. 对同一犯罪主体的犯罪行为不可分割起诉。既有新犯之罪，又有漏判之罪的，应当一并办理。

4. 在阐述建议起诉理由时，要明确监狱等执行机关在刑事诉讼活动中法定权利和地位，防止出现"依法起诉""依法严惩"等超越本身权利和地位的文字。

六、项目评价标准

1. 能够熟练掌握监狱起诉意见书的格式，能够通过亚伟速录软件生成模板，并根据需要对常用词进行造词与自定义。

2. 能够结合案例，利用已生成的模板，按照规范格式，完成所需要的文书写作。

项目六　提请减刑、假释建议书

一、概念

提请减刑、假释建议书，是监狱依法在对服刑期间确有悔改或立功表现且已执行符合法定要求的刑期的罪犯，提请人民法院审核裁定减刑或者假释时制作的文书。

只有监狱机关才有权依法向人民法院提出对在监狱服刑的具有悔改或者立功表现的罪犯予以减刑或假释的书面建议，在报请人民法院审核裁定之后，才能生效。人民法院也只能在监狱机关提出书面建议的前提下，才能作出裁定。提请减刑、假释建议书是针对在服刑期间确有悔改和立功表现的罪犯，提出适当减轻原判刑罚，或对不致再危害社会的罪犯附有条件地予以提前释放的建议的文书。提请减刑建议书的制作适用对象是正在服刑期间的管制、拘役、有期徒刑、无期徒刑、死刑缓期两年执行的罪犯。提请假释建议书的制作适用对象是正在服刑期间的有期徒刑、无期徒刑的罪犯，但不适用于累犯以及因杀人、爆炸、抢劫、强奸、绑架等暴力性犯罪被判处10年以上有期徒刑、无期徒刑的罪犯。

二、格式

提请减刑建议书

（××××）×监减字第××号

罪犯_____，男（女），___年___月___日生，_____族，原户籍所在地_____，因___罪经____人民法院于____年___月___日以（　　）__字第_____号刑事判决书判处_____，附加_____，刑期自___年_____月___日至___年___月___日止，于___年___月___日送我狱服刑改造。服刑期间执行刑期变动情况：_____
_____
_____。

该犯在近期确有_____表现，具体事实如下：
_____
_____
_____。

为此，根据《中华人民共和国监狱法》第__条、《中华人民共和国刑法》第__条__款、《中华人民共和国刑事诉讼法》第__条__款的规定，建议对罪犯__予以减刑__。特提请裁定。
此致
人民法院

（公章）
××××年××月××日

附：罪犯_____卷宗材料共__卷__册__页。

因提请假释建议书与提请减刑建议书的格式基本相同，在此不再赘述。

三、文本范例

提请减刑建议书

（2005）×监减字第 7 号

罪犯张××，男，1975 年 4 月 18 日出生，汉族，原户籍所在地江苏省南京市××路××号，因盗窃罪，经××省××市××县人民法院于 2003 年 2 月 20 日以（2003）×刑初字第 55 号刑事判决书判处有期徒刑 10 年，刑期自 2003 年 2 月 20 日至 2013 年 2 月 19 日止，于 2003 年 3 月 5 日送我狱服刑改造，服刑期间执行刑期变动情况：无_____。

该犯在近期确有立功表现。具体事实如下：

2005年5月18日，罪犯张××在监狱开展的宣传教育活动中，检举揭发了××市制药厂财务室20000元人民币被盗案系××市北京路12号的张×所为。监狱于是将此线索转给××市公安局刑警队，破案后证实张××检举揭发的事实属实。

为此，根据《中华人民共和国监狱法》第29条、《中华人民共和国刑法》第78条、《中华人民共和国刑事诉讼法》第××条的规定，建议对罪犯张××予以减刑3个月。特提请裁定。

此致
××××人民法院

（公章）

二〇〇五年十月八日

附：罪犯张××卷宗材料共 2 卷 3 册 123 页。

提请假释建议书

（2004）×监假字第7号

罪犯张××，男，1964年4月18日出生，汉族，原户籍所在地江西省南昌市××路××号，因盗窃罪，经××省××市××县人民法院于2001年4月20日以（2001）×刑初字第55号刑事判决书判处有期徒刑5年，刑期自2001年4月20日至2006年2月19日止，于2001年4月29日送我狱服刑改造，服刑期间执行刑期变动情况： 无 。

该犯在近期确有悔改表现。具体事实如下：

该犯入监初期，对罪行认识不足，认为量刑过重，缺乏改造决心，后经教育改造，逐步端正了改造态度，认识到"自己的犯罪危害了人民群众的利益，扰乱了社会治安，人民政府将我判刑改造，完全是我罪有应得，也是对我的及时挽救"。

在改造期间，该犯能积极参加政治、文化技术学习。政治学习讨论中，能联系思想实际，积极发言。文化技术学习刻苦认真，按时完成作业，考试成绩均在95分以上，2003年被评为学习积极分子。罪犯孙××和罪犯李××有矛盾，一天，孙××装了一大包石头，准备回监室殴打李××，张××发现后及时向值班干警做汇报，值班干警当场从孙××身上搜出了石头，消除了隐患，避免了一次打架斗殴事件。在生产劳动中，张××能服从分配，积极肯干，虽然腿脚有病，行走不便，仍能坚持参加劳动，较好地完成了生产任务。该犯因盗窃罪被判刑5年，已服刑3年零6个月，所剩刑期1年又6个月。

综上所述，罪犯张××在服刑改造期间能认罪服法，积极改造，遵守监规纪律，能完成生产任务，确有悔改表现。

为此，根据《中华人民共和国监狱法》第32条、《中华人民共和国刑法》第81条第1款、《中华人民共和国刑事诉讼法》第××条的规定，建议对罪犯张××予以假释。特提请裁定。

此致

××××人民法院

（公章）

二〇〇四年九月十日

附：罪犯张×× 卷宗材料共 2 卷 3 册 140 页。

四、制作要求

提请减刑、假释建议书包括首部、正文、尾部三部分。

（一）首部

首部包括标题、案号、罪犯基本情况等五项内容。

1. 标题。在文书首页顶端正中分两行写明制作提请减刑、假释建议书的机关名称和文书名称。

2. 案号。在标题右下方注明文书案号，一般由年度、机关代字、文书代字、序号组成。

3. 罪犯的基本情况。依次写明提请减刑或者假释的罪犯的姓名、性别、出生日期、民族、原户籍所在地、罪名、原判法院、判决时间、判决书（或裁定书）号、刑种、附加刑、刑期，以及交付执行的时间和服刑所在的监狱等。

4. 服刑期间执行刑期变动情况。是指该罪犯在狱内服刑期间的刑期、刑种、服刑监狱的变动情况。

在制作提请减刑或者假释建议书时，如对该罪犯首次提请减刑或者假释刑的，"服刑期间执行刑期变动情况"不填写，但不能空着不写；假若没有这一内容的情况，也应该写上一个"无"字或用一条斜线将它划去。如对该罪犯本次提请减刑或者假释建议前执行刑期有变动情况的，在填写"服刑期间执行刑期变动情况"时要写明刑期截止日期。

5. 案由。案由写"该犯在近期确有……表现"，然后用承上启下语"具体事实如下："领起下文。

（二）正文

包括：

1. 确有悔改或立功表现的具体事实及证据材料。

2. 提请减刑、假释的理由和根据。

3. 提出减刑、假释建议的具体结论。不能光写"建议对罪犯×××予以减刑（或假释）"，而应当对减刑的具体期限给出一个数量，即减掉多少一定要写具体。

（三）尾部

1. 受文机关。即建议书移送的有权审核裁定的人民法院。上下分行，即提行空两格写，"此致"，再提行顶格写"××人民法院"，位置在 正文左下方。
2. 制作文书的监狱名称，并加盖公章。
3. 制作文书的时间。
4. 附项。用条款式写明随建议书所移送的罪犯档案及其卷数、页数。

五、注意事项

在制作减刑、假释建议书时，要实事求是，文字简洁集中，与此无关的内容，一概不写。

特别要注意对于无期徒刑、死刑缓期两年执行罪犯的减刑，须先报省、自治区、直辖市监狱管理局审核后，才提请当地高级人民法院依法裁定。在服刑期间已经有过一次或几次减刑等情况，应在罪犯的服刑期间执行刑期变动情况栏内逐一写明，便于人民法院在审核裁定这次减刑或者假释时正确计算剩余的刑期。

六、项目评价标准

1. 能够熟练掌握提请减刑、假释建议书的格式，能够通过亚伟速录软件生成模板，并根据需要对常用词进行造词与自定义。
2. 能够结合案例，利用已生成的模板，按照规范格式，完成所需要的文书写作。

项目七　暂予监外执行审批表、通知书、收监执行通知书

一、概念

暂予监外执行审批表，是指监狱在需要对罪犯暂予监外执行时制作的，报请省、自治区、直辖市监狱管理机关审批的法律文书。

暂予监外执行通知书，是指监狱对符合暂予监外执行条件的罪犯决定暂予监外执行，并通知执行单位和被暂予监外执行人时使用的文书。

暂予监外执行收监执行通知书，是指监狱在罪犯的暂予监外执行期满，或者出现其他应当收监执行的情形时制作的，通知暂予监外执行的单位将暂予监外执行的罪犯收监执行的法律文书。

暂予监外执行审批表、通知书、收监执行通知书都是在对罪犯暂予监外执行过程中制作的文书。对需要暂予监外执行的罪犯，由所在监区（分监区）集体研究，提出意见，经监狱审查后，在省级人民政府指定医院进行病残鉴定。监狱根据病残鉴定结

论，提出审核意见，报监狱长审批。监狱将罪犯暂予监外执行审批材料，报送省（自治区、直辖市）监狱管理局审批。监狱应当通知暂予监外执行地公安机关和原判人民法院。

对罪犯暂予监外执行过程中，监狱必须先制作暂予监外执行审批表，暂予监外执行审批表是对罪犯暂予监外执行必备的法律文书，没有此表，对该罪犯的暂予监外执行就不合法。在省（自治区、直辖市）监狱管理局审批同意对该罪犯暂予监外执行后，则应制作暂予监外执行通知书，通知有关的公安机关，该文书也是在罪犯监外执行的过程中必须制作的。而暂予监外执行收监执行通知书则不是在罪犯监外执行过程中必须制作的，只有该罪犯暂予监外执行期满或出现其他应当收监执行的情况，监狱才制作该文书。

二、格式

暂予监外执行审批表

呈报单位（公章）：　　　　　　　　　　　　　　　　　　　编号：

姓名		性别		出生日期		原户籍所在地住址	
罪名		刑期	年　月　日至　年　月　日					
剥夺政治权利	
拟暂予监外执行时间	年　月　日至　年　月　日
家庭成员情况	
简要犯罪事实	
服刑期间表现	
暂予监外执行理由	
监狱意见	
省（自治区、直辖市）监狱管理局意见	

暂予监外执行通知书

| ×××监狱
暂予监外执行通知书
（存根）
〔　〕字第　号
罪　犯_____男/女____岁
暂予监外执行原因_____。
起止时间_____
执行机关_____
批　准　人_____
批准时间_____
办　案　人_____
办案单位_____
填发时间_____
填　发　人_____ | 字
第
-
号 | ×××监狱
暂予监外执行通知书
〔　〕字第　号
_____派出所：
　　你辖区居民____（性别____，年龄____，住址_____）因____于____年____月____日被判处_____，现因_____，根据《中华人民共和国刑事诉讼法》第265条之规定，兹决定对其自_____年____月____日至____年____月____日暂予监外执行。并由你单位_____执行。
（监狱印）
年　月　日

此联交执行机关 | 字
第
-
号 | ×××监狱
暂予监外执行通知书
〔　〕字第　号
_____：
　　因_____，根据《中华人民共和国刑事诉讼法》第265条之规定，兹决定对你自_____年____月____日至____年____月____日暂予监外执行，并由_____执行。
（监狱印）
年　月　日

此联交被暂予监外执行的罪犯
（如罪犯保外就医，本通知书可作相关证明使用） |

暂予监外执行收监执行通知书

| ×××监狱
暂予监外执行收监执行通知书
（存根）
字〔　〕号
罪　犯_____男/女____岁
住　址_____
收监执行
原　因_____
送往单位_____
批　准　人_____
批准时间_____
办　案　人_____
办案单位_____
填发时间_____
填　发　人_____ | 字
第
-
号 | ×××监狱
暂予监外执行收监执行通知书
（副　本）
字〔　〕号
_____派出所：
　　因罪犯_____（性别_____，年龄_____，住址_____）在暂予监外执行期间_____，根据《中华人民共和国刑事诉讼法》第268条第1款之规定，决定于____年____月____日将罪犯_____收监执行刑罚。
（监狱印）
年　月　日 | 字
第
-
号 | ×××监狱
暂予监外执行收监执行通知书
字〔　〕号
_____派出所：
　　因罪犯_____（性别_____，年龄_____，住址_____）在暂予监外执行期间_____，根据《中华人民共和国刑事诉讼法》第268条第1款之规定，决定于____年____月____日将罪犯_____收监执行刑罚。
（监狱印）
年　月　日 |

三、文本范例

暂予监外执行审批表

呈报单位（公章）：××监狱　　　　　　　　　　　　　　　　　　编号：44123456

姓名	张××	性别	男	出生日期	1981年8月20日	原户籍所在地住址	江苏省南京市××路××号
罪名	盗窃	刑期 2000年10月10日至2006年10月9日					
剥夺政治权利	5年						
拟暂予监外执行时间	2005年11月8日至2006年10月9日						
家庭成员情况	父亲：张××，45岁，无业，住江苏省南京市××路××号 母亲：李××，43岁，无业，住江苏省南京市××路××号						
简要犯罪事实	该犯在1999年12月至2000年1月期间，采用撬锁方式先后进入广东省广州市××区×××路×号×栋×房和广州市××区×××路×号×栋×房进行盗窃，盗得赃款共计人民币2000元。						
服刑期间表现	在改造期间，该犯能积极参加政治、文化技术学习。政治学习讨论中，能联系思想实际，积极发言。文化技术学习刻苦认真，按时完成作业。在生产劳动中，张××能服从分配，积极肯干，虽然腿脚有病，行走不便，仍能坚持参加劳动，较好地完成了生产任务。综上所述，罪犯张××在服刑改造期间能认罪服法，积极改造，遵守监规纪律，能完成生产任务，确有悔改表现。						
暂予监外执行理由	罪犯张××有严重心血管病需要保外就医，对该罪犯暂予监外执行符合《中华人民共和国刑事诉讼法》第××条规定的条件。						
监狱意见	拟同意对罪犯张××暂予监外执行。 　　　　　　　　　　　　　　　　　　　　　　　　（签名） 　　　　　　　　　　　　　　　　　　　　　二〇〇五年十一月六日						
省（自治区、直辖市）监狱管理局意见	同意对罪犯张××暂予监外执行 　　　　　　　　　　　　　　　　　　　　　　　　（签名） 　　　　　　　　　　　　　　　　　　　　　二〇〇五年十一月六日						

应附相关证明材料（其中有严重疾病需要保外就医的，要附省级人民政府指定的医院开具的证明文件和罪犯保外就医征求意见书、保外就医保证书）

单元四　速录在监狱工作实践中的应用

暂予监外执行通知书

×××监狱
暂予监外执行通知书
（存根）
〔2005〕×监字第7号
罪犯 张× 男 30 岁
暂予监外
执行原因 患有严重心血管病需要保外就医 。
起止时间 2005年11月10日
至 2006年9月21日
执行机关 ×× 派出所
批准人 张××
批准时间 2005年11月9日
办案人 张××
办案单位 ××
填发时间 2005年11月10日
填发人 张××

贰零零伍×第监字第柒号

×××监狱
暂予监外执行通知书
〔2005〕×监字第7号

×× 派出所：
　　你辖区居民 张× 性别 男 ，年龄 30 ，住址 江苏省南京市××路××号 。因 盗窃 于 2000 年 9 月 22 日被判处 有期徒刑6年 ，现因患有 严重心血管病需要保外就医 ，根据《中华人民共和国刑事诉讼法》第265条之规定，兹决定对其自 2005 年 11 月 10 日至 2006 年 9 月 21 日暂予监外执行。并由你单位执行。

（监狱印）
二〇〇五年十一月十日

此联交执行机关

贰零零伍×第监字第柒号

×××监狱
暂予监外执行通知书
〔2005〕×监字第7号

张× ：
　　因患有 严重心血管病需要保外就医 ，根据《中华人民共和国刑事诉讼法》第265条之规定，兹决定对你自 2005 年 11 月 10日至 2006 年 9 月 21 日暂予监外执行，并由 ××派出所 执行。

（监狱印）
二〇〇五年十一月十日

此联交被暂予监外执行的罪犯
（如罪犯保外就医，本通知书可作相关证明使用）

暂予监外执行收监执行通知书

×××监狱
暂予监外执行收监执行通知书
（存根）
〔2005〕×监收字第7号
罪犯 张× 男 30 岁
住址 ×× 市××路××号
收监执行
原因 疾病治愈
送往单位 ×× 监狱
批准人 曾×
批准时间 2005 年 12 月 19 日
办案人 李×
办案单位 ××监狱
填发时间 2005 年 12 月 20 日
填发人 陈×

贰零零五×监收字第柒号

×××监狱
暂予监外执行收监执行通知书
（副本）
〔2005〕×监收字第7号
×× 派出所：
　　因罪犯 张× （性别 男 ，年龄 30 岁 ，住址 ××市××路 ×× 在暂予监外执行期间因 疾病治愈 ，根据《中华人民共和国刑事诉讼法》第268条第1款之规定，决定于 2005 年 12 月 20 日将罪犯 张× 收监执行刑罚。

（监狱印）
二〇〇五年十二月二十日

此联附卷

贰零零五×监收字第柒号

×××监狱
暂予监外执行收监执行通知书
〔2005〕×监收字第7号
×× 派出所：
　　因罪犯 张× （性别 男 ，年龄 30 岁 ，住址 ××市××路 ××号 ）在暂予监外执行期间因 疾病治愈 ，根据《中华人民共和国刑事诉讼法》第268条第1款之规定，决定于 2005 年 12 月 20 日将罪犯 张× 收监执行刑罚。

（监狱印）
二〇〇五年十二月二十日

此联交暂予监外
执行的罪犯

四、制作要求

（一）暂予监外执行审批表

暂予监外执行审批表包括表头、腹栏、尾栏三部分。

1. 表头。包括文书名称、呈报单位名称、姓名、性别、出生日期、原户籍所在地、罪名、刑期、剥夺政治权利年限、拟暂予监外执行时间。

2. 腹栏。包括家庭成员情况、简要犯罪事实、服刑期间表现、暂予监外执行理由。

"家庭成员情况"栏不可照抄案卷材料，因为在该罪犯服刑期间家庭成员可能发生变化。

"简要犯罪事实"栏是填写该罪犯最后一次被判刑的基本情况，包括时间、地点、手段、后果等。

"服刑期间表现"栏是填写该罪犯在监狱服刑期间的生活、劳动、教育、遵守监规等具体情况。

"暂予监外执行理由"栏要填写刑事诉讼法规定的且罪犯符合的条件。

3. 尾栏。包括监狱意见和省（自治区、直辖市）监狱管理局意见。

"监狱意见"栏要写明监狱对该罪犯暂予监外执行的意见，注明制作文书的日期，并由监狱长签名。

"省（自治区、直辖市）监狱管理局意见"栏要写明是否对该罪犯暂予监外执行的意见、负责人签名，写明成文日期并加盖公章。

（二）暂予监外执行通知书

本文书为一式三联，第一联为《暂予监外执行通知书》存根，第二联为《暂予监外执行通知书》的正本，交执行暂予监外执行的罪犯居住地派出所，作为监督被暂予监外执行罪犯的依据。第三联为《暂予监外执行通知书》的交罪犯联，本联是罪犯暂获人身自由的凭证。

1. 存根联。由制作监狱存档备查。依次填清发文字号、罪犯姓名、性别、出生日期、暂予监外执行原因、执行机关、批准人姓名、批准时间、承办人姓名、办案单位、填发时间、填发人姓名。

2. 交执行机关联。包括制作机关名称、文书名称和发文字号、执行机关、罪犯姓名、性别、出生日期、原户籍所在地、罪名、判刑时间、刑种、刑期、暂予监外执行理由、暂予监外执行期限、制作文书日期及制作监狱公章。

3. 交罪犯联。包括制作机关名称、文书名称、发文字号、罪犯姓名、罪犯被暂予监外执行的理由、起止期限、执行暂予监外执行的机关、制作文书日期、公章。如果罪犯保外就医，本联可做相关证明使用。

（三）暂予监外执行收监执行通知书

暂予监外执行收监执行通知书共三联，包括交暂予监外执行单位联、附卷联、存根联。

1. 存根联。由制作单位存档备查，包括制作机关名称、文书名称、发文字号、罪犯姓名、性别、出生日期、住址（即原户籍所在地）、收监执行原因、文书送往单位（即执行机关）、批准人姓名、批准时间、承办人姓名、办案单位、填发时间、填发人姓名。

2. 附卷联，即《暂予监外执行收监执行通知书》的副本。包括制作机关名称、文书名称和发文字号、执行机关（对暂予监外执行罪犯监督考察的派出所名称）、罪犯姓名、性别、出生日期、住址（即原户籍所在地）、收监执行理由、收监日期、罪犯姓名、制作文书日期及制作监狱公章。

3. 交暂予监外执行单位联，即《暂予监外执行收监执行通知书》的正本。包括制作机关名称、文书名称和发文字号、执行机关（对暂予监外执行罪犯监督考察的派出所名称）、罪犯姓名、性别、出生日期、住址（原户籍所在地）、罪名、收监执行理由、收监日期、罪犯姓名、制作文书日期及制作监狱公章。

暂予监外执行通知书、收监执行通知书是一式三联的文书，制作时应注意存根、正本、副本三联内容的一致。《暂予监外执行通知书》的内容必须与《暂予监外执行审批表》中的相应事项一致，不能乱填写。

五、项目评价标准

1. 能够熟练掌握暂予监外执行通知书的格式，能够通过亚伟速录软件生成模板，并根据需要对常用词进行造词与自定义。

2. 能够结合案例，利用已生成的模板，按照规范格式，完成所需要的文书写作。

项目八　罪犯出监鉴定表、释放证明书

一、概念

罪犯出监鉴定表，是指监狱填写的记载出监罪犯在服刑改造期间的表现和监狱对其表现作出结论的法律文书。监狱填写罪犯出监鉴定表是罪犯出监的必备法律手续。在罪犯由于服刑期满、裁定假释和裁定释放或暂予监外执行等原因需要出监时，监狱应当对罪犯进行鉴定，并填写罪犯出监鉴定表。

释放证明书，是指证明被释放人已依法被解除刑罚、恢复其人身自由的重要监狱执法文书。释放证明书只能用于服刑期满或被人民法院依法裁定或重新判决释放的罪犯。其他出监的罪犯虽然也要填写罪犯出监鉴定表，但却不能对其签发释放证明书；对属于裁定假释情况出监的罪犯，监狱则应填写假释证明书；对属于暂予监外执行情况出监的罪犯，监狱则应填写暂予监外执行证明书。对于在监狱服刑的罪犯，服刑期满或被人民法院依法裁定或重新判决释放的，只能由监狱制作其释放证明书。

罪犯出监鉴定表、释放证明书都是罪犯出监文书。

二、格式

罪犯出监鉴定表（封面略）

姓名		别名		性别		民族	
出生日期		年 月 日		健康状况			
家庭住址							
原户籍所在地							
罪名		原判法院			判决书号		
刑期	原判刑期			附加刑			
	原判刑期起止	年 月 日起 年 月 日止			刑期变动情况		
出监原因			文化程度	原有： 现有：		有何技术特长及等级	
出监时间							
主要犯罪事实							
家庭成员及主要社会关系							
本人简历							
改造表现							
服刑期间奖罚情况							

续表

分监区意见	
监区意见	（签字） 　　年　月　日
监狱意见	（签字） 　　年　月　日
备注	

释放证明书

| 释放证明书（存根）
（　）字第　号
姓名＿＿＿＿性别＿＿出生日期＿＿＿＿年＿＿＿月＿＿日
原户籍所在地＿＿＿＿＿＿＿＿
原判法院＿＿＿＿＿＿＿＿
罪名＿＿＿＿刑种＿＿＿＿
原判刑期＿＿＿自＿＿年＿月＿日
至＿年＿月＿日，附加刑＿＿＿
执行期间刑种、刑期变动情况：
＿＿＿＿＿＿＿＿＿＿＿＿
释放理由＿＿＿＿＿＿＿＿
释放后住址＿＿＿＿＿＿＿
＿＿＿＿＿＿＿＿＿＿＿＿
填发人＿＿＿＿＿＿＿＿
审核人＿＿＿＿＿＿＿＿
填发日期＿＿＿＿年＿＿＿月＿＿日

本释放证明和副本已发给我。
被释放人（签名）
　　年　月　日 | 释放证明书
（　）字第　号
兹有＿＿＿＿＿，男（女），＿＿＿年＿＿＿月＿＿＿日生，原户籍所在地＿＿＿＿＿＿，因＿＿＿＿罪于＿＿＿年＿＿月＿＿日经＿＿＿＿人民法院判处＿＿＿附加＿＿＿。服刑期间，减刑＿＿次，减刑＿＿＿年＿月，加刑＿＿次，加刑＿＿＿年＿＿＿月，实际执行刑期＿＿＿，附加＿＿＿。现因＿＿＿予以释放。
特此证明。
（公章）
年　月　日

注意事项：此页由被释放人保存 | 释放证明书（副本）
（　）字第　号
兹有＿＿＿＿＿，男（女），＿＿＿年＿＿月＿＿日生，原户籍所在地＿＿＿＿＿＿，因＿＿＿罪于＿＿＿年＿＿月＿＿日经＿＿＿＿人民法院判处＿＿＿附加＿＿＿。服刑期间，减刑＿＿次，减刑＿＿＿年＿月，加刑＿＿次，加刑＿＿＿年＿＿＿月，实际执行刑期＿＿＿，附加＿＿＿。现因＿＿＿予以释放。
特此证明。
（公章）
年　月　日

注意事项：1. 持证人必须在年 月 日以前将本证明书副本送达县（市）派出所办理户口登记手续。
2. 本证明书私自涂改无效。 |

三、文本范例

罪犯出监鉴定表的范例（封面略）

姓名	何×	别名	无	性别	男	民族	汉
出生日期	1967 年 4 月 18 日			健康状况	良好		
家庭住址	××省××县×号×房						
原户籍所在地	××省××县×号×房						
罪名	盗窃	原判法院	××省×县人民法院	判决书号	(1999) ×刑初字第 1 号		
刑期	原判刑期	6 年		附加刑	无		
^	原判刑期起止	1999 年 2 月 2 日起 2005 年 2 月 1 日止		刑期变动情况	无		
出监原因	执行期满	文化程度	原有：高中	有何技术特长及等级	电工，经技术考核达三级标准。		
出监时间	2005 年 2 月 1 日	^	现有：高中	^	^		
主要犯罪事实	何犯于 1999 年 1 月 1 日在××县机械厂家属区盗窃大量衣物和现金，共计 5000 余元。						
家庭成员及主要社会关系	父亲：何××，××县机械厂工人 母亲：李××，××县机械厂工人						
本人简历	1975 年 9 月至 1981 年 7 月在××县××小学读书。 1982 年 9 月至 1988 年 7 月在××县××中学读书。 1988 年 8 月至 1999 年 1 月 1 日在××县机械厂当工人。 1999 年 1 月被捕，1999 年 2 月服刑至今。						
改造表现	何犯服刑初期，思想消极；经教育改造，该犯开始对自己的罪行有所认识，一方面他能自觉地汇报自己的思想认识，同时还写出了书面认识材料；另一方面，在劳动中，一反过去干活消极的做法，肯吃苦，常常超额完成生产定额，经考核达车工三级。						
服刑期间奖罚情况	无						

续表

分监区意见	该犯从不认罪到认罪，说明该犯在改造期间，已经抛弃了好逸恶劳、贪图享受的恶习。今后只要进一步加强学习和修养，一定能成为自食其力的守法公民。同意刑满释放。 （签字） 二〇〇五年元月十五日
监区意见	同意按期释放。 （签字） 二〇〇五年元月十五日
监狱意见	同意按期释放。 （签字） 二〇〇五年元月十五日

释放证明书范例（封面略）

释放证明书（存根）	释放证明书	释放证明书（副本）
（2005）×监释字1号 姓名 何× 性别 男 出生日期 1967 年 4 月 18 日 原户籍所在地 ××省××县×号×房 原判法院 ××省××县人民法院 罪名 盗窃 刑种 有期徒刑 原判刑期 6 年自 1999 年 2 月 2 日至 2005 年 2 月 1 日，附加 / 执行期间刑种、刑期变动情况：无 释放理由 执行期满 释放后住址 ××省××县×号×房 填发人 陈× 审核人 李× 填发日期 2005 年 2 月 1 日 本释放证明和副本已发给我。 被释放人（签名） 二〇〇五年二月一日	（2005）×监释字1号 兹有何×，男，1967年 4 月 18 日生，原户籍所在地 ××省××县×号×房，因 盗窃 罪于 1999 年 2 月 2 日经××省××县人民法院判处 有期徒刑 6 年。附加 /。服刑期间，减刑 / 次，减刑 / 年 / 月，加刑 / 次，加刑 / 年 / 月，实际执行刑期 6 年，附加 /。现因 执行期满 予以释放。 特此证明。 （公章） 二〇〇五年二月一日 —————————— 注意事项：此页由被释放人保存 （贰零零伍）×监释字第壹号	（2005）×监释字1号 兹有何×，男，1967 年 4 月 18 日生，原户籍所在地 ××省××县×号×房，因 盗窃 罪于 1999 年 2 月 2 日经××省××县人民法院判处 有期徒刑 6 年。附加 /。服刑期间，减刑 / 次，减刑 / 年 / 月，加刑 / 次，加刑 / 年 / 月，实际执行刑期 6 年，附加 /。现因 执行期满 予以释放。 特此证明。 （公章） 二〇〇五年二月一日 —————————— 注意事项：1. 持证人必须在 2005 年 2 月 10 日以前将本证明书副本送达 ××县（市）××派出所办理户口登记手续。 2. 本证明书私自涂改无效。 （贰零零伍）×监释字第壹号

四、制作要求

（一）罪犯出监鉴定表

罪犯出监鉴定表，一式三份，除两份由省监狱管理局、监狱存档外，另一份装入罪犯档案，转出监的户口所在地公安机关。罪犯出监鉴定表有三页。

1. 第一页为封面。封面上方的中间位置印有"罪犯出监鉴定表"字样，其下方需填写该罪犯姓名、填表机关名称及填表日期。

2. 第二页为罪犯基本情况。包括该罪犯姓名、别名、性别、民族、出生日期、健康状况、家庭住址、原户籍所在地、罪名、原判法院、判决书号、原判刑期、原判刑期起止、刑期变动情况、附加刑、出监原因、出监时间、文化、原有文化程度、现有文化程度、有何技术特长及等级、主要犯罪事实、家庭成员及主要社会关系。

3. 第三页为罪犯的简历、改造表现及奖罚情况、监狱意见等。

（二）释放证明书

释放证明书分为正本、副本、存根三联，第一联为存根联，第二联为正本联，第三联为副本联。三联的发文字号必须一致。在各联之间的骑缝处，需要竖着填写该文书的发文字号，并且数字必须使用汉字大写。制作完后第一联（存根）由制作的监狱存档备查，第二联（正本）由被释放人保存，第三联（副本）由被释放人在规定时间内送达原户籍所在地的公安机关办理户口登记手续。

文书包括被释放人员的姓名、性别、出生日期、原户籍所在地、罪名、判决时间、原判法院、附加刑、减（加）刑次数、减（加）刑时间、实际执行刑期、实际附加刑、释放理由以及释放后住址等项目。

除"释放理由"应分别填写"执行期满""裁定释放"以外，其余各项内容均须按被释放人员的"罪犯出监鉴定表"中的有关内容填写。

特别要注意，对所有的依法出监罪犯都应制作罪犯出监鉴定表，但只对其中的服刑期满及因法院的裁定或重新判决释放的被释放人员签发释放证明书；对于法院裁定假释及暂予监外执行的出监罪犯不能签发释放证明书。

五、项目评价标准

1. 能够熟练掌握罪犯出监鉴定表的格式，能够通过亚伟速录软件生成模板，并根据需要对常用词进行造词与自定义。

2. 能够结合案例，利用已生成的模板，按照规范格式，完成所需要的文书写作。

3. 根据学习内容，建立自己的专属词库。

单元五

速录在律师工作中的应用

知识目标

通过本单元学习，使学生了解律师在提供法律服务时常用到的文书。

能力目标

培养学生熟练地掌握律师在法律实践工作中常用文书的写作，并能够快速胜任相关工作。

项目一　民事案件律师代书文书

律师实务文书，是指律师在依法提供法律服务时所制作的具有一定法律意义的文书。它是律师维护当事人合法权益及促使法律正确实施的重要手段。根据《律师法》的规定，律师的业务范围主要包括接受自然人、法人和其他组织的聘请，担任法律顾问；接受民事案件、行政案件当事人的委托，担任代理人参加诉讼；接受刑事案件犯罪嫌疑人的聘请，为其提供法律咨询，代理申诉、控告，申请取保候审；接受犯罪嫌疑人、被告人的委托或人民法院的指定，担任辩护人；代写诉讼文书和有关法律事务的其他文书等。

律师在提供民事法律服务时，常用的文书主要有民事起诉状、民事反诉状、民事上诉状、民事答辩状、民事再审申请书等。

一、民事起诉状

（一）概念

民事起诉状是公民、法人和其他组织，认为自己的民事权益受到侵害或者与他人发生民事争议时，为维护自身的合法权益，向人民法院提起诉讼，请求其依法裁判所递交的书状。民事起诉状是人民法院对民事诉讼案件予以立案、受理的依据，也是原告行使起诉权、维护自身合法权益的有利工具。

（二）格式

民事起诉状（公民个人用）

原告：×××，男/女，××××年××月××日生，×族，……（写明工作单位和职务或职业），住……。联系方式：……

法定代理人/指定代理人：×××，……

委托诉讼代理人：×××，……

被告：×××，……

……

（以上写明当事人和其他诉讼参加人的姓名或者名称等基本信息）

诉讼请求：

……

事实和理由：

……

证据和证据来源，证人姓名和住所：

……

此致

××××人民法院

　　附：本起诉状副本×份

起诉人（签名）

××××年××月××日

民事起诉状（法人或者其他组织提起民事诉讼用）

原告：×××，住所……。

法定代表人/主要负责人：×××，……（写明职务），联系方式：……

委托诉讼代理人：×××，……

被告：×××，……

……

（以上写明当事人和其他诉讼参加人的姓名或者名称等基本信息）

诉讼请求：

……

事实和理由：

……

证据和证据来源，证人姓名和住所：

……

此致

××××人民法院

  附：本起诉状副本×份

起诉人（公章和签名）

××××年××月××日

（三）文本范例

民事起诉状[1]

原告：××，男，汉族，1954年3月2日生，住址：河南省××县××乡××村××组，身份证号码：××××。联系电话：××××

被告：××，男，汉族，成年人，住址：河南省××县××乡××村。联系电话：××××

被告：××，男，汉族，成年人，住址：河南省××县××乡。联系电话：××××

被告：××，男，汉族，成年人，住址：河南省××县××乡。联系电话：××××

被告：××县××乡××院，地址：河南省××县××乡。

法定代表人：××，职务：院长，联系电话：××××

诉讼请求：

1. 判令被告支付原告医疗费、住院伙食补助费、营养费、住宿费共计人民币100001.05元（其余残疾赔偿金、被抚养人生活费、伤残鉴定费等各项损失待伤残鉴定结论确定）。

2. 判令被告承担本案诉讼费用。

事实和理由：

2012年9月17日，被告××与被告××、××签订工程合同，××、××为发包方，××为承包方，承包谈店乡××院大门、门诊室、防疫室和住房木工工程。被告××雇佣原告××为其施工，约定报酬为每天150元。2012年11月23日下午2时许，在工程施工过程中，由于施工现场无任何安全防护措施，导致原告××从二楼顶上摔落到地面，身体多处骨折，原告随即被送往××县人民医院诊治，因伤重，稍作检查后转院至武汉市华中科技大学同济医学院附属协和医院住院。目前，原告已瘫痪在床，生活完全不能自理，需要有人24小时陪护身边。不仅如此，原告身体内固定物仍未取出，二次手术还需上万元。

---

[1]"民事论述文书"（有改动），载论文联盟，http://www.lwlm.com/minshilunshuwenshu/201703/837316.htm，最后访问时间：2019年1月11日。

原告原本有一个健康强壮的身体，一个幸福美满的家庭，现在已经被这次事故彻底粉碎。家人整天以泪洗面，孩子因此考试失意。无疑，此次事故给原告家中带来了巨大的精神痛苦和经济损失。

综上所述，原告与被告系雇佣关系，依据《中华人民共和国民法总则》《关于审理人身损害赔偿案件适用法律若干问题的解释》的相关规定，被告应当对原告从事雇佣工作中所受损害承担赔偿责任。为维护自身合法权益，原告遂诉至贵院，望贵院支持原告诉请。

此致
×××人民法院
　　附：本起诉准副本两份

具状人：原告××
二〇一三年四月六日

（四）制作要求

民事起诉状由首部、正文和尾部组成。

1. 首部。

（1）标题。居中写明"民事起诉状"。

（2）当事人基本情况。当事人是公民的，应当依次写明姓名、性别、出生年月日、民族、籍贯、职业或工作单位和职务、住址；如果当事人不具有民事诉讼行为能力，应写明法定代理人的基本情况，并写明其与当事人的关系；当事人是法人或者其他组织的，应当写明法人或者其他组织的名称、地址以及法定代表人或者代表人的姓名、职务、电话，以及企业性质、工商登记核准号、经营范围和方式、开户银行、账号。案件如有第三人，也应按此要求写明相关基本情况。当事人应分原告、被告、第三人依次写明，如果有数个原告、被告、第三人，则依据他们在案件中的地位和作用，分别依次排列。被告应按责任大小的顺序排列。

2. 正文。

（1）诉讼请求，即原告诉请法院解决的问题、欲实现的目的。诉讼请求的提出应当明确、合法、具体，应根据事实和法律，慎重、周密地提出请求，切忌含糊、笼统，更不可无视事实和法律提出无理或非法要求。

（2）事实与理由。事实与理由是民事起诉状的核心内容。主要写清当事人之间的法律关系，双方纠纷或被告侵权行为发生的时间、地点、涉及的人物、起因、发展过程、造成的结果，当事人之间争执的主要焦点和双方对民事权益争执的具体内容，与案件有直接关联的客观情况和实质性分歧意见。

（3）证据和证据来源，证人姓名和住址。诉状中应围绕所主张的事实列举并提交相关证据（也可采取在诉状后附证据清单的形式），列明证据名称、证据的来源、证人的姓名、住址、所证明的事实、原件或复制件以及数量。

3. 尾部。依次写明致送人民法院的名称，原告人签名盖章，起诉日期。附项注明起诉状副本份数（应按被告、包括第三人的人数提交）、提交证据的名称、数量。

（五）注意事项

在写民事起诉状时，关于当事人的基本情况，原则上应准确、具体。诉讼请求应当明确、具体，忌含糊、笼统。事实、理由的陈述要与诉讼要求一致，详略得当，应以事实为依据，以法律为准绳，切不可胡编乱造，强词夺理。

（六）项目评价标准

1. 能够熟练掌握民事起诉状的格式，能够通过亚伟速录软件生成模板，并根据需要对常用词进行造词与自定义。

2. 能够结合案例，利用已生成的模板，按照规范格式，完成所需要的文书写作。

二、民事反诉状

（一）概念

民事反诉状是民事案件的被告及其法定代理人在一审法院审理过程中，向人民法院递交的，以本诉原告为被告而提出的，与本诉在事实和法律上有内在联系的独立诉讼请求的法律文书。

《民事诉讼法》第51条规定，（公民提起民事反诉用）有权提起反诉。反诉应当向人民法院递交反诉状。反诉状既是本案被告维护自身合法权益，通过人民法院向本诉原告提出诉讼请求的书面意思表示，又是法院审查被告反诉请求，决定是否受理的根据。

（二）格式

民事反诉状（公民用）

反诉原告（本诉被告）：×××，男/女，××××年××月××日生，×族，……（写明工作单位和职务或职业），住……。联系方式：……

法定代理人/指定代理人：×××，……

委托诉讼代理人：×××，……

反诉被告（本诉原告）：×××，……

……

（以上写明当事人和其他诉讼参加人的姓名或者名称等基本信息）

反诉请求：

……

事实和理由：

……

证据和证据来源，证人姓名和住所：

……

此致

××××人民法院

附：本反诉状副本×份

反诉人（签名）

××××年××月××日

民事反诉状（法人或者其他组织用）

反诉原告（本诉被告）：×××，住所地……。

法定代表人/主要负责人：×××，……（写明职务），联系方式：……

委托诉讼代理人：×××，……

反诉被告（本诉原告）：×××，……

……

（以上写明当事人和其他诉讼参加人的姓名或者名称等基本信息）

反诉请求：

……

事实和理由：

……

证据和证据来源，证人姓名和住所：

……

此致

××××人民法院

附：本反诉状副本×份

反诉人（公章和签名）

××××年××月××日

（三）文本范例

民事反诉状

反诉人（本诉被告）：××××有限责任公司

地址：××市××区×××街××号

法定代表人：朱××，董事长

委托代理人：胡××，女，本公司办公室主任，住××市××区××××街××号

被反诉人（本诉原告）：××××院

地址：××市××区××路××号

法定代表人：赵××，院长

委托代理人：张×，男，××院法律顾问，住××区××路××号

被反诉人起诉反诉人装修合同纠纷一案，因被反诉人不具备承包大型工程资质能力，且工程造价过高，显失公平，起诉状内容不实，现提出反诉如下：

反诉请求：

1. 请求判决反诉人与被反诉人签订的装修合同为无效合同；
2. 请求驳回被反诉人要求反诉人支付工程款的请求；
3. 请求判令被反诉人退还反诉人工程款 1039357.44 元。

事实与理由：

我公司于 2004 年 5 月 18 日与被反诉人××××院签订的装修合同中约定，6 月 30 日前，我公司保证筹措 70% 资金到我公司账号；7 月 20 日前支付××院工程款总额 20%，即 300 万元。但××××院施工进度缓慢，故我公司提出签订《补充合同》及《工程进度洽商记录》，且又支付被反诉人工程款 4486500 元。然而××××院仅完成了工程量的 60% 左右。为减少我公司经济损失，2004 年 11 月 25 日，我公司将等待被反诉人发工资的数十位民工劝说撤离施工现场，另请中国××工程总公司补做××××院尚未完工的工程。

施工工地没有××××院遗留下的任何施工设备及原材料，故不同意被反诉人所提赔偿之请求。另外，按照建筑企业装修资质等级标准的规定，××××院不具备与我公司签订上千万元工程合同的资质。我公司同意××市建设工程造价管理处所做的鉴定结果，不同意被反诉人要求支付工程款的请求，反诉要求被反诉人退还我公司××工程款 1039357.44 元。

证据事项：

……

此致

××市××区人民法院

附：本反诉状副本 1 份

反诉人：××××有限责任公司
（盖章）
二〇〇五年八月十二日

（四）制作要求

民事反诉状由首部、正文和尾部组成。其内容和写法与民事起诉状基本相同。

1. 首部。

（1）标题。

（2）反诉人和被反诉人的基本情况。应写明反诉人和被反诉人的身份事项或基本情况。在反诉人和被反诉人后应分别注明其在本诉中的诉讼地位，如本诉原告、本诉被告。

2. 正文。

（1）反诉请求。应当简要说明反诉人向人民法院提出的反诉主张和具体诉讼请求。

（2）事实和理由。这是反诉状的核心内容。应详细、客观地阐述反诉赖以成立的事实，对与当事人争议有联系的关键情节要阐述得详尽、清楚，并提出相关证据材料予以证明。

（3）证据。应列明能够支持反诉请求，证明反诉事实真实性的证据材料，写明证据名称和来源、证人姓名及住址。

3. 尾部。同起诉状。

（五）注意事项

制作民事反诉书时，必须符合法律规定的反诉条件和时间。反诉状必须在本诉受理后一审裁判宣告前提出。对于在二审程序中提出的反诉，根据最高人民法院的规定，二审人民法院可以根据当事人自愿的原则就反诉进行调解，调解不成的告知当事人另行起诉。反诉状的诉讼请求及事实和理由应与本诉基于同一法律事实或同一法律关系，两诉应具有切实的联系。反诉人负有举证责任。在反诉状的制作和递交过程中，应注意证据的运用和提交。

（六）项目评价标准

1. 能够熟练掌握民事反诉书的格式，能够通过亚伟速录软件生成模板，并根据需要对常用词进行造词与自定义。

2. 能够结合案例，利用已生成的模板，按照规范格式，完成所需要的文书写作。

三、民事上诉状

（一）概念

民事上诉状是民事案件当事人及其法定代理人因不服人民法院一审未生效判决、裁定，在法定上诉期限内向原审法院或其上一级法院提交的，请求上一级法院重新审理本案的诉讼法律文书。

《民事诉讼法》第 164 条规定，当事人不服人民法院第一审判决的，有权提起上诉。上诉是当事人享有的重要诉讼权利，任何组织和个人都不得非法剥夺。同法第 165 条规定，当事人上诉应当提交上诉状。这是制作民事上诉状的法律依据。

（二）格式

民事上诉状

上诉人：……（姓名，性别，年龄，民族，籍贯，文化程度，职业或职务，单位或住址）

被上诉人：

上诉人因＿＿＿＿＿＿一案，不服＿＿＿＿＿＿人民法院＿＿＿＿年＿＿＿＿月＿＿＿日（　　）字第＿＿＿＿号＿＿＿＿＿，现提出上诉。

上诉请求：

上诉理由：

此致

×××人民法院

附：本上诉状副本×份

上诉人：×××

（签名或盖章）

××××年××月××日

（三）文本范例

民事上诉状[1]

上诉人：张某，女，40岁，汉族

工作单位：北京市××集团公司，职工

电话：1391097××××

住址：

委托代理人：孔×军，北京市北环律师事务所

被上诉人：北京市天××和房地产开发有限责任公司

法定代表人：王某某，董事长，电话：

地址：

上诉人因买卖合同纠纷一案，不服北京市海淀区人民法院于2007年8月1日作出的（2007）海民初字第××××号民事判决书，现依法提出上诉。

上诉请求：

1. 请求依法撤销原判决第三项。

2. 请求确认被上诉人违反合同约定。

事实与理由：

---

[1]"民事上诉状范文样本"（有改动），载精品学习网，http://www.51edu.com/wendang/flws/ssz/3968568.html，最后访问时间：2018年10月3日。

被上诉人是海淀区颐和路4号天天小区的开发商，2000年，上诉人张某根据被上诉人提供的沙盘布局和楼书规划图，决定购买天天小区二期房产一套，其房屋位于天天小区1号楼301室。在2001年办理入住时，被上诉人正在上诉人的楼前启动三期工程，等三期完工后，上诉人发现实际情况和被上诉人当初的承诺相距甚远，三期的楼房不仅使绿地面积减少，而且还直接阻碍了上诉人二期房屋的采光，遂产生争议。之后，上诉人多次与被上诉人交涉，主张自己的权利，大概持续了4个月后，最终协商由被上诉人回购此房屋，即双方于2006年4月1日订立的"买卖合同"（见证据1）。

合同订立后，上诉人为了合同的顺利履行，积极做好一系列准备工作，并督促被上诉人履约，但被上诉人以各种理由搪塞，推诿。这样又持续了数月，直至2007年1月8日被上诉人突然起诉上诉人违约，其证据也仅是一份"短信已发送"的图片证明，而一审法院也仅仅依此证明作出判决。我认为这一判决违背了事实与法律，颠倒了公平与公正，其理由如下：

一、一审法院认定上诉人违约的判决与事实不符，其实是被上诉人违约。

首先，上诉人积极为履行合同做准备，其具体为：①取得房产证。为了能够协助被上诉人办理房屋过户手续，上诉人把自己的定期存款提前取出，并从朋友处筹措钱款，还清了房屋的银行贷款，并于2006年4月10日从"中国工商银行股份有限公司北京长安支行"取得房产证明，其编号为01××××（见证据2，3）。②电话联系被上诉人履约。2006年4月27和4月28两日，上诉人与被上诉人公司副总王某某电话联系，告知房本已办妥，可以履约了，而被上诉人却没有一点积极履约的意思（见证据4电话录音，证据5电话查询，证据6王某某名片）。③搬家，为顺利交付房屋做准备。上诉人于2006年4月30日和5月21日分两次把家中物品搬运到其新的住处，有搬家公司的证明和出入天天小区的出门条为证（见证据8，9，10）。④委托邻居办理相关事宜，并通知到被上诉人。上诉人考虑自己搬家后可能有时会不在，万一被上诉人不能及时联系到我们，也可以通过上诉人的受委托人联系或洽谈（见证据11委托书）。在一审中，被上诉人也认可收到了这份委托书。⑤上诉人的丈夫亲自留守房屋中，等待履约。在电话联系无果后，为防止被上诉人有其他情况，上诉人的丈夫独自留守在1号楼301室，直至2006年9月1日（见证据12）。可见，上诉人为了履约，已尽了最后的努力。

其次，反观被上诉人的做法，实在让人难以理解。①前期以各种理由应付，推脱上诉人的履约请求，后期却在上诉人丈夫9月1日搬离301室之后不到1个月，突然短信要求履约，办理过户手续。这一反常理做法，用意何在，让人不免怀疑其真实目的。②发送手机短信的方式，能否真正起到通知的目的。被上诉人公司的副总王某也住在天天小区，他们也知道上诉人现在的住所，并且被上诉人也可以去通知上诉人的受委托人（两个邻居）。本合同的标的额如此巨大，被上诉人完全可以通过更稳妥、更安全的方式，郑重地通知上诉人履行合同，这也符合一个正规公司的做法。而他们却选择

"发送手机短信"这一极为不稳妥地通知方式。

《中华人民共和国合同法》第60条第2款明确规定"当事人应当遵循诚实信用原则，根据合同的性质、目的和交易习惯履行通知、协助、保密等义务。"

综上，不难看出，上诉人非但没有违约，而是在积极履行合同，一直拒绝履约的恰恰是被上诉人。而一审法院对上述一系列事实，视而不见，置若罔闻，仅凭一个手机短信就认定上诉人违约。可见一审法官是在妄加裁判，请求二审法官予以纠正。

二、对证据的认定，一审法院有失偏颇，没有体现出法律的公平、公正。

首先，针对被上诉人提供给法院的"公证书"及相应图片。我们认为：①短信发送是在2006年9月26日，而公证的时间是在2007年1月9日，短信的发送过程并非在公证员的监督下操作，所以"公证书"的作用仅是保全证据，它的证明力并不强于其他证据。②手机是一个很现代化的工具，几时发送，具体时间的显示，是完全可通过人为的操作去更改的。

其次，关于上诉人的证据。①证据4（电话录音）的通话时间与证据5（通话单查询）的登记时间，分秒不差。并且在一审中，王某也没否认录音中的人是自己；证据8（搬家公司的证明）与证据9、10（天天小区的出门条）的日期、时间，也是非常吻合的；证据11（委托邻居）也是很明确的，并且被上诉人也没否认。②以上证据无论是形式上还是内容上以及收集方式上，都没有任何违法之处，而一审法院不予认可，明显违反《民事诉讼法》和《证据规定》的相关内容。

总之，上诉人认为一审法院对证据的认定及采信存在瑕疵。

三、关于"买卖合同"

这份合同是由被上诉人提供的格式合同，上诉人只能被动的接受签字，并且合同未约定履行期限，这也给上诉人带来了极大的风险，而事实也证明了这一点。被上诉人是一家房地产开发公司，每年会起草、签订无数份合同，而上诉人只是一普通老百姓，没有更多的法律常识。并且，根据《中华人民共和国合同法》第40条和第41条的规定，针对格式合同及格式条款，承担合同更大责任的理应是被上诉人。

根据上述事实和有关法律，特请求依法撤销原审判决，予以改判。

此致

××市××中级人民法院

附：本上诉状副本1份

上诉人：张××
二〇〇七年一月五日

（四）制作要求

民事上诉状由首部、正文和尾部组成。

1. 首部。

（1）标题。

（2）当事人的基本情况。

（3）案由。写明上诉人提出上诉的判决、裁定的案件名称、制作法院、制作时间及判决、裁定的编号，并表明上诉的态度。

2. 正文。正文是上诉状的主要内容，主要阐明当事人提出上诉的具体请求及所依据的事实理由。

（1）上诉请求。首先写明上诉人对原审裁判是全部不服还是部分不服，然后针对原审裁判的不当，提出具体的上诉请求事项，如撤销或变更一审裁判，请求重新审理。

（2）上诉理由。应围绕上诉请求，针对一审裁判的错误或不当，以事实为依据，以法律为准绳，进行反驳，阐明对一审裁判不服的事实原因和法律依据。

3. 尾部。同起诉状。

（五）注意事项

民事上诉状应围绕上诉请求，针对一审判决、裁定的错误或不当进行辩驳，而不能把矛头对准对方当事人，这是民事上诉状与民事起诉状在写作对象上的根本区别。行文时要简明扼要，无需重复叙述争议事实的全过程，只需阐述与一审判决、裁定认定不一致的事实，进行有重点的论证、驳斥。要提出充分而确凿的事实根据，并引用相应法律规定作为依据，使上诉有理有据、合理合法。

（六）项目评价标准

1. 能够熟练掌握民事上诉状的格式，能够通过亚伟速录软件生成模板，并根据需要对常用词进行造词与自定义。

2. 能够结合案例，利用已生成的模板，按照规范格式，完成所需要的文书写作。

四、民事答辩状

（一）概念

民事答辩状是民事案件的被告人或被上诉人针对民事起诉状或民事上诉状，依据事实和法律予以答复和辩驳的法律文书。《民事诉讼法》第 125 条、第 167 条规定：被告、对方当事人应当在收到起诉状副本、上诉状副本之日起 15 日内提出答辩状。答辩是法律赋予被告、被上诉人的对抗原告及进行自我保护的重要诉讼权利，是法律平等地保护当事人双方的表现。《民事诉讼法》规定，被告和被上诉人有权决定是否提出答辩状。不提出答辩状的，就意味着放弃了这种诉讼权利，但不影响人民法院审理活动的进行。

(二) 格式

民事答辩状

答辩人：×××，男/女，××××年××月××日生，×族，……（写明工作单位和职务或职业），住……。联系方式：……

法定代理人/指定代理人：×××，……

委托诉讼代理人：×××，……

（以上写明答辩人和其他诉讼参加人的姓名或者名称等基本信息）

对××××人民法院（××××）……民初……号……（写明当事人和案由）一案的起诉，答辩如下：

……（写明答辩意见）。

证据和证据来源，证人姓名和住所：

……

此致

××××人民法院

附：本答辩状副本×份

答辩人（签名）

××××年××月××日

(三) 文本范例

民事答辩状

答辩人（被上诉人）：××××房地产开发公司

地址：××市××区×××路×××号

法定代表人：周×× 职务：董事长

委托代理人：赵×× ××律师事务所律师

因××××银行××省分行上诉我单位借款纠纷一案，答辩如下：

被答辩人（上诉人）无论在一审程序中，还是在二审程序中，都未有提供证据证明其在诉讼时效内，向答辩人主张过债权。被答辩人也没有举证证明答辩人于2001年10月25日偿还利息301837.25元，系其向答辩人主张权利后，答辩人被动还款的行为。因此，原判只能认定"原告未提供有效证据证明其在1995年12月31日至1997年12月30日法定诉讼时效期间，向被告主张过债权。被告于2001年10月25日偿还利息301837.25元，原告亦没有证据证明系其通过向被告主张权利后，被告实施的还款"。

由于答辩人于2001年10月25日偿还利息301837.25元的行为，发生在诉讼时效期间届满之后，不具有中断时效的作用。至于答辩人在还款凭证上注明"还×行贷款（1993年借款本金30万元）利息"字样，只表明该笔款项的用途，而不是答辩人对该笔债务的重新确认,这与最高人民法院法释(1997)号的规定完全不同,最高人民法院法释(1997)7号不适用于本案。原判关于"原告就本案向本院提起诉讼已超过诉讼时效期间,依法已丧失胜诉权"的认定是正确的。

综上,原判认定事实清楚,适用法律正确,答辩人恳请上级法院驳回被答辩人的上诉,依法维持原判。

此致
××市中级人民法院
附:本答辩状副本1份

答辩人:××房地产开发公司
(盖章)
二〇〇二年八月五日

(四)制作要求

民事答辩状由首部、正文和尾部组成。

1. 首部。首部应依次写明文书名称、答辩人基本情况、案由。

2. 正文。主要阐明答辩的理由,这是答辩状的主体部分。首先针对事实答辩,对起诉状或上诉状中陈述的事实是否真实予以认定,提出自己认为符合客观真实的事实主张,然后针对理由和法律适用进行答辩,依据事实反驳起诉状或上诉状中的理由,并对其法律的适用提出不同意见。根据所述事实,结合有关法律规定进行论辩,否定对方的诉讼请求,并最终阐明答辩人对本案的主张。

3. 尾部。

(五)注意事项

写民事答辩状时,其内容应实事求是,有理有据,以证据为基础进行充分的论证,切不可强词夺理,任意捏造、歪曲事实。答辩状观点要鲜明,针对性要强。应针对起诉状的事实、理由和证据来进行答辩;对上诉状进行答辩,则应以一审认定的事实为依据。对起诉状进行答辩时,应考虑是否具备提起反诉的条件,如果具备反诉条件,可以一并提出反诉。

(六)项目评价标准

1. 能够熟练掌握民事答辩状的格式,能够通过亚伟速录软件生成模板,并根据需要对常用词进行造词与自定义。

2. 能够结合案例,利用已生成的模板,按照规范格式,完成所需要的文书写作。

五、民事再审申请书

(一)概念

民事再审申请书是当事人及其法定代理人认为已经发生法律效力的裁判、调解书有错误，在法定期限内向人民法院提交的，请求对案件进行重新审理的法律文书。

《民事诉讼法》200条规定，若当事人的申请符合下列情形之一的，人民法院应当再审：①有新的证据，足以推翻原判决、裁定的；②原判决、裁定认定的基本事实缺乏证据证明的；③原判决、裁定认定事实的主要证据是伪造的；④原判决、裁定认定事实的主要证据未经质证的；⑤对审理案件需要的主要证据，当事人因客观原因不能自行收集，书面申请人民法院调查收集，人民法院未调查收集的；⑥原判决、裁定适用法律确有错误的；⑦审判组织的组成不合法或者依法应当回避的审判人员没有回避的；⑧无诉讼行为能力人未经法定代理人代为诉讼或者应当参加诉讼的当事人，因不能归责于本人或者其诉讼代理人的事由，未参加诉讼的；⑨违反法律规定，剥夺当事人辩论权利的；⑩未经传票传唤，缺席判决的；⑪原判决、裁定遗漏或者超出诉讼请求的；⑫据以作出原判决、裁定的法律文书被撤销或者变更的；⑬审判人员审理该案件时有贪污受贿，徇私舞弊，枉法裁判行为的。本法第205条规定，当事人申请再审，应当在判决、裁定发生法律效力后6个月内提出。

（二）格式

再审申请书

再审申请人（一、二审诉讼地位）：×××，男/女，××××年××月××日出生，×族，……（写明工作单位和职务或者职业），住……联系方式：……

法定代理人/指定代理人：×××，……

委托诉讼代理人：×××，……

被申请人（一、二审诉讼地位）：×××，……

……

原审原告/被告/第三人（一审诉讼地位）：×××，……

……

（以上写明当事人和其他诉讼参加人的姓名或者名称等基本信息）

再审申请人×××因与×××……（写明案由）一案，不服××××人民法院（写明原审人民法院的名称）××××年××月××日作出的（××××）……号民事判决/民事裁定/民事调解书，现提出再审申请。

再审请求：

……

事实和理由：

……（写明申请再审的法定情形及事实和理由）。

此致

××××人民法院

附：本民事再审申请书副本×份

再审申请人（签名或者盖章）
×××年××月××日

(三) 文本范例

民事再审申请书[1]

再审申请人：滨州市×××有限责任公司，住所地：滨州市×××××××××，法定代表人：×××，经理。

再审被申请人：滨州×××担保有限公司，住所地滨州市××××大厦。法定代表人：×××，董事长。

原审被告：滨州市×××制造有限公司，住所地：滨州市×××××××号。法定代表人：×××，经理。

原审被告：谢××，男，19××年×月×日生，汉族，住滨州市×××××××

原审被告：韩××，女，19××年×月×日生，汉族，住滨州市×××××××

原审被告：山东滨州市××有限公司，住所地滨州市渤海五路×××。法定代表人：×××，董事长。

原审被告：滨州市×××汽车销售服务有限公司，住所地滨州市渤海五路×××号。法定代表人：×××，总经理。

原审被告：×××，男，1965年12月14日生，汉族，住滨州市滨城区黄河五路×××

原审被告：×××，男，1970年4月29日生，汉族，住滨州市滨城区北镇办事处×××

原审被告：×××，男，1970年9月11日生，汉族，住滨州市滨城区黄河八路×××

原审被告：刘×××，男，1975年5月9日生，汉族，住滨州市滨城区黄河五路507-1号3号楼1单元302室。

再审申请人与再审被申请人因追偿权纠纷一案，不服山东省高级人民法院（2014）鲁商终字第×××号民事判决。现依据《民事诉讼法》第200条第1款第2、6项之规定，特向最高人民法院申请再审。

再审请求：

1. 请求撤销（2014）鲁商终字第×××号民事判决，依法改判再审申请人不承担连带清偿责任。

2. 再审诉讼费由再审被申请人承担。

再审事实和理由：

---

[1] "民事再审申请书（格式）"，载王凤玲律师，http://www.lawtime.cn/article/lll889896894990oo429452，最后访问时间：2018年10月3日。

一、再审被申请人滨州×××担保有限公司（下称×××公司）是本案《借款合同》的实际出借人，规避法律的强制性规定违法放贷，《借款合同》应认定为无效合同。

1. 关于"代××"的身份。

"代××"是再审被申请人×××公司的法人股东（滨州××投资有限公司）中的一名普通员工。在借款人谢××与再审被申请人的商谈借款的过程中，代××的身份是受再审被申请人的安排的职员。况且，代××本人没有巨额资金，假如代××有巨额闲散资金，完全可以与谢××自行联系借款事宜，没有必要经过再审被申请人这一中介环节。

其实，涉案争议焦点之一就是要查明代××的资金来源，即可确定实际借款人是再审被申请人，代××只不过是再审被申请人的关联企业的一个职工，无能力进行民间借贷。

2. 关于"代××"资金账户。

一审中，谢××、再审申请人均提交了需法院调取代××资金来源的申请，并提供了详细账户信息，遗憾的是一审法院拒绝调取。

二审中，再审申请人再次提交需法院调取代××资金来源的申请，同样提供了详细账户信息，阐明了该证据为查明出借借款事实的关键证据。再次遗憾的是，二审法院拒绝调取。

关键证据"代××"资金账户问题，一、二审均未查清。

3. 关于新证据。

因案情复杂，再审申请人再次调查后，获取以下新信息证据：再审被申请人×××公司的法定代表人是××。××又是滨州××投资有限公司股东之一。滨州××投资有限公司是再审被申请人×××公司的法人股东，并迅速递交二审法院，二审法院没有开庭质证，武断作出不予采信的决定，致事实不清。

二、借款人谢××与再审被申请人故意隐瞒解除房产抵押的事实，恶意串通、欺诈再审申请人，再审申请人依法不承担反担保责任。

1. 借款人谢××在一、二审庭审中，明确认可与再审被申请人一起，欺诈再审申请人作反担保人的事实，并提交了书面证据材料。一、二审法院无视该重要的证据存在，避而不提。

2. "代××"与借款人谢××、韩××以公证方式，在2012年10月31日签订了《房屋抵押借款合同》，借款期限为一年（2012年10月31日至2013年10与月30日止），借款人谢××、韩××以其自有四套房产作抵押。但，以上当事人又与2012年11月13日签订了第二份借款合同（未公证），借款期限变更为1个月的时间即2012年11月13日至2012年12月12日止。

以未公证的后借款合同变更公证的原借款合同的借款期限，法律效力值得商榷，

一、二审判决也未作法律效力的认定。

3. 2013年3月19日，借款人谢××、韩××借款逾期。再审被申请人突然与谢××、韩××签订《承诺书》和《委托保证合同》，从实际借款人的身份变更又为保证人。明知谢××、韩××的借款逾期、四套房产被解除抵押以及山东滨州市××汽贸有限公司、滨州市××汽车销售服务有限公司经营状况恶化的情况下仍为其提供保证，这一行为的本身就存在主观上的欺诈。

4. 再审被申请人在提供格式反担保合同时，要求再审申请人等人进行提供反担保。但是，在签订反担保合同时后当日下午，借款人谢××、韩××按照与再审被申请人已商定的意见，将四套房产进行解除抵押，再次印证了再审被申请人、代××、谢××、韩××恶意串通的事实。

原因是，在提供反担保时，借款人谢××、韩××告知再审申请人已有房产抵押，房产价值远远大于借款数额，反担保无风险。基于信任，再审申请人才决定提供反担保。谢××、韩××借款数额巨大，如果知道房产随即将被解除抵押，再审申请人根本不会为其提供反担保。

再审被申请人与谢××、韩××损害了再审申请人的权益。根据《合同法》第52条的规定，反担保合同属于无效合同，依法不承担担保责任。

三、反担保合同第××条款，因违反担保法的规定，属于无效条款。

1. 担保法及物权法对于债务人以自有财产设定抵押和有保证人保证并存时，明确规定了实现权益的法定顺位。法律依据为：《物权法》第194条规定，抵押权人可以放弃抵押权或者抵押权的顺位。抵押权人与抵押人可以协议变更抵押权顺位以及被担保的债权数额等内容，但抵押权的变更，未经其他抵押权人书面同意，不得对其他抵押权人产生不利影响。债务人以自己的财产设定抵押，抵押权人放弃该抵押权、抵押权顺位或者变更抵押权的，其他担保人在抵押权人丧失优先受偿权益的范围内免除担保责任，但其他担保人承诺仍然提供担保的除外。

2. 本案中，代××、再审被申请人均放弃了对借款人谢××房产抵押，依据上述法律的规定，作为反担保人在再审被申请人丧失抵押优先受偿权益的范围内免除担保责任。

3. 再审申请人及其他反担保人均没有书面承诺继续提供担保。

四、二审对上诉费的处理不妥，再审申请人上诉时，二审法院是按照两个案件立案的，收取诉讼费也是按照两个案件收取诉讼费的，而二审判决却只判决了一份诉讼费。

综上所述，请最高人民法院查清事实，依法改判再审申请人不承担担保责任。

此致
××省高级人民法院
附：原审民事判决书复印件两份

申请人：滨州市××××有限责任公司

（盖章）

二〇一四年×月×日

（四）制作要求

民事再审申请书由首部、正文和尾部组成。

1. 首部。

（1）标题。

（2）申请人基本情况。

（3）案由。写明申请再审案件的案由、该案原审人民法院名称、案件编号、生效裁判或调解书制作日期，并表明对该裁判不服，或原调解书有违法之处。

2. 正文。正文是申请书的核心，包括请求事项、事实与理由。

（1）请求事项。简要明确地提出请求人民法院对本案进行再审，变更或撤销原裁判。

（2）事实和理由。具体指出原裁判的全局性错误或局部性错误，事实认定错误或是适用法律错误，或是程序性错误。全面、客观、准确地陈述案件的有关事实，着重写清关键情节。列出具体人证、物证、书证及其他证据材料，说明原裁判或调解书存在的错误，根据法律有关规定，归结原裁判错误所在，进而提出申请再审的具体请求。

3. 尾部。

（五）注意事项

写民事再审申请书时，应针对原裁判错误所在予以集中反驳，并引用相应法律规定加以证明；所依据的事实和证据要真实可靠，不能歪曲事实和伪造证据。请求事项要明确具体、合理合法。

（六）项目评价标准

1. 能够熟练掌握民事再审申请书的格式，能够通过亚伟速录软件生成模板，并根据需要对常用词进行造词与自定义。

2. 能够结合案例，利用已生成的模板，按照规范格式，完成所需要的文书写作。

六、民事诉讼代理词

（一）概念

民事诉讼代理词，是指民事诉讼中的诉讼代理人接受民事纠纷当事人或其法定代理人的委托，在法律规定和被代理人授权范围内为保护被代理人的合法权益，而在法庭辩论阶段所作的陈述己方意见、反驳对方观点的演说词。

根据我国《民事诉讼法》第58条规定，当事人、法定代理人可以委托1~2人作为诉讼代理人。代理词是当事人的诉讼代理人为维护被代理人的合法权益,在法庭辩论阶段依据事实和法律所发表的陈述己方意见、反驳对方观点的诉讼文书。代理词是对诉讼委托人主张的事实进行全面而又系统的论证,又是对对方当事人所主张的事实和理由进行全面而又系统的反驳,是代理律师维护委托人合法权益的重要诉讼文书,对诉讼的进行具有重要意义。

(二)格式

民事诉讼代理词

审判长、审判员:

××法律事务所×××依法接受×××的委托,担任×××的诉讼代理人,出庭参与诉讼活动。受理此案后,本代理人(或我们)根据原告的主张,搜集了原告的主张成立的证据,参与了庭审调查和质证。下面根据庭审质证和认证的证据及相关的法律规定,发表如下代理意见,请合议庭采纳:

……

诉讼代理人:×××
××××年××月××日

(三)文本范例

民事诉讼代理词

审判长、审判员:

××律师事务所接受原告××有限公司的委托,指派我作为原告的代理人,出庭参加今天的庭审活动。根据原告陈述、庭外调查和刚才的法庭调查,现提出如下代理意见:

(一)原被告双方于2003年6月16日和6月20日签订的工矿产品购销合同与协议书合法有效,理应受我国法律保护。依据我国民法通则第55条规定,本案买卖的标的物硫酸在双方的经营范围内,交易自始至终体现了双方的真实意志。因此,双方签订的购销合同与协议书合法有效。被告××集团在答辩书提出本案购销合同无效的抗辩不能成立,理由如下:第一,被告××集团经办人王×证实其与原告谈判、签约的行为得到过被告法定代表人的口头授权;第二,王×的行为,不属于盗用和冒用本单位名义,也没有超越代理权限。依据我国民法通则第43条之规定,被告必须对王×作为其工作人员与原告签约的行为负责。第三,被告在合同上盖章的行为,应视为被告对王×与原告签约行为的认可,王×的代理行为应为有效。而且,在本案购销合同签订后,被告支付20万元货款给原告的行为,也是其对本案购销合同的认可。至于被告在答辩状中提出的盖章情节,属于被告内部管理问题,与本案无关,被告必须对其签约与盖章的行为承担法律责任。

（二）本案争议合同属购销合同。理由如下：第一，不能以双方在谈判过程中曾探讨过代销方式来否认双方最终形成的购销合同关系；第二，不能以被告经办人王×缺乏经商经验为由，就认为本案合同属于重大误解和显失公平，就可以请求人民法院予以撤销。被告经办人王×已达法定年龄，并且精神健康，是完全民事行为能力人，他对于代销和购销之间的区别应该是清楚的；第三，原被告双方于2003年6月20日达成的协议书，是对购销合同的进一步具体和补充，属于购销合同第13条规定的其他约定事项。该协议书并未改变购销合同的性质。原告自根据协议书约定发货给被告指定的收货单位后，就意味着原告已经交付该批货物，标的物的所有权就已经转移。被告必须依合同约定付清货款。

审判长、审判员，在即将结束我的代理词之际，我想强调的是，原被告双方签订的购销合同和协议书合法有效，应受我国法律保护；本案当事人之间是购销关系而非代销关系。被告必须根据我国法律规定和合同约定，支付原告货款、利息以及违约金。我诚恳地希望上述代理意见，能得到法庭的充分重视并予以采纳。

诉讼代理人：赵××

二〇〇四年十月二十八日

（四）制造要求

代理词的格式与辩护词大致相同，包括首部、正文和尾部。

1. 首部。首先应当居中注明文书名称，然后另起一行写明称呼语，即代理词的听取人，如"审判长、审判员（人民陪审员）"。序言要说明代理律师出庭代理诉讼的合法性（如接受案件哪一方当事人的委托参加诉讼）、代理权限范围、出庭前准备工作概况，以及对案件的基本看法。序言实际上是概括性引导文字，制作时要求简练、明确。

2. 正文。这部分是代理词的核心内容。主要是围绕代理观点充分、详细地进行分析论证，详细、深入地阐述具体代理意见。

（1）案件性质和具体案情。应当根据不同的案情，对当事人间发生的纠纷、争执焦点进行分析论证，以分清是非，明确责任，阐明当事人间权利义务关系，维护本方当事人合法权益。

（2）被代理人的诉讼地位。原告方的代理词以起诉状为基础，通常以正面阐述事实、分析当事人双方权利义务关系为主，说明诉讼请求的合理性、合法性，指出对方的过错及应负的法律责任；而被告方代理词以答辩状为基础，通常针对原告起诉状中的事实、理由和诉讼请求，提出新的事实主张、证据、引用相应的法律条款，进行反驳和辩解，同时表明己方对双方争议的态度、观点。二审中上诉人方代理词则以上诉状为基础，针对原审裁判进行分析辩驳，指出其在事实认定上、法律适用上的错误，用事实和证据进行论证，请求改判；而被上诉人方代理词则以答辩状为基础，通过对上诉人的上诉请求和事实理由进行分析反驳，证明原裁判的正确，以维护原裁判中所确定的己方享有的权益。

（3）诉讼程序及案件性质。一审程序中的代理词针对双方争议事实进行分析论证。而二审程序代理词则针对一审裁判的内容，结合具体事实进行分析论证，同时要注意处理好与一审代理词的关系，一审代理词中的观点材料已为一审所接受的，二审代理词不写，未被接受正确的观点，二审代理词则应该写，但在写法上应根据二审审理方式作出的相应改变。

（4）被代理人的授权范围。代理律师具有特别授权的，则可以在代理词中涉及实体权利的处分，仅获一般授权的，则无权发表有关实体权利处分的代理意见，即使发表也不具有任何法律效力。

（5）被代理人的诉讼请求或对本案争议标的的态度。

3. 尾部。

（五）注意事项

写代理词时，应当熟悉案情，了解争议焦点，充分调查相关证据材料。特别是注意了解对方的观点，考虑到在法庭调查和辩论中可能出现的问题，有预见地把法庭调查的事实和证据作为制作代理词的依据，有针对性地反驳对方的观点。代理词的内容应限于授权范围内，不可越权发表代理意见。代理词观点要明确，条理要清晰，层次要分明，应以事实为依据，以法律为准绳，注意分寸，不能强词夺理，应体现出解决问题的诚意。

（六）项目评价标准

1. 能够熟练掌握民事诉讼代理词的格式，能够通过亚伟速录软件生成模板，并根据需要对常用词进行造词与自定义。

2. 能够结合案例，利用已生成的模板，按照规范格式，完成所需要的文书写作。

3. 根据学习内容，建立自己的专属词库。

项目二　刑事案件律师代书文书

律师在提供刑事法律服务时，常用的文书主要有刑事自诉书、刑事上诉书、刑事申诉书等。

一、刑事自诉状

（一）概念

刑事自诉状是刑事自诉案件的被害人或其法定代理人，为追究被告人刑事责任，直接向人民法院提起诉讼时制作并使用的法律文书。根据《刑事诉讼法》第210条规定，自诉案件范围包括告诉才处理的案件，被害人有证据证明的轻微刑事案件以及被害人有证据证明对被告侵犯自己人身、财产权利的行为应当依法追究刑事责任，而公安机关或人民检察院不予追究被告人刑事责任的案件。

（二）格式

刑事自诉状

自诉人：……（姓名、性别、出生年月日、民族、籍贯、职业、工作单位和职务、住址等）

被告人：……（姓名、性别等情况，出生年月日不详者可写其年龄）

案由：……被告人被控告的罪名

诉讼请求：

事实与理由：……（被告人犯罪的时间、地点、侵害的客体、动机、目的、情节、手段及造成的后果，理由应阐明被告人构成犯罪的罪名和法律依据。）

证据和证据来源，证人姓名和住址：……（主要证据及其来源，证人姓名和住址。如证据、证人在事实部分已经写明，此处只需点明证据名称、证人详细住址。）

此致
××人民法院
附：本诉状副本×份。

自诉人：×××
××××年××月××日

（三）文本范例

刑事自诉状

自诉人：蔡××，男，36岁，汉族，××省××县人，××市××区建筑工程×队工人，住×市××区××路×号×栋××房。

被告人：丁×，女，30岁，汉族，××省××县人，××市××区××厂工人，住址同上。

案由和诉讼请求：被告人丁×犯遗弃罪，请依法追究其刑事责任。

事实及理由：被告人丁×是自诉人的妻子。双方于2001年8月经人介绍认识并相恋结婚，婚后感情尚好。不幸的是，自诉人在一次上班途中遭遇交通事故，导致瘫痪在床。起初，被告人尚能照顾自诉人的饮食起居。随着时间的流逝，被告人开始抱怨这种单调、辛苦的家庭生活以及窘迫的经济状况，常常罔顾自诉人的实际需要，丢下自诉人外出看电影、跳舞。后来发展到夜不归宿，甚至于今年2月索性抛弃家庭离家出走。在将近1年的时间里，丁×没有支付过任何的扶养费，未尽半点照顾家庭的责任。自诉人多方联系、劝导，希望丁×念及夫妻情分，但其拒绝回头，给自诉人造成了巨大的身心伤害。根据《刑法》第261条的规定，被告人丁×的行为已构成遗弃罪，故诉请法院维护公民的合法权益，依法追究被告人丁×遗弃罪的刑事责任。

此致
××市××区人民法院

自诉人：蔡××
二〇〇四年十一月十二日

（四）制作要求

刑事自诉状由首部、正文和尾部组成。

1. 首部。应当居中写明文书名称"刑事自诉状"；当事人基本情况应依次写明自诉人、被告人的姓名、年龄、民族、籍贯、出生地、文化程度、职业或工作单位和职务、住址等自然情况。自诉人和被告人为2人以上的，自诉人应当按照受伤害的轻重程度的次序列写，被告人应当按照罪行轻重列写，重前轻后。

2. 正文。正文是文书的核心，主要包括案由和诉讼请求、事实和理由以及证据及证据来源。

（1）案由和诉讼请求。案由即控告的罪名，主要是说明被告人触犯了刑法分则规定的什么罪名，诉讼请求应写明请求人民法院追究被告人的刑事责任。

（2）事实和理由。这一部分是刑事自诉状的关键部分，事实和理由两部分叙写。事实部分应叙明被告人实施被控犯罪行为的时间、地点、目的、动机、手段、情节、危害后果等。理由部分应当以案件事实为基础，以有关法律为准绳，阐明起诉理由。

3. 尾部。

（五）注意事项

刑事自诉状适用范围具有法定性，自诉人控告的犯罪必须是法定的自诉案件，其中所叙写的事实和所列举的证据，必须是构成犯罪的事实和刑事证据。不能把被告人道德品质、思想意识、生活作风等非罪事实以及一般违法行为作为犯罪事实叙述。要尊重客观事实，绝不可扩大对自己有利的事实，掩盖对自己不利的事实，更不可虚构或罗织情节。

（六）项目评价标准

1. 能够熟练掌握刑事自诉状的格式，能够通过亚伟速录软件生成模板，并根据需要对常用词进行造词与自定义。

2. 能够结合案例，利用已生成的模板，按照规范格式，完成所需要的文书写作。

二、刑事上诉状

（一）概念

刑事上诉状是刑事诉讼中享有上诉权的人员不服人民法院第一审未生效的判决或裁定，依照法定程序和期限，请求上一级人民法院依法撤销、变更原裁判的书状。

上诉，是法律赋予公民的一项重要诉讼权利。刑事上诉状是人民法院进行刑事案件二审程序的书面依据，也是第二审人民法院对案件进行重新审判时的重点。《刑事诉讼法》第 227 条规定，被告人、自诉人和他们的法定代理人，不服地方各级人民法院第一审的判决、裁定，有权用书状或者口头向上一级人民法院上诉。被告人的辩护人和近亲属，经被告人同意，可以提出上诉。

（二）格式

刑事上诉状

上诉人：×××（姓名、性别、出生年月日、民族、籍贯、职业、工作单位和职务、住址等基本情况。）

被上诉人：×××（填写姓名等基本情况。公诉案件无此项。）

上诉人×××一案，于×××年××月××日收到×××人民法院×××年××月××日（×××）×××字第×××号刑×××××，现因不服该××××提出上诉。

上诉请求：×××

上诉理由：××（对一审判决或裁定不服的具体内容，阐明上诉的理由和法律依据。）

此致
 ××× 人民法院
附：本上诉状副本×××份。

上诉人：×××
×××年××月××日

（三）文本范例

刑事上诉状[1]

上诉人（原审被告人）：魏××，男，汉族，1981 年 12 月 4 日生，农民，小学文

---

[1]"死刑案件刑事上诉状"，载邹平（樊忠钦）律师主页，http：//www.lawtime.cn/lawyer/casecont644622649716oo9077，最后访问时间：2018 年 10 月 8 日。

化，住址××××××××××××，现羁押于××县看守所。

上诉人因故意杀人一案，不服滨州市中级人民法院作出的（2008）滨中刑一初字第37号刑事附带民事判决书的刑事部分判决，现提出上诉。

上诉请求：

请求山东省高级人民法院依法撤销（2008）滨中刑一初字第37号刑事附带民事判决书的刑事判决第一项中对上诉人的判决，并依法从轻改判。

上诉理由：

一、一审法院认定上诉人犯罪的罪名定性错误，应当定性为故意伤害，而不是故意杀人。故意杀人与故意伤害在法律上有着本质的区别，区别两者不能以是否造成受害人死亡最终结果为标准，而是要从行为人的主观意识、发案的原因、发案时间、当时的环境、犯罪动机、行为人与被害人平时的关系、行为人行为后的态度以及行为前的一贯表现来综合作出判断。首先，本案中上诉人与受害人并不相识，无冤无仇，没有故意杀人的动机；其次，上诉人在事发当晚朋友聚会，在不到一个小时的时间里上诉人喝了三杯大约八九两的白酒，而上诉人平时最多只能喝半斤白酒，由于量多加之喝得比较急促，导致上诉人迅速醉酒，意识不受了支配，在看到韩飞并听到其叫喊声后才知道背后有人打架，所以上诉人是在醉酒后、大脑意识不受支配的情况下参与的打斗。其三，上诉人行为过程中看到从手中掉落的刀时，察觉到行为的严重性，从而自动退出了打斗的人群，终止了自己的犯罪行为。综上可以看出，上诉人行为当时并没有要故意杀人的意愿，不具备故意杀人罪的主观构成要件。

二、一审法院认定上诉人的犯罪事实不清

1. 上诉人于2007年11月7日在淄博火车站民警值班室接受民警盘问时，主动交代自己前一天在邹平伤人的事情，按照刑法及司法解释的规定，属于自首，按照刑法规定，可以从轻或减轻处罚。

2. 指控上诉人犯罪作案的最直接物证——刀具，检察机关在一审过程中也未出示，更谈不上给予质证。

3. 2007年11月7日，邹平县公安机关对被询问人赵丹作的询问笔录中赵丹说，事发当天，他看见拿刀的那个人耳朵上戴了一只耳环，而上诉人从来就没有买过也没有戴过耳环。

4. 2007年11月6日22时05分，邹平县公安局对被询问人孙××的询问笔录中，在问及持刀男子所持刀的特征时，孙××说，我看见刀身部分长约十五六公分，我看见刀好像是三棱刀。

5. 基于第4点的疑问，引发出上诉人对受害人段×刚尸检报告以及其他两受害人法医学人体损失程度鉴定书的疑问，也就是说从尸检报告及孙丙尖和孟鹏飞的法医学人体损失程度鉴定书中，看不出三受害人身上几处伤口是否为同一把作案刀具所致。

6. 按常理，被害人孟×飞、孙×尖和证人赵丹×、孙×枫等人都应该能记得"持刀男子"的具体相貌，但是遗憾的是，至今为止，上诉人也没有作辨认笔录加以佐证，只是通过其他行为人和证人的言辞作出的推理，推理出上诉人就是持刀的唯一男子。

三、一审法院对上诉人认定为故意杀人罪而对其他人认定为寻衅滋事不符合刑法理论及法律规定，适用法律错误，违反了平等适用刑法原则，因为：

第一，起诉书中写道："被告人魏天权持刀先后朝被害人孙×尖、段×刚、孟×飞身上乱捅，段×刚被捅刺倒地，被告人董×钧、冯军×、郭×鸽等人继续对段成刚拳打脚踢后逃离现场。"

第二，一审判决书第十页证人崔朋的证言中写道："有一个男青年正在用脚踩躺在地上的一个人，那个人身上有血，也不动……"

以上两点都能够证明，在上诉人实施伤害行为后，其他几个行为人还继续实施殴打，由此可见在其他几个行为人在明知受害人被捅伤后，继续殴打被害人可能导致被害人死亡，但仍然继续殴打被害人，这在刑法上叫做共同犯罪，为什么一审法院对上诉人定性为故意杀人罪，而对其他行为人定性为寻衅滋事呢？这是明显的错误。

四、一审法院对上诉人的量刑偏重，上诉人具有以下酌定量刑情节，应当依法从轻判处。

1. 上诉人的行为是在短时间内大量饮酒，控制能力受到严重影响的情况下实施的。虽然刑法专门规定醉酒的人犯罪，应当负刑事责任，但是从医学的角度考虑，醉酒的人毕竟自控能力受到严重干扰，与一般的正常人无论在控制能力上还是对行为的认识上，都是有明显差距的，望法庭在对上诉人量刑时考虑这一因素。

2. 上诉人此前没有受过公安机关的任何刑事处罚和行政处罚，一贯表现良好，此次犯罪属于初犯，偶犯，可以酌情从轻处罚。

3. 上诉人此次犯罪属于无预谋犯罪，是临时起意，相对有预谋的犯罪、蓄意报复他人的犯罪而言，主观恶性、社会危害性是有区别的，量刑时可以考虑酌情从轻处罚。

4. 上诉人在归案后，能主动如实交代自己及同案犯的犯罪事实，在公安侦查阶段，积极向公安机关举报其所知的多个他人犯罪线索，均属于有明显的悔罪表现。

行为后，上诉人彻底认识到自己罪行的严重性，对于受害人的死亡，感到深深的愧疚，感到对不起受害人及家属、对不起自己的家人、对不起社会，写了多封发自内心的忏悔书，并请律师做家属的工作，让家人尽最大努力赔偿受害人家属，但是由于家人能力有限，赔偿数额连上诉人都觉得少，对方没有能够接受，这都充分体现了上诉人为受害人尽力赔偿的愿望，体现了上诉人的悔罪思想、改造决心，对这一情节希望法庭在量刑时要充分考虑。

5. 上诉人的家庭情况特殊，上诉人的父母早年离异，从小跟随父亲生活，14岁小学毕业后就再也没有机会上学，四处打工为生，家中尚有七十余岁的爷爷奶奶，奶奶已双目失明，母亲也身患多样疾病，家庭十分困难，上诉人本应该是日后家庭的顶梁柱，但是没想自己一时鲁莽触犯了法律，正是由于家庭教育缺失，导致上诉人酿成本案的惨剧。希望二审法院在量刑能充分考虑此因素。

五、我国向来慎用死刑，尽量控制死刑的适用。上诉人与受害人无冤无仇、是在特殊环境下临时起意实施的犯罪，一审法院对上诉人的量刑偏重。

综上所述，一审法院认定上诉人犯故意杀人罪的事实不清、定性错误，从而导致对上诉人的量刑畸重。上诉人行为时是在醉酒意识不受完全支配的情况下实施的，且不是有预谋的共同犯罪，主动归案后又能如实交代自己及同案犯的犯罪事实，属自首；上诉人系初犯；因此对上诉人量刑畸重，显失公正，恳请二审法院能够查清事实、准确的定罪和量刑，对上诉人从轻或减轻处罚。

此致
山东省高级人民法院
附：本上诉状副本1份。

上诉人：魏××
二〇〇八年十月二十四日

（四）制作要求

刑事上诉状由首部、正文和尾部三部分组成。

1. 首部。

（1）标题。

（2）当事人基本情况。上诉人是原审当事人或其法定、指定代理人的，用括号注明原审诉讼称谓。写明原审被告人的基本情况，即姓名、性别、出生年月日、民族、籍贯、文化程度、职业或工作单位和职务、住址。值得注意的是，公诉案件的刑事上诉状中无被上诉人一栏；而在自诉案件中，则还应写明被上诉人的基本情况，具体内容与上诉人相同。如果自诉人提起上诉时委托了诉讼代理人或被告人提起上诉时委托了辩护人的，应分别在各自的项下增写委托代理人或辩护人一栏。

2. 正文。

（1）案由。

（2）上诉请求。

（3）上诉理由。主要是针对原审裁判的不当之处提出不服的理由，对原审裁判进行辩驳。

3. 尾部。

（五）注意事项

写刑事上诉状时，理由要有针对性。要达到预期的诉讼效果，必须针对原审裁判文书的错误进行驳斥。在论证过程中，注意充分运用证据和法律，切忌主观臆断，以想象或推断的事实作为论据。上诉理由还应明确具体，不可笼统含糊。陈述理由重摆事实、讲道理，不可意气用事、态度偏激。

（六）项目评价标准

1. 能够熟练掌握刑事上诉状的格式，能够通过亚伟速录软件生成模板，并根据需要对常用词进行造词与自定义。

2. 能够结合案例，利用已生成的模板，按照规范格式，完成所需要的文书写作。

三、刑事申诉书

（一）概念

刑事申诉书是刑事诉讼当事人及其法定代理人、近亲属，认为已经发生法律效力的刑事判决或裁定以及人民检察院的不起诉决定确有错误，申请人民法院或人民检察院重新审查和处理案件时递交的书状。

《刑事诉讼法》第252条规定，当事人及其法定代理人、近亲属，对已经发生法律效力的判决、裁定，可以向人民法院或者人民检察院提出申诉，但是不能停止判决、裁定的执行。根据该法第253条规定，符合申诉的条件是：①有新的证据证明原判决、裁定认定的事实确有错误，可能影响定罪量刑的；②据以定罪量刑的证据不确实、不充分、依法应当予以排除，或者证明案件事实的主要证据之间存在矛盾的；③原判决、裁定适用法律确有错误的；④违反法律规定的诉讼程序，可能影响公正审判的；⑤审判人员在审理该案件的时候，有贪污受贿，徇私舞弊，枉法裁判行为的。

（二）格式

刑事申诉书

申诉人：

申诉人　　对　　人民法院　年　月　日（　）字第　号刑事判决（或裁定），提出申诉。

请求事项：

事实与理由：

证据和证据来源，证人姓名和住址：

此致

××人民法院

附：1. 原审判决（或裁定）　份；
　　2. 证据材料。

申诉人：×××
××××年××月××日

（三）文本范例

刑事申诉书

申诉人：石××，男，29岁，汉族，××省××县××乡人，农民，住××省××县××乡××村。现在押。

申诉人石××对××县人民法院2004年5月23日（2004）×刑初字第18号刑事判决不服，提出申诉。

请求事项：撤销原判，宣告申诉人无罪。

事实和理由：

被害人的死亡并非出于申诉人的过失，纯属意外。申诉人因为建房，请姑父王××（即被害人）帮忙。在施工过程中，因申诉人与邻村青年李××发生口角，被害人上前劝阻时，申诉人趁势夺过了李××手中所持猎枪向远处一扔，不想刚好将装有弹药的猎枪撞响了，子弹飞出打在了被害人的头部，经紧急送往医院抢救，终因子弹穿过大脑，伤势严重，抢救无效，不幸身亡。事后，检察院指控申诉人犯有过失杀人罪，××县法院判决申诉人构成过失杀人罪，判刑9年。由于当时申诉人突遭变故，亲人去世、自己身陷囹圄，在惊魂未定中，未作上诉，现仍在押。经过这几天的反复思考，申诉人认为：在此事件中，自己既无故意，也无过失，纯属不能预见的意外事故。因此，××县法院认定我犯有过失致人死亡罪与事实不符；且对于我设法补偿姑父的不幸去世，照顾姑姑及其子女，极为不利。有鉴于此，特向贵院提出申诉，请求撤销原判，宣告申诉人无罪。

此致
××市中级人民法院

附：1. 申诉书副本1份；

2. ××县法院判决书1份。

申诉人：石××
二〇〇四年六月十五日

（四）制作要求

刑事申诉书由首部、正文和尾部组成。

1. 首部。

（1）标题。

（2）当事人基本情况。具体内容、写法与自诉状相同。申诉人是法人或者其他组织的，应写明法人或其他组织的名称、所在地址、法定代表人或诉讼代表人的姓名和职务。不是当事人本人申请的，要注明申诉人与当事人之间的关系。

2. 正文。

（1）案由。

（2）请求事项。简明提出申诉的目的，如要求撤销或变更原裁判等。请求事项应当具体、明确、合理合法。

（3）事实和理由。这一部分是申诉书的核心。在概述生效裁判、决定的主要内容后，针对其事实不清、证据不足、定性不准、适用法律不当等问题，指出其错误所在，提出新的事实和证据，并在这一基础上引用适当的法律条文，表明自己对案件处理的意见和要求。

3. 尾部。

（五）注意事项

在刑事申诉书中，对原裁判、决定应进行必要的综合叙述，以使受理机关对案件原来的处理经过和结果有基本的认识，但文字应简明扼要，切忌冗长。在阐述申诉事实理由时，注意运用证据说话。尽量把所附证据糅和进说理过程中，引述附件应注明具体的编号、页数，以便办案人员阅读理解，迅速把握材料内容、提高办案效率。

（六）项目评价标准

1. 能够熟练掌握刑事申诉状的格式，能够通过亚伟速录软件生成模板，并根据需要对常用词进行造词与自定义。

2. 能够结合案例，利用已生成的模板，按照规范格式，完成所需要的文书写作。

四、法庭辩护词

（一）概念

辩护词，是辩护人为了维护刑事被告人的合法权益，在法庭辩论阶段，根据事实和法律，说明被告人无罪、罪轻或者应当减轻、免除刑事责任的发言。我国《刑事诉讼法》第33条规定，犯罪嫌疑人、被告人除自己行使辩护权以外，还可以委托1~2人作为辩护人。该法第37条规定，辩护人的责任是根据事实和法律，提出犯罪嫌疑人、被告人无罪、罪轻或者减轻、免除其刑事责任的材料和意见，维护犯罪嫌疑人、被告人的诉讼权利和其他合法权益。

这是制作辩护词的法律依据。

（二）格式

法庭辩护词

关于　　　　（姓名）　　　　（案由）一案的辩护词

审判长、审判员：

根据《中华人民共和国刑事诉讼法》第32条第1款的规定，我接受_____（主要犯罪嫌疑人或被告人姓名）_____（案由）一案的犯罪嫌疑人_____的委托，担任他的辩护人，为他进行辩护。

在此之前，我研究了＿＿＿＿＿人民检察院对本案的起诉书，查阅了卷宗材料，会见了犯罪嫌疑人，走访了有关证人，并且对现场进行了勘察，获得充分的事实材料和证据。

我认为起诉书在认定事实上有重大出入（或者事实不清、定性不当等）。理由如下：

……

综上所述，我认为：

根据《中华人民共和国刑法》第＿＿＿＿条第＿＿＿＿款之规定，请求检察机关对本案犯罪嫌疑人＿＿＿＿＿不予起诉（或请求法庭对被告人宣告无罪或免除处罚或从轻、减轻处罚）。

××律师事务所律师：×××
××年××月××日

（三）文本范例

刑事辩护词[1]

审判长、审判员：

××市律师事务所接受被告高××家属的委托，指派我担任被告人的辩护人，经被告人同意，出庭履行辩护职责。

开庭前，我查阅了案卷材料，会见了被告人，刚才又听取了法庭调查，我认为本案事实清楚，证据确凿，定性准确，但使用法律不当，理由如下：

1. 从本案事实经过看，被告人实施伤害事出有因，其行为具有防卫性质。（叙述情节略）

分析以上事实经过，可以得出以下结论：

第一，这一伤害案件的发生是由被害人一方追打直接引起的。被告等二人来到春光饭店拿出10元钱要吃饭，遭到老板拒绝，这时如果放被告人走，不去追打，也不能发生这次伤害行为的实施。

第二，被告人高××的伤害行为具有防卫性质。

如上所述，被告等二人到春光饭店准备吃饭，遭到老板拒绝，更甚至，遭到刘××手持木棒勒令"把钱留下"的呵斥，即使在这种情况下，被告也没有任何不轨行为，而是想一走了之。当同伙孙××遭到无故毒打时，被告高××为了救孙××，使其免受不法侵害，才又返回，但见孙××已经逃走，即终止了自己的行为。无论从被告人实施伤害行为的动机目的上看，还是从行为本身的实施过程看，被告人的行为都具有明显的防卫性质。

2. 在适用法律上，起诉书认定使用全国人大常委会《关于严惩严重危害社会治安

---

[1] "辩护词范文"，载法律快车，http://www.lawtime.cn/info/xsbhdl/bianhucigeshi/2008102135759.html，最后访问时间：2018年10月7日。

的犯罪分子的决定》第 1 条第 2 项之规定，实属不当。

全国人大常委会《关于严惩严重危害社会治安的犯罪分子的决定》第 1 条第 2 项规定："对下列严重危害社会治安的犯罪分子，可以在刑法规定的最高刑以上处刑，直至判处死刑：故意伤害他人身体，致人重伤或者死亡，情节恶劣的，或者对检举、揭发、拘捕犯罪分子和制止犯罪行为的国家工作人员和公民行凶伤害的。"本规定告诉我们，犯故意伤害罪致人重伤或死亡，情节恶劣的，才适用该《决定》。如果犯故意伤害罪，情节一般，就不能使用该《规定》，而只依照《刑法》第 134 条第 2 款规定处罚。

由此可见，要适用本《决定》的规定，必须首先认定属于"情节恶劣"。那么什么是情节恶劣呢？所谓情节恶劣一般是指伤害致死多人；报复行凶致人死亡；手段残酷，摧残致人死亡等等。那么，是否属于情节恶劣呢？我认为，被告人高××故意伤害致人死亡，属于"情节一般"。

第一，从本案伤害行为的起因来看，是由于被害一方故意追打直接引起的。这同那些被告方寻衅滋事，故意挑起事端，由此加害对方，在情节上是显然不同的。

第二，被告人的行为具有防卫性质，主观恶性较小。这同那些故意报复行凶致人死亡，其主观恶性程度大，也是不同的。

第三，是被害一方首先手执凶器实施非法侵害的。虽然双方都有侵害双方之意，而被告在势力上处于劣势，这与那手执凶器，对手无寸铁、孤立无援的被害人实施伤害致人死亡的，在情节上也是有差别的。

第四，被告人临时起意伤害他人，这同那些早有预谋，备好凶器，报复行凶致人死亡的，在情节上也是不同的。

综上所述，我认为被告人高××的伤害行为，一是由被害人直接引起的，二具有防卫的性质，三是属于"情节一般"，因此，对被告人高××的量刑应适用《刑法》第 134 条第 2 款之规定。请求法庭对此意见给予充分考虑和足够的重视。

××市律师事务所 律师×××
××年××月××日

（四）制作要求

法庭辩护词主要包括：标题、前言、辩护理由、结束语四部分。

1. 标题：可写"关于×××（人）××××案的辩护词"。

2. 前言：主要交代三项内容，一是申明辩护人的合法地位；二是讲辩护人在出庭前进行了哪些工作；三是讲辩护人对全案的基本看法。

3. 辩护理由：这是"辩护词"的主体部分，从事实上、从法律上、从被告的认罪态度上提出辩护理由。具体可从分析公诉人所提出的被告的犯罪事实是否能成立等方面提出辩护理由；或者运用法律定罪量刑上提出意见，针对起诉书中提出的罪名发表意见；认罪态度主要是根据党的"坦白从宽，抗拒从严"的政策，提出可以从轻的理由。

4. 结束语：是对辩护词的归纳和小结。归结辩护词的中心观点，向法庭提出对被告人的处理建议。

（五）注意事项

法庭辩护词要尊重事实，忠于法律，严格以查证属实的证据所证明的案件事实作为辩护的基础。要善于抓住重点，据理陈词，不要在细枝末节或片言只语上纠缠不休。辩护词用于法庭演讲，应力求引起合议庭的关注，必须中心明确，重点突出，结构紧凑，脉络分明，不可泛泛而谈，空发议论。要准确针对案件事实运用法律专业知识进行分析，提出辩护意见。措词表达要刚柔相济、冷静以对，不可意气用事、态度偏激。

（六）项目评价标准

1. 能够熟练掌握法庭辩护词的格式，能够通过亚伟速录软件生成模板，并根据需要对常用词进行造词与自定义。
2. 能够结合案例，利用已生成的模板，按照规范格式，完成所需要的文书写作。
3. 根据学习内容，建立自己的专属词库。

项目三　行政案件律师代书文书

一、行政起诉状

（一）概念

行政起诉状，是公民、法人或者其他组织认为行政机关及其工作人员的具体行政行为或者依法应当履行其法定职责而不作为，侵犯公民、法人或者其他组织的合法权益，依法向人民法院提起诉讼的法律文书。

根据我国《行政诉讼法》第49条规定，提起诉讼应当符合下列条件：①原告是符合本法第25条规定的公民、法人或者其他组织；②有明确的被告；③有具体的诉讼请求和事实根据；④属于人民法院受案范围和受诉人民法院管辖。该法第25条规定，行政行为的相对人以及其他与行政行为有利害关系的公民、法人或者其他组织，有权提起诉讼。有权提起诉讼的公民死亡，其近亲属可以提起诉讼。有权提起诉讼的法人或者其他组织终止，承受其权利的法人或者其他组织可以提起诉讼。该法第46条规定，公民、法人或者其他组织直接向人民法院提起诉讼的，应当自知道或者应当知道作出行政行为之日起6个月内提出。法律另有规定的除外。

（二）格式

行政起诉状

原告×××（自然人写明姓名、性别、工作单位、住址、有效身份证件号码、联

系方式等基本信息;法人或其他组织写明名称、地址、联系电话、法定代表人或负责人等基本信息)

委托代理人:×××(写明姓名、工作单位等基本信息)

被告:×××,(写明名称、地址、法定代表人等基本信息)

其他当事人:×××(参照原告的身份写法,没有其他当事人,此项可不写)

诉讼请求:

……(应写明具体、明确的诉讼请求)

事实和理由:

……(写明起诉的理由及相关事实依据,尽量逐条列明)

此致
×××人民法院
附:本诉状副本×份。

起诉人:×××

×××年××月××日

(三) 文本范例

行政起诉状[1]

原告:李×,男,蒙古族,1954 年出生,内蒙古××市××区××村×组,电话1891037×××。

被告:××市人民政府,地址:××××××市政综合楼,法定代表人:×××,市长。

第三人:××市××区人民政府,地址:×××政府,法定代表人:×××,职务:区长。

第三人:××市××区人民政府××街道办事处××村村民委员会,地址:××市××区人民政府××街道办事处××村,法定代表人××,职务:村主任。

诉讼请求:

1. 撤销被告作出的《××市人民政府行政复议决定书》(×政复决字〔2013〕166号)

2. 责令被告恢复对原告申请的行政复议案件的审理。

事实和理由

2013 年 12 月××市××区人民政府组织征收原告所在村庄全部耕地约 1800 亩,

---

[1] "行政起诉状范本",载 110 法律咨询网,http://www.110.com/ziliao/article-483708.html,最后访问时间:2018 年 10 月 7 日。

原告于2013年12月19日向被告提出行政复议申请，要求确认××市××区决定实施征收小房村全部耕地的行政行为违法并责令其停止实施违法行为，2014年1月9日，原告收到被告作出的×政复决字〔2013〕166号行政复议决定书，决定书驳回原告行政复议申请。

原告认为，××市××区征收小房村耕地的行为属于具体行政行为确实存在，被告不应驳回原告申请，被告作出的行政复议决定认定事实不清、应予纠正。具体理由如下：

一、××市××区××街道××村民委员会所发布的三个公告明确写明，其所正在具体实施的征地行为是"××区人民政府征地"，公告上有××村村委会盖章，完全可以说明问题；而被告作为行政复议机关在没有证据的前提下，草率断定第三人区政府不存在征地行为，属于认定事实不清。

二、××村已设立"征地专用账户"，征地资金均由政府承担，小房村村委会已代为组织发放大额补偿款，每亩地补偿款9万元，共计约1.6亿元，如不是××区政府组织，××村村民委员会从何处获取如此巨额资金。

综上，被告作出的×政复决字〔2013〕166号《行政复议决定书》认定事实、适用法律错误依法应予撤销。原告为维护自身合法权益，依法向人民法院起诉，望支持原告的诉讼请求。

此致
××市中级人民法院
附：本诉状副本×份。

起诉人：李××
×××年××月××日

（四）制作要求

行政起诉状由首部、正文和尾部三部分组成。

1. 首部。包括标题和当事人基本情况。当事人基本情况，原告的写法与民事起诉状相同；被告一项应写明被诉的行政机关名称、所在地址、法定代表人（或主要负责人）的姓名及职务；如果有第三人，还应写明第三人的基本情况。

2. 正文。

（1）诉讼请求。诉讼请求是正文的第一项内容，即是原告提起行政诉讼要解决的问题，要达到的目的。诉讼请求应针对不服被告具体行政行为的情况，分别提出不同的诉讼请求，主要有：部分或全部撤销处罚决定；变更处罚决定；提出赔偿损失等。

（2）事实和理由。这部分要写清楚提出诉讼请求的事实根据和法律依据。

起诉状必须写明被告侵犯起诉人合法权益的事实经过、原因及造成的结果，指出行政争议的焦点。如果是经过行政复议后不服提出起诉的，还要写清楚复议行政机关作出复议决定过程和结果。起诉状应围绕"具体行政行为是否合法"这一重点来陈述事实、阐明理由。

理由部分应着重阐明起诉的理由。理由是在叙述事实的基础上，依据法律法规进行分析，论证诉讼请求合理合法。行政诉讼虽然原则上由被告负举证责任，但这并不意味着原告没有任何的举证义务。因而在起诉状事实理由部分不能轻视证据的列举。

3. 尾部。

（五）注意事项

写行政起诉状之前，要认真审查起诉的前提条件和内容是否符合相关法律的规定，然后才能撰写。行政起诉状的制作和提交时间必须在法定的起诉时间内，否则就会丧失胜诉权。行政诉讼的焦点是要审查行政行为的合法性，所以在写起诉状事实和理由部分时，应着力分析具体行政行为是否合法，写法以驳论为主。

（六）项目评价标准

1. 能够熟练掌握行政起诉状的格式，能够通过亚伟速录软件生成模板，并根据需要对常用词进行造词与自定义。

2. 能够结合案例，利用已生成的模板，按照规范格式，完成所需要的文书写作。

二、行政上诉状

（一）概念

行政上诉状是行政诉讼当事人不服人民法院第一审判决、裁定，在法定期限内，向上一级人民法院提出上诉，要求上一级人民法院撤销、变更一审判决、裁定的书状。我国《行政诉讼法》第 85 条规定，当事人不服人民法院第一审判决的，有权在判决书送达之日起 15 日内向上一级人民法院提起上诉。当事人不服人民法院第一审裁定的，有权在裁定书送达之日起 10 日内向上一级人民法院提起上诉。

（二）格式

行政上诉状

上诉人名称：

住所地：

法定代表人（或代表人）姓名：　　　　职务：　　　电话：

企业性质：　　　　　　　　　　　工商登记核准号：

经营范围和方式：

开户银行：　　　　　　　　　　　账号：

被上诉人名称：

所在地址：

法定代表人（或代表人）姓名：　　　　职务：　　　　电　话：

上诉人因_____一案，不服_____人民法院_____年_____月_____日（　）字第_____号行政判决（或裁定），现提出上诉。

上诉请求：

上诉理由：

此致
_____人民法院

附：本上诉状副本_____份。

上诉人：×××
××××年××月××日

（三）文本范例

行政上诉状[1]

上诉人（一审原告）：康某某，男，1982年10月5日出生，汉族，初中文化，住临渭区某某镇某某村2组，农民。

委托代理人：杜凯，陕西渭临律师事务所律师

被上诉人（一审被告）：某某区公安局，住所地临渭区……

法定代表人：田某某，该局局长

被上诉人：渭南市公安局，住所地渭南市东兴街11号

法定代表人：杨建琦，该局局长

原审第三人：吴某，男，1967年5月2日出生，汉族，小学文化，住临渭区某某镇某某村2组，农民。

上诉人因不服被上诉人某某区公安局于2016年6月10日作出的某公（某）行罚决字（2016）某号《行政处罚决定书》及被上诉人渭南市公安局于2016年9月13日作出的渭公复决字（2016）某号《行政复议决定书》向某某区人民法院提起诉讼一案，不服某某区人民法院2016年12月15日作出的（2016）陕0524行初某号行政判决书，现提出上诉。

上诉请求：

一、撤销临渭区人民法院2016年12月15日（2016）陕0524行初某号行政判决书；并撤销某公（某）行罚决字（2016）某号《行政处罚决定书》及被上诉人渭南市公安局于2016年9月13日作出的渭公复决字（2016）某号《行政复议决定书》。

二、依法确认被上诉人临渭区公安局给上诉人采取的行政拘留行为违法，因给上

---

[1] "行政上诉状"，载杜凯律师，http：//www.lawtime.cn/article/lll42961404301234oo476603，最后访问时间：2018年10月7日。

诉人采取的行政拘留行为错误应赔偿相关经济损失 10000 元。

三、本案诉讼费由被上诉人承担。

事实与理由：

一、原审法院认定事实不清，确认处罚决定合法证据不足。

原审法院认定"原告康某某闻讯赶来，手持铁锹拍打第三人吴某背部"与事实不符。

（一）从吴某的受伤情况来说，被上诉人一方及第三人吴某都不能提供医院的相关证明确定其受伤。其中有一份 2015 年 5 月 9 日的临渭区中医医院诊断证明书，该证明书离事发时已经十多天，不能客观反映吴某受伤情况，同时该诊断证明书并没有入院其他材料及用药材料，不真实。另外一份 2015 年 4 月 3 日的某某地段医院诊断证明书，仅有诊断证明书并无缴费单或入院相关材料相互印证，该诊断证明并没有加盖医院印章（医院印章看不清楚），而该诊断证明书最下面写得很清楚"加盖证明专用章后方有效"，可见该证明是无效的，不能作为处罚依据。所以本案不能确定第三人吴某受伤，也就不能确定是否有人打了吴某。事实上，康某某闻讯赶来，手持铁锹举起时被第三人吴某抓住了铁锹，并没有打中吴某。

（二）从被上诉人提供的所有证据可以发现，被上诉人提供的证据不全，其没有某公（某）行罚决字（2016）某号《行政处罚决定书》中提到的违法行为人陈述及鉴定意见。而要查明本案犯罪行为人是否有用铁锹拍打第三人吴某的情况，必须出示被处罚人康某某的陈述。

（三）从案件证人的证言可以看出对于康某某是否手持铁锹拍打第三人吴某说法相互矛盾，不能清楚证明案件事实。吴某陈述中说："第一下拍到我的腰上"，郭某却说"然后抡起来拍在吴某的背上"。这两个明显是不同的部位，腰部是人体胯上肋下的部分，背部是两肩和背上部共同形成的人的骨架的部分，可以见其是相互矛盾的。

（四）办案民警随身佩带执法记录仪，但是复议及法院开庭时都拒绝出示，应当承担举证不能的责任。

二、原审认定被上诉人某某区公安局作出处罚决定程序合法是错误的。

《中华人民共和国行政处罚法》第 31 条：行政机关在作出行政处罚决定之前，应当告知当事人作出行政处罚决定的事实、理由及依据，并告知当事人依法享有的权利。第 32 条：当事人有权进行陈述和申辩。行政机关必须充分听取当事人的意见，对当事人提出的事实、理由和证据，应当进行复核；当事人提出的事实、理由或者证据成立的，行政机关应当采纳。某某区公安局在作出处罚决定前并没有履行处罚前的告知义务，在复议机关撤销其处罚决定后采取公告处罚前送达依然违法。因为公告送达是将送达文书公之于世的一种送达方式。此种送达方式适用于受送达人下落不明或者用其他方式无法送达的。其方法有张贴广告、登报、广播等。民事诉讼法规定，自发出公告之日起，经过 60 日，即视为送达。公告送达，还应当在案卷中记明原因和经过，本案被处罚人并不是下落不明或用其他方式无法送达的情况，其本人就在家中，所以不能适用公告送达。同时送达的日期是60日，本案公告送达2016年5月10日，作出某公（某）行罚决字（2016）某号处罚决定的日期为2016年5月26日，仅仅相差13天，不符某公告送达的时间要求。以上《行政处罚法》31、32条的规定是要求办案机关在作出处罚决定前要告知并听取当事人的意见，而本案办案机关却在有意回避当事人，剥夺了当事人申诉、辩驳、陈述的权利，可见其程序严重违法。

本案还存在办案机关对证人证言记录不实的情况，在证人雷雨超的证言中，开始记录"答，今天我村康某某把我父亲吴某打了"，后面整个证言都表示"那个男的""我只知道是我村的人，我不知道叫什么名字"。陈述前面知道是康某某后面又不知道是谁，可见记录前后矛盾不一。同时对于王麦绒的证言也因其本人不认识字，没有看证言，而存在记录不实之处（王麦绒本人没有说过康某某手持铁锨拍打第三人吴某这样的话）。

三、本案事实不清，且第三人吴某殴打、辱骂被处罚人康某某父亲在先，属于有过错一方，作为儿子的康某某来找第三人吴某说事是可以理解的。所以应适用《行政处罚法》第27条"当事人有下列情形之一的，应当依法从轻或者减轻行政处罚：违法行为轻微并及时纠正，没有造成危害后果的，不予行政处罚"的规定。

四、本案存在处罚不公的情况。

康某（父）在自家责任田整理地畔，第三人吴某上前阻止并殴打康某（父）致康某（父）轻微伤，临渭区公安局对打人者吴某免于处罚，后来上诉人才知道在某某派出所及临渭区公安局民警中有吴某的近亲属，按照法律规定应当回避的人没有回避，办人情案，这样就存在徇私枉法、滥用职权的嫌疑，请贵院查明相关情况。而同时对于打人事实的不清楚的康某某作出拘留及罚款处罚决定，并在事发当场对康某某采取用催泪喷射器制服，戴手铐等强制措施，违反《中华人民共和国人民警察使用警械和武器条例》的相关规定，应当在使用警械时先对被处罚人进行警告，警告无效才能按照《中华人民共和国人民警察使用警械和武器条例》第七条规定处理，而且人民警察依照前款规定使用警械，应当以制止违法犯罪行为为限度；当违法犯罪行为得到制止时，应当立即停止使用。而本案却存在过度使用警械的行为，致使康某某双手、眼部、面部受伤（有照片为证），可见其缺乏合法性和合理性。

综上，原审法院认定事实不清，被上诉人临渭区公安局在作出处罚决定时程序违法，请求二审法院查明案件事实，依法裁判，支持上诉人的上诉请求。

此致
渭南市中级人民法院
附：本上诉状副本1份。

上诉人：××

二〇一六年十二月二十六日

（四）制作要求

行政上诉状由首部、正文和尾部构成。

1. 首部。首部应写明文书名称"行政上诉状"，上诉人、被上诉人的基本情况。内容、写法与行政起诉状相同。

2. 正文。

（1）案由

（2）上诉请求。写明撤销或变更一审人民法院判决或裁定的请求外，还要写明对原具体行政行为要求予以撤销、变更或者维持的主张。

（3）上诉理由。应概括叙述案情及原审人民法院的处理经过和结果；原审原告不服，曾否申请行政复议，复议机关是否改变了原具体行政行为，原审原告因何不服，提起行政诉讼，原审裁判的具体内容如何，上诉人因何不服提起上诉等。针对原裁判的错误所在进行分析论证，反驳谬误，表达自己的主张，阐明上诉的理由。具体如原裁判在认定事实上、适用法律上或者在审判程序上存在何种错误和问题，客观事实又是怎样的、应适用何法律法规。上诉理由要针对性强，逻辑严密，层次清楚，才能为实现上诉请求提供事实上、法律上、理论上的依据。

3. 尾部。

（五）注意事项

行政上诉状与行政起诉状的写作重点不同。对于具体行政行为的形成过程不宜作过多的叙述，而应针对原审裁判进行论述，以原审裁判认定事实是否清楚、证据是否确实充分、适用法律法规是否正确、程序是否合法为重点。在突出重点的基础上，简要介绍纠纷事实的发生、发展过程及结果，以便经办法官全面了解案件、作出公正判决。

（六）项目评价标准

1. 能够熟练掌握行政上诉状的格式，能够通过亚伟速录软件生成模板，并根据需要对常用词进行造词与自定义。

2. 能够结合案例，利用已生成的模板，按照规范格式，完成所需要的文书写作。

3. 根据学习内容，建立自己的专属词库。

单元六

速录在其他法律实践中的应用

知识目标

通过本单元学习，使学生了解其他法律工作实践中常用到的各类主要文书格式，包括仲裁文书、公证文书和笔录，并且能够熟练运用。

能力目标

培养学生熟练掌握仲裁文书、公证文书、笔录等常用文书的格式，并且能够使用亚伟速录软件和文书进行结合，达到理论和实践相结合。

常用文书：

1. 仲裁文书
2. 公证文书
3. 笔录

项目一 仲裁文书

仲裁制度，是指民（商）事争议的双方当事人达成协议，自愿将争议提交选定的第三者根据一定程序规则和公正原则作出裁决，并有义务履行裁决的一种法律制度。

仲裁是当今国际上公认并广泛采用的解决争议的重要方式之一。仲裁通常为行业性的民间活动，是一种私行为，即民间裁判行为，而非国家裁判行为，它与和解、调解、诉讼并列为解决民（商）事争议的方式。但仲裁依法受国家监督，国家通过人民法院对仲裁协议的效力、仲裁程序以及仲裁裁决的执行和遇有当事人不自觉执行的情况时可按照审判地法律所规定的范围进行干预。因此，仲裁活动具有司法性，是中国司法制度的一个重要组成部分。

仲裁文书，是仲裁机构根据当事人的申请，按照仲裁程序规则，处理争议的事实和权利义务关系所制作和使用的各种文书。

一、仲裁协议

（一）概念

仲裁协议，是指当事人在合同中约定的或事后达成的将争议提交仲裁机构裁决的书面协议。仲裁协议独立于合同存在，不因合同的终止、无效而终止或无效。

根据《仲裁法》的规定，仲裁必须经当事人双方的意思表示一致，而且要有书面的仲裁协议、明确的仲裁事项和机构，仲裁机构才能受理。我国《仲裁法》第16条规定：仲裁协议应当具有下列内容：①请求仲裁的意思表示；②仲裁事项；③选定的仲裁委员会。第21条规定：当事人申请仲裁应当符合下列条件：①有仲裁协议；②有具体的仲裁请求和事实、理由；③属于仲裁委员会的受理范围。第22条规定：当事人申请仲裁，应当向仲裁委员会递交仲裁协议、仲裁申请书及副本。

（二）格式

仲 裁 协 议

甲方：×××（姓名或者名称、住址）

乙方：×××（姓名或者名称、住址）

甲乙双方就×××（写明仲裁的事由）达成仲裁协议如下：

如果双方在履行××合同过程中发生纠纷，双方自愿将此纠纷提交×××仲裁委员会仲裁，其仲裁裁决对双方有约束力。

本协议一式3份，甲乙双方各执1份，×××仲裁委员会1份。

本协议自双方签字之日起生效。

甲方：×××（签字、盖章） 　　　　　　乙方：×××（签字、盖章）

年 　月 　日 　　　　　　　　　　　　　年 　月 　日

（三）文本范例

仲 裁 协 议[1]

甲 方：建筑工程公司

住 所：××省××市××区××路××号

法定代表人：××× 董事长

委托代理人：××× ××市××律师事务所律师

×××　××建筑工程公司项目经理

乙 方：××机械总公司

住 所：××市××区××街××号

---

[1] "仲裁协议书范文实例"，载法律快车，http://www.lawtime.cn/info/jingjizhongcai/zhongcaixieyi/20100417470.html，最后访问时间：2018年10月3日。

法定代表人：×××　总经理

委托代理人：×××　该公司总经理办公室主任

上述双方当事人曾于××××年××月××日就综合楼工程签订了《××市建设工程施工合同》（合同编号为：××××）。现双方一致确认凡因该施工合同所引起的或与该合同有关的任何争议，均提请××仲裁委员会按照该地仲裁规则进行仲裁。仲裁裁决是终局的，对双方均有约束力。

上述合同中对争议解决方式的约定如与本协议有不一致之处，以本协议为准。

本协议一式3份，甲乙双方各执1份，×××仲裁委员会1份。

本协议签订地点为××省×市。

本协议自双方委托代理人签字并加盖公章之日起生效。

甲　方：××建筑工程公司（加盖公章）　　　　乙　方：××机械总公司（加盖公章）

委托代理人：×××（签字）　　　　　　　　　委托代理人：×××（签字）

××××年××月×日　　　　　　　　　　　　××××年××月××日

（四）制作要求

仲裁协议由首部、正文、尾部三部分组成。

1. 首部。依次写明以下内容：

（1）标题。在文书顶端居中写明"仲裁协议"字样。

（2）当事人身份事项。按照甲方与乙方的次序依次写明各自的姓名、性别、年龄、职业、工作单位和住所。如系法人或其他组织的应写明单位的全称、所在地址，底下另起一行，写明其法定代表人或主要负责人的姓名及职务。

2. 正文。依次写明以下内容：

（1）甲乙双方就×××（写明仲裁的事由）达成仲裁协议如下：

（2）如果双方在履行××合同过程中发生纠纷，双方自愿将此纠纷提交×××仲裁委员会仲裁，其仲裁裁决对双方有约束力。

（3）本协议一式3份，甲乙双方各执1份，×××仲裁委员会1份。

（4）本协议自双方签字之日起生效。

3. 尾部。尾部应由甲方、乙方署名并注明制作的日期。如系法人或其他组织的，则应写出单位的全称，并加盖单位公章。

（五）注意事项

仲裁是由仲裁机关对当事人之间的合同和其他财产权益纠纷进行公断，它是处理这类纠纷的途径之一。我国《仲裁法》规定，对婚姻、收养、监护、扶养、继承纠纷和依法应当由行政机关处理的行政争议不能仲裁。

（六）项目评价标准

1. 能够熟练掌握接受仲裁协议的格式，能够通过亚伟速录软件生成模板，并根据需要对常用词进行造词与自定义。

2. 能够结合案例，利用已生成的模板，按照规范格式，完成所需要的文书写作。

二、仲裁申请书

（一）概念

仲裁申请书，是指经济纠纷的当事人，为维护其合法权益，根据事前或事后达成的仲裁协议，依法向约定的仲裁委员会提请仲裁解决纠纷的书面请求。

根据我国仲裁法的规定，发生争议的双方当事人要求通过仲裁机构解决争议，必须由其中一方向仲裁机构提交书面的仲裁申请书。因此，仲裁申请书即是仲裁机构受理争议案件的书面依据，也是引起仲裁活动的前提条件。

我国《合同法》第128条规定，当事人可以通过和解或者调解解决合同争议。当事人不愿和解、调解或者和解、调解不成的，可以根据仲裁协议向仲裁机构申请仲裁。

仲裁属于准司法性质的民间社团裁决活动。其适用的范围主要有：一是对平等主体的公民、法人和其他组织之间发生的合同纠纷进行仲裁，这是仲裁活动的最主要类型；二是对劳动争议进行仲裁；三是对技术合同的纠纷进行仲裁；四是对涉外经济贸易发生的争议进行仲裁；五是对财产权益纠纷进行仲裁（婚姻、收养、监护、扶养、继承纠纷或依法应当由行政机关处理的行政争议除外）。上述争议发生后，只要当事人双方在合同中订有仲裁条款或争议发生后双方达成书面仲裁协议的，则必须向仲裁机构申请仲裁，不能向人民法院起诉（劳动争议则无论有无仲裁条款和协议，都只能申请仲裁）。仲裁申请书的制作即标志着仲裁程序的开始，它既是仲裁机构受理争议案件，公正决断的书面依据，也是引起仲裁程序的法定手续。

（二）格式

仲 裁 申 请 书

申请人：
所在地址：　　　　　　　　　　邮政编码：
电话：　　　　电传：　　　　传真：　　　　电报号码：
法定代表人：　　　　　　　　　职务：
被申请人：
所在地址：　　　　　　　　　　邮政编码：
电话：　　　　电传：　　　　传真：　　　　电报号码：
案由：（写明争议案件的性质）
请求事项：（要求仲裁解决的具体问题）
事实与理由：
1. 当事人之间争议的由来、发生、发展的经过。

2. 当事人之间权益争议的具体内容和焦点
3. 实事求是地说明被诉人应承担的责任
此致
×××仲裁委员会

申诉人：

年　月　日

附：1. 证据
　　2. 申请书副本　　　份

（三）文本范例

仲裁申请书[1]

申请人：徐某，男，汉族，1966年×月18日生，原系乌鲁木齐市××丰田汽车服务有限公司职工，住址：新疆维吾尔自治区乌鲁木齐市×××二单元301室，电话：1380997××××。

被申请人：乌鲁木齐××丰田汽车服务有限公司，地址：乌鲁木齐市新市区××路39号，电话：0991-366××××。

法定代表人：李建平，乌鲁木齐市华通丰田汽车服务有限公司

请求事项：

1. 被申请人向申请人支付所欠工资10000元，2. 支付克扣申请人应得出差补贴及申请人出差垫付款5000元，3. 支付经济补偿金2个月（每月工资5000元，工资报酬的25%）共4000元，4. 被申请人承担劳动仲裁费用。

事实与理由：

申请人于2011年6月正式到被申请人李××华通丰田旅游汽车服务有限公司上班，担任其副总经理一职，当时由于公司经营不规范，没有签订劳动合同，申请人在职期间兢兢业业为公司出谋划策，在总经理审批后举办了一系列活动，使公司逐步从最初的几辆车发展到现在的七十余辆车。今年又为公司完成春运，由于公司新车上牌耽误等原因，导致没有按预约的时间到达，预定任务为100万元，实际回收70万元，除去费用，不算来回载客的赢利，每台车的净利仍能达到10万元。这样的利润对于被申请人李建平华通丰田旅游汽车服务有限公司来说，还是史无前例的，但被申请人却以此为由克扣我的工资、补助、应报销的业务款项不予发放。基于以上事实，根据《中华人民共和国劳动法》《违反和解除劳动合同的经济补偿办法》等的相关规定，诉讼贵处，请求依法裁决，支持申请人的请求。

---

[1] "劳动仲裁申请范本大全"，载华律网，http://www.66law.cn/laws/165243.aspx，最后访问时间：2018年10月7日。

此致

乌鲁木齐市新市区劳动局劳动仲裁

申请人：徐××

2011 年 10 月 21 日

附：1. 本申请书副本 1 份；

2. 协议书 1 份（复印件）。

（四）制作要求

仲裁申请书由首部、正文、尾部三部分组成。

1. 首部。依次写明以下几项内容：

（1）标题。在文书顶端居中写明"仲裁申请书"字样。

（2）当事人身份事项。按照申请人与被申请人的次序依次写明其各自的姓名、性别、年龄、职业、工作单位和住所。如系法人或其他组织的应写明单位的全称、所在地址，底下另起一行，写明其法定代表人或主要负责人的姓名及职务。申请人委托代理人的，可以在申请人栏目之下写明委托代理人的身份，也可以不写，因为委托关系的建立将另行向仲裁庭递交授权委托书。

如有第三人的则续写第三人项目，写法同上。

当事人如系外国公民或域外企业及其他组织的，除国籍外，其他项目应于中文之后加注外文。

（3）仲裁请求。应反映出两项内容：一是案由即案件属于何种性质；二是仲裁请求的目的。请求事项只有一项的，一句话写明即可；如有两项以上的，则应分条列出以示清楚。请求事项要明确、简练，忌笼统、含糊、拖泥带水。

2. 正文。包括事实和理由两项内容。这是仲裁申请书的核心部分，也是仲裁请求能否实现的前提和基础，应着力写好。

（1）事实。叙述事实一般应按照纠纷发生发展的演变过程，将时间、地点、原因、经过、争议的焦点、造成的后果等要素一一交待清楚。如合同纠纷，首先要写明双方于何时在何地签订了一份什么合同，合同中的主要条款是如何约定的，接下来再叙述合同在履行中被申请人因何原因违约，致使发生纠纷，纠纷发生后协商、调解不成的争议焦点是什么，上述行为给申请人带来怎样的经济损失等，按这种思路叙述可以将案情的始末过程完整地反映出来，使人清楚地了解纠纷产生的来龙去脉、前因后果，从而为正确认定案情、评断是非责任奠定坚实的基础。

（2）理由。事实写完之后，底下应另起一段写明申请仲裁的理由。理由部分应根据分析纠纷的性质及后果，阐明申请人对本案的认识及主张，从中得出被申请人因违约或侵权行为应当承担相应法律责任的结论，最后引用有关法律条文，提出申请仲裁的请求。阐述理由要抓住要点，切事而论，同时还应用语精练，言简意赅。如有证据需要提交的，应在事实及理由之下写明证据和证据来源，证人姓名和住址。列举证据应按顺序写明证据的名称（如合同、协议书、往来电文、函件、照片、鉴定书、汇票、转账支票的复印件等），来源，份数。证人作证的应列出证人姓名、性别、职业、工作单位及职务、住址，以便案件受理后仲裁员向其发送出庭作证通知书。

3. 尾部。尾部应写明下列项目：

（1）致送单位的名称。分两行写明"此致""××仲裁委员会"。如系涉外经济贸易纠纷写"中国国际经济贸易仲裁委员会"。

（2）附项。写明：①本仲裁申请书副本×份；②书证×份共××页；③物证×件。

（3）署名和日期。于右下角位置由申请人署名并注明制作的日期。如系法人或其他组织的，则应写出单位的全称，并加盖单位公章。

（五）注意事项

1. 律师在代书前首先需了解当事人双方是否在合同中立有仲裁条款或者争议发生后是否订有仲裁书面协议，如果没有，则不能代书，以免徒劳。因为不具备上述前提条件，仲裁机构将不予受理，只能向人民法院起诉。

2. 注意仲裁时效。仲裁申请书的递交必须在法定的仲裁时效届满前提出，

（六）项目评价标准

1. 能够熟练掌握接受仲裁申请书的格式，能够通过亚伟速录软件生成模板，并根据需要对常用词进行造词与自定义。

2. 能够结合案例，利用已生成的模板，按照规范格式，完成所需要的文书写作。

三、仲裁答辩书

（一）概念

仲裁答辩书，是指在仲裁过程中，被申请人针对申请人《仲裁申请书》中提出的仲裁请求及其所依据的事实和理由进行答对、辩解和反驳的一种文书。制作并提交答辩书，是被申请人的一项重要权利。它可以明确、充分地阐述被申请人的观点和主张，反驳申请人错误或不当之处，使纠纷的主要问题越辩越明，从而为在仲裁活动中获胜创造有利条件。

如果申请人认为被申请人所持观点和主张确实持之有故、言之成理，而自己多有偏颇和疏漏，则可以主动要求和解，或者撤回仲裁申请，从而解除不必要的争议，及早终止仲裁的进行。被申请人认真的实事求是的答辩，也有利于仲裁机构查明事实真相，分清是非责任，公正合理地作出裁决，以维护当事人的合法权益。

我国《仲裁法》第25条第2款规定：被申请人未提交答辩书的，不影响仲裁程序的进行。

（二）格式

仲裁答辩书

答辩人：

答辩人名称：_____ 地址：_____

法定代表人：姓名：_____ 职务：_____

住址：_____ 电话：_____

委托代理人：姓名：_____ 性别：_____ 年龄：_____

工作单位：_____ 职务：_____

住址：_____ 电话：_____

申诉人因_____诉我_____一案，_____
_____

现提出答辩意见如下：_____
_____

此　致

_____仲裁委员会

答辩人：_____（盖章）

法定代表人：_____（签章）

_____年_____月_____日

附：1. 答辩书副本_____份。
　　2. 其它证明材料_____件。

（三）文本范例

仲裁答辩书

答辩人：东莞市××××××有限公司　　地址：广东省东莞市××镇祠边　电话：0769-84589×××

法定代表人：张×× 职务：总经理

尊敬的×××县劳动争议仲裁委员会：

答辩人于2010年4月29日收到贵会受理的××仲案字［2010］第23号应诉通知书及刘××等10人《劳动争议仲裁申诉书》，现就申诉人与我公司劳动争议一案，提出答辩如下：

答辩意见：被诉人与申诉人不存在任何劳动关系和债务关系。答辩理由：

一、答辩人历来严格遵守国家劳动法规，与劳动者签订劳动合同，不存在用工中的事实劳动关系，没有证据证明申诉人与答辩人曾经存在任何形式的劳动关系，其提起的所谓劳动争议更是无从谈起，亦不属于由劳动争议仲裁委员会受理范围。

根据《中华人民共和国劳动争议调解仲裁法》第2条规定：中华人民共和国境内

的用人单位与劳动者发生的下列劳动争议,适用本法:①确认劳动关系发生的争议;②因订立、履行、变更、解除和终止劳动合同发生的争议;③因除名、辞退和辞职、离职发生的争议;④因工作时间、休息休假、社会保险、福利、培训以及劳动保护发生的争议;⑤因劳动报酬、工伤医疗费、经济补偿或者赔偿金等发生的争议;⑥法律、法规规定的其他劳动争议。

申诉人在申诉书中称,李××雇请其为××××厂干部宿舍楼装潢。申诉人自己也很明白,他是受李××的委托而到××××厂干部宿舍楼从事装潢工作,并非受答辩人聘请或委托。同时,申诉人没有任何证据表明,其与答辩人之间存在任何直接的关系,答辩人从来都没有委托或者聘用申诉人从事过任何工作,也从来没有直接支付过工资或任何形式的报酬给申诉人,答辩人的工地管理人员甚至根本不认识申诉人。因此,申诉人与答辩人之间不存在任何劳动关系,申诉人要求答辩人支付劳动工资更是无理要求。

二、凡是答辩人在××××厂承揽的装修装饰工程有需要材料或者劳务承包的,均与材料供应商或具体施工人签订劳务承包或工程承揽合同,但申诉人与答辩人之间从来没有任何劳务承包或工程承揽合同。申诉人也没有证据证明双方存在任何劳务承包或工程承揽合同关系,故双方没有任何债权债务关系。

综上所述,申诉人刘×××等10人关于要求答辩人支付劳动工资和赔偿金的请求没有事实和法律依据;谨此,答辩人恳请贵会依法驳回申诉人的全部申诉请求,以维护答辩人的合法权益。

此致

×××县劳动争议仲裁委员会

答辩人:东莞市×××××有限公司
法定代表人签名:
××××年××月××日

附:答辩书副本2份

(四) 制作要求

仲裁答辩书由首部、正文和尾部组成。

1. 首部。

(1) 标题。在文书顶端居中写"仲裁答辩书"字样。

(2) 当事人的基本身份事项。写明答辩人、具状人的基本情况、姓名、工作单位职业(职务)等。

2. 正文。正文应包括:

(1) 声明。要写明对什么事项进行答辩。

(2) 答辩意见。这部分是仲裁答辩书的主要部分,被诉人应当在充分阅读、分析申诉书的基础上拟定答辩要点，提出反驳，答辩书也可以承认申诉书的某些事实、证据和申诉的意见及申诉请求。被诉人维护自己的合法权益，可以对申诉书提出反问质问，答辩意见要写得有理据，说服力强。

（3）证据部分，答辩人可以在答辩意见之后，附上有关证据，可以是有关人员的证词，有关规章制度的复印文本、证明书或者争议发生的现场情况证明等材料。

3. 尾部。写明答辩人、具状人的姓名，并注明答辩的日期。

（五）注意事项

1. 答辩意见是答辩书最重要的内容，被申请人应当针对申请人的仲裁请求逐项给予明确答复。

2. 阐述自己的意见应当做到有理有据，列举相应的法律规定及事实。

3. 陈述答辩理由应当注意言简意赅、条理清晰。

（六）项目评价标准

1. 能够熟练掌握仲裁答辩书的格式，能够通过亚伟速录软件生成模板，并根据需要对常用词进行造词与自定义。

2. 能够结合案例，利用已生成的模板，按照规范格式，完成所需要的文书写作。

四、仲裁调解书

（一）概念

仲裁调解书，是指在仲裁机构的主持下，双方当事人自愿达成协议，而由仲裁机构制作的记载协议内容的具有法律效力的法律文书。

我国《仲裁法》第51条第1款规定："仲裁庭在作出裁决前，可以先行调解。当事人自愿调解的，仲裁庭应当调解。"这是制作仲裁调解书的法律依据。

调解是我国解决民事、经济纠纷的一种重要方式和优良传统，它分为诉讼、仲裁和人民调解三种形式。仲裁调解和诉讼调解都有法律效力，具有强制执行力；而人民调解则没有法律效力。

（二）格式

×××仲裁委员会
调 解 书

（××××）×仲字××号

申请人：
所在地址：　　　　　　　　　邮政编码：
电话：　　　　电传：　　　　传真：　　　　电报号码：
法定代表人：　　　　　　　　职务：

被申请人：
所在地址：　　　　　　　　　　邮政编码：
电话：　　　　　电传：　　　　　传真：　　　　　电报号码：
案由：（写明争议案件的性质）
申请人称：
　　被申请人辩称：
　　本仲裁委员会依当事人的仲裁协议和仲裁申请受理此案，经双方共同选定，由×××仲裁员仲裁本案。
　　现查明：
　　经本会主持调解，双方达成如下协议：
　　（一）
　　（二）
　　（三）本案仲裁费×××，申请人承担×××元，被申请人承担×××元。
　　本调解书经双方当事人签收后，即发生法律效力。
　　仲裁员：×××

　　　　　　　　　　　　　　　　　　×××年××月××日（盖章）
　　　　　　　　　　　　　　　　　　书记员：×××

（三）文本范例

×××仲裁委员会
调　解　书[1]

×仲裁字（2002）第×××号

申诉人：马××，女，49岁，住址：北京市××区××街××号
委托代理人：×××，男，工作单位：北京市××区司法局。代理权限：代为承认、放弃、变更仲裁请求，提供证据、参加辩论，请求调解，代收法律文书。
被申诉人：北京市××区国税局，住所地：××区××街××号。
法定代表人：李××，男，50岁，局长。
委托代理人：郑××，男，工作单位：北京市××区国家税务局，代理权限：代为承认、放弃、变更仲裁请求，提供证据、参加辩论，请求调解，代收法律文书，提起反诉。
案由：工资、补偿金争议
经本委当庭调解，双方自愿达成如下协议：
双方解除劳动关系，被申诉人支付给申诉人工资差额和解除劳动关系的经济补偿

---

[1] "劳动争议仲裁调解书范本"，载找法网，http://www.lawtime.cn/info/laodong/zctj/2010123089732.html，最后访问时间：2018年10月5日。

金共计玖仟伍佰元整（9500元），限本调解书生效后五日内付清；

仲裁费400元，双方各负担50%。

本调解书经双方当事人签收后，即发生法律效力。

仲裁员：李××

申诉方：马××   被申诉方：郑××

北京市××区劳动争议仲裁委员会

××××年××月××日制作、送达

（四）制作要求

仲裁调解书由首部、正文和尾部组成。

1. 首部。

（1）标题。在文书顶端居中写"仲裁调解书"字样。

（2）编号。在标题右下方写上"（××××）仲字××号"。

（3）当事人的基本身份事项：

第一，按仲裁申请人和被申请人的顺序书写；一方或双方有法定代理人、法定代表人（或代表人）或委托代理人的，要分别写明。

第二，当事人为法人或其他组织，应写明详细名称和地址、法定代表人或代表人的姓名与职务。当事人为公民，应写明其姓名、性别、年龄（出生年月日）、民族、籍贯、职业与职务以及住址。法定代理人除写明与当事人相同事项外，还需写明其与当事人的关系。

第三，委托代理人为一般公民的，应写事项同公民当事人；律师则写明其姓名和所在律师事务所及职务。

2. 正文。正文应包括案件事实、协议内容及仲裁费用的负担。

（1）案件事实。应简要叙述争议发生的原因、经过、争执焦点、请求事项等内容。在写明纠纷事实后，另起一行写明："本案在仲裁过程中，经本会主持调解，双方当事人自愿达成如下协议："作为过渡语，起承上启下的作用。

（2）协议内容。写明双方协商一致所达成的协议的具体内容。

（3）仲裁费用的负担。

3. 尾部。依次写明下述内容：

（1）调解书发生法律效力的时间。一般写成："本调解书经双方签收后，即发生法律效力。"

（2）注明该仲裁调解书的份数及双方当事人所持的份数。

（3）右下方由仲裁员、书记员签名，加盖仲裁委员会印章。

（4）制作调解书的日期和地点。

（五）注意事项

仲裁机构不得强制制作调解书，调解书确认的协议内容，不得损害国家、集体和第三人的利益。制作调解书的依据是调解协议，当事人若自行达成和解协议又不撤回仲裁申请，不得根据和解协议制作调解书。

调解书应明确当事人的责任，分清是非，不能简单写出仲裁请求和协议结果。调解书效力的写法，应使用"本调解书经双方当事人签收后即发生法律效力"，而不应采用"本调解书与裁决书有同等法律效力"。因为裁决书自制作之日起发生法律效力，而当事人在签收调解书前可以反悔，调解书未经当事人签收而没有任何效力。

（六）项目评价标准

1. 能够熟练掌握仲裁调解书的格式，能够通过亚伟速录软件生成模板，并根据需要对常用词进行造词与自定义。

2. 能够结合案例，利用已生成的模板，按照规范格式，完成所需要的文书写作。

五、仲裁裁决书

（一）概念

仲裁裁决书，是指仲裁机构依照仲裁程序，在查清事实的基础上，根据法律规定，对当事人提交仲裁的争议案件作出处理决定所制作的文书。

仲裁裁决书的法律依据是我国《仲裁法》第49条规定："当事人申请仲裁后，可以自行和解。达成和解协议的，可以请求仲裁庭根据和解协议作出裁决书，也可以撤回仲裁申请。"第51条规定："……调解不成的，应当及时作出裁决。调解达成协议的，仲裁庭应当制作调解书或者根据协议的结果制作裁决书。调解书与裁决书具有同等法律效力。"第54条又规定："裁决书应当写明仲裁请求、争议事实、裁决理由、裁决结果、仲裁费用的负担和裁决日期。当事人协议不愿写明争议事实和裁决理由的，可以不写。裁决书由仲裁员签名，加盖仲裁委员会印章。对裁决持不同意见的仲裁员，可以签名，也可以不签名。"

仲裁裁决书是仲裁机构处理争议案件的最终书面结果，是当事人享有实体权利、承担义务的书面依据。它对维护社会经济秩序，保护当事人合法权益具有重要的意义。

（二）格式

×××仲裁委员会
裁决书

××××裁字××号

申诉方：×××（姓名或者名称、住址）

被诉方：×××（姓名或者名称、住址）

（当事人可以委托代理人）

案由：

……（双方争议的内容及各自陈述的意见）

查明：……（写明仲裁庭查明的事实和认定的证据）

本会认为：……（写明裁决的理由）。依照……（写明裁决所依据的法律条款项目）之规定，裁决如下：

（一）……

（二）……（写明裁决结果）

（三）本案仲裁费×××元，由×××承担。

本裁决为终局裁决。

首席仲裁员：×××

仲裁员：×××

仲裁员：×××

×年×月×日（印章）

书记员：×××

（三）文本范例

×××仲裁委员会
裁 决 书

（2004）×仲字第 4 号

申请人：××五交化公司（收货人）

地址：××市南京西路 42 号

法定代表人：马××，总经理。

被申请人：香港××国际货运代理有限公司

地址：香港九龙××路 18 号

法定代表人：梁××，董事长。

双方因承运人所运货物发生损失的责任发生争议，协议提交本会仲裁。本会依法受理此案，后根据双方的选定和委托组成仲裁庭，于 2004 年 3 月 10 日至 4 月 15 日在××进行了审理。被申请人申请首席仲裁员回避，本会认为其理由不成立，决定不予准许。申请人申请财产保全后，本会依法提交给××市中级人民法院，该法院已裁定冻结被申请人在××的资金 10 万港元。申请人认为货物的损失是被申请人的过失造成的，要求赔偿 10 万港元。被申请人则认为其不负赔偿责任，理由是货物的损失因不可抗力原因所致。双方都提交了有关证据。

现查明：货物到达上海港后，双方交验确认所损货物价值 9 万港元；该货当时国际市场价格高于合同价格 10%。

仲裁庭认为：货物损失系承运船舶不适合海上航行所致，被申请人的抗辩理由不成立。

仲裁庭进行了调解，双方不能达成协议，现作出如下裁决：

（一）被申请人承担全部责任，向申请人赔偿经济损失 99000 港元。

（二）本案仲裁费 5000 港元，由被申请人承担。

本裁决为终局裁决。

首席仲裁员 吴××

仲裁员 李××

仲裁员 乔××

二〇〇四年四月十五日

（盖章）

书记员 赵××

（四）制作要求

仲裁裁决书由三部分组成：

1. 首部。写明申请仲裁的当事人及委托代理人的基本情况和案由。

2. 正文。

（1）应写明双方争议的主要事实和仲裁庭查明的事实和认定的证据。

（2）裁决部分，写明当事人各自的责任和应承担责任的法律依据。

3. 尾部。仲裁庭人员的签字和仲裁委员会的印章。

（五）注意事项

1. 仲裁必须根据仲裁协议、仲裁申请书和仲裁法及仲裁程序规则进行，坚持以事实为根据、以法律为准绳的原则。否则，当事人可根据《仲裁法》第 58 条申请人民法院撤销裁决，人民法院也可以按《民事诉讼法》第 274 条裁定不予执行。

2. 裁决书应按多数仲裁员的意见作出，不能形成多数意见时，按首席仲裁员的意见作出。对裁决持不同意见的仲裁员，可以不签名。当事人协议不愿写明争议事实和裁决理由的，可以不写。

3. 仲裁不能强行调解或久调不裁，必须根据《仲裁法》的原则和仲裁程序规则规定的结案期限予以裁决并制作裁决书。

4. 裁决书的制作不仅要合法及时，而且不应有文字和计算错误或遗漏事项，如有出现错误或者遗漏，应当及时补正。当事人自收到裁决书之日起 30 天内，请求补正的，仲裁庭应当审查补正。

5. 裁决书自作出之日起发生法律效力，在其尾部应写上"本裁决为终局裁决"字样。

（六）项目评价标准

1. 能够熟练掌握仲裁裁决书的格式，能够通过亚伟速录软件生成模板，并根据需要对常用词进行造词与自定义。

2. 能够结合案例，利用已生成的模板，按照规范格式，完成所需要的文书写作。

3. 根据学习内容，建立自己的专属词库。

项目二　公证文书

一、概念

公证，是由公证机构进行的一种特殊的证明活动。公证机构的活动要按照公证程序规范进行。其证明的对象是民事法律行为、有法律意义的事实和文书，通过证明对象的真实性、合法性来保护当事人的合法权益。

公证文书，是指公证机构根据当事人的申请，依照事实和法律，按照法定程序并按照规定或批准的格式和要求制作的、具有特殊法律效力的司法证明文书。

公证文书是司法文书的一种。作为一种特殊的法律书证，公证书的效力在司法活动中是其它任何书证所无法代替和比拟的，是具有权威性的特殊证据。

由于公证书的特殊性，公证管理部门历来十分重视公证文书的规范化问题。早在1956 年，司法部就在总结各地公证文书制作经验的基础上，第一次制定了统一的公证文书格式。此后，为了规范公证活动，保证公证质量，司法部于 1981 年颁行了《公证书试行格式》，促进了公证文书的规范化。为适应改革开放、法制建设和公证业务发展的需要，司法部又于 1992 年对《公证书试行格式》进行了大规模的修订，颁布了《公证书格式（试行）》，包括公证书、现场公证词、通知书、代书等各类格式共计 111 种，为公证处制作公证书提供了统一的依据。

1998 年 3 月，司法部依照"将现行的定式化格式改为定式化格式与要素式格式相结合"的改革思路，开始有选择地进行要素式公证书的试点工作。2000 年 3 月，司法部发布了《关于保全证据等 3 类公证书实行要素式格式的通知》，推行使用要素式公证书格式，要求在国内使用的保全证据、现场监督、合同（协议）3 类公证书均试行要素式公证书格式。

要素式公证书的证词内容包括必备要素和选择要素两部分。"必备要素"为公证书证词中必备内容；"选择要素"为根据公证证明的实际需要或当事人的要求，酌情在公证书证词中写明的内容。要素式公证书的实行，便于人民法院把公证书直接作为独立的证据使用，与人民法院的民事审判制度改革相呼应。法律规定，只有依据合法程序取得的证据，才能作为人民法院认定的证据。以往旧式的公证书，内容过于简单，人民法院认为许多内容不规范，必须经调卷这个程序才能采证，影响了审判效率，而要素式公证书则清楚表述了取证的程序和法律依据。

二、公证文书的制作要求

根据 2006 年 7 月 1 日开始施行的《公证程序规则》第 42 条的规定，公证书包括以下内容：①公证书编号；②当事人及其代理人的基本情况；③公证证词；④承办公证员的签名（签名章）、公证机构印章；⑤出具日期。

公证书属于法律文书的一种，制作上既要符合法律规定，讲究格式，内容客观、全面，也要讲究语言。具体而言，公证文书一般包括三个部分：

（一）首部。

1. 文书名称。在文书的上部正中写"公证书"字样。

2. 文书编号。在"公证书"的右下方用阿拉伯数字写年度的全称，接着写公证机关简称和编号。如："（200×）×公证字第××号。"

在首部，一般不写当事人的身份和基本情况；但是，继承、收养亲属关系的公证书的首部应写明当事人的姓名、性别、出生年月日、住址等身份事项。

（二）正文。

正文也叫证词，是公证书的核心部分和主要内容。证词应根据证明事项来写，当事人申请公证的事项不同，因而其证词的写法也不尽相同。但不论公证何种事项，都应写得清楚、准确、真实、合法。

公证证明事项的具体内容，有些全部体现在公证书的证词里，如：出生、生存、死亡、收养、婚姻关系、亲属关系公证等。至于法律行为公证，公证书的公证词文字只是寥寥数语。例如："兹证明×××于×××年×月×日来到我处，在我的面前，在前面的赠予书上签名（或盖章）。"因此，这类公证可以印成填空式的文书用纸。但收养子女、财产继承等类公证书，则应根据具体情况，逐件制作。

成批的公证事项（即内容同一），如供电局与农村乡镇全面签订《供用电合同》，可以把填空式的公证词拟好，附印到合同（协议后）的后面，这样办理公证时就大大简化了手续。

（三）尾部。

1. 制作文书的机关名称。写明出具公证书的公证机构，如"中华人民共和国××省××市（县）公证处"，必须冠以"中华人民共和国"字样，因为是代表国家公证。

2. 文书签署人的职务和签名。先写"公证员"，然后加盖公证员签名章。

3. 文书签发的日期，并加盖公章。

下面介绍几种常用的公证文书。

三、出生公证文书

（一）概念

出生公证文书，是指公证机构对我国公民出生在国（境）内这一既成的法律事实的真实性予以确认而出具的公证书。出生是很重要的法律事实，它能引起一系列的法律关系的发生、变更和消灭。出生公证主要用于当事人办理移民、出国求学、谋职、继承财产、办理入籍手续等。

（二）格式

出生公证书

（　）××字第××号

根据××××（写明调查的材料，包括档案记载、知情人证明等）兹证明×××，男（或者女），于××××年××月××日出生。×××的父亲（或者养父）是×××，母亲（或者养母）是×××（如果是养父母关系应注明收养登记证或者收养公证书的编号）。

中华人民共和国××省××市（县）公证处
公证员：×××（签名）
××××年××月××日

（三）文本范例

出生公证书

（2005）×公外字第 18 号

根据《出生证》证明，兹证明张××，男，于 1980 年 11 月 14 日出生。张××的父亲是张×庆，母亲是王×芬。

中华人民共和国××省××市公证处
公证员：丁××（签名）
二〇〇五年元月十八日

（四）注意事项

1. 当事人办理出生公证，应向其住所地或出生地的涉外公证处申请。已在国外的当事人，应向其在华最后住所地的涉外公证处提出申请。

2. 申请人须提供以下材料：

（1）申请人的身份证、户口簿；申请人在国外的，需提供护照复印件。

（2）申请人的医院出生证明、所在单位人事部门或户籍所在地街道办事处或派出所出具的出生证明，证明应详列申请人的姓名、性别、出生年月日、出生地点（具体到市、县）及父母姓名（父母已故的要注明）。

（3）申请人的近期大一寸免冠正面照片 3 张（美国的 4 张，彩色或黑白皆可）。

3. 如果该公证文书系发往国外使用的，应送外交部或者省、自治区、直辖市外事办公室和有关国家驻我国大使馆、领事馆认证。但文书使用国另有规定或者双方协议免除领事认证的除外。

4. 委托代理人代为申请的，须提供授权委托书和居民身份证。

5. 公证处只能为在我国出生的我国公民或外国人办理出生公证书。在国外出生的人，如需要此类证明的，应在当地有关机关取得出生证明。

四、亲属关系公证书

(一) 概念

亲属关系是指以婚姻为基础、血缘为纽带，以及收养而形成的相互关系。凡是法律上承认的亲属，彼此间就产生权利义务，具有一定的法律效力。比如，我国婚姻法规定，夫妻、父母和子女负有互相扶养的义务。

亲属关系公证书，是指公证机构为确认我国公民与其在国（境）外居住的亲属之间的血统或姻亲等相互关系（包括直系亲属关系和旁系亲属关系）而出具的公证书。

亲属关系公证书，主要用于出入境签证，以及我国公民到国外定居、探亲、留学、继承遗产、申请劳工伤亡赔偿、领取抚恤金等事项。

(二) 格式

亲属关系公证书

（ ）××字第××号

申请人：×××，男或女，于××××年××月××日出生，现住××省××市××街××号。

关系人：×××，男或女，于××××年××月××日出生，现住××省××市××街××号。

根据××单位公务人员档案记载（或向知情人××核实），兹证明申请人×××是关系人×××的××（关系称谓）；×××（申请人）的父亲是××，母亲是×××；×××（申请人）与×××（申请人配偶）于××××年××月××日在××省××市结婚，×××是×××的××（申请人的儿子或女儿），×××（申请人的儿子或女儿）于××××年××月××日出生，×××（申请人）的岳父是×××，岳母是×××

中华人民共和国××省××市公证处
公证员：×××（签名）
××××年××月××日

(三) 文本范例

亲属关系公证书

（2005）×公外字第 28 号

申请人：王××，男，于 1964 年 10 月 20 日出生，现住××省××市××街××号。

关系人：刘×，女，于 1933 年 3 月 16 日出生，现住××省××市××街××号。

根据××××局机关人员档案记载，兹证明申请人王××是关系人刘×的儿子；

王××的父亲是王×，母亲是刘×。

中华人民共和国××省××市公证处
公证员：曹××（签名）
二〇〇五年二月十八日

（四）注意事项

1. 办理亲属公证，由申请人户籍所在地（外国人、华侨和港澳台同胞由原户籍所在地）的公证处受理。

2. 办理亲属关系公证须提供以下材料：

（1）申请人的身份证、户口簿；申请人在国外的，需提供护照复印件。

（2）申请人所在单位人事部门、人才交流中心、户籍所在地街道办事处、派出所或乡政府，根据档案记载而出具的亲属关系证明信和介绍信。出具的证明应详列申请人在国外、国内的关系人的姓名、性别、出生日期、现住址以及他们之间是何种亲属关系等。

（3）国（境）外亲属（即关系人）的有关信件；关系人的身份证、户口簿或护照的复印件。

（4）委托代理人代为申请的，须提供授权委托书和居民身份证。

3. 对用于继承目的的亲属关系公证，法定继承人范围内的关系人无论是否死亡，均应列入公证书中，并应了解被继承的财产状况、生前有无遗嘱及法定继承人的有关情况。

五、婚姻状况公证书

（一）概念

婚姻状况公证书，是指公证机构出具的对申请人现实际存在的婚姻状况（包括单身、未婚、结婚、离异、无配偶或丧偶等）这一民事法律事实的真实性、合法性等给予证明的文书。

婚姻状况公证主要用于我国公民申请到国外探亲、定居、留学、办理结婚、继承等法律手续。

婚姻状况公证的种类包括结婚公证、未婚公证、离婚公证、丧偶公证等。

（二）格式

格式一

结婚公证书

（　）××字第××号

根据××省××市（县）××街道办事处（或者乡镇政府）颁发的编号为×××号的结婚证书，兹证明×××（男，××××年××月××日出生）与×××（女，

××××年××月××日出生）于××××年××月××日在×××（地点）登记结婚。

中华人民共和国××省××市（县）公证处
公证员：×××（签名）
××××年××月××日

格式二

未婚公证书

（　）××字第××号

兹证明×××（男或者女，××××年××月××日出生），现在××××（住址），至今未曾登记结婚。

中华人民共和国××省××市（县）公证处
公证员：×××（签名）
××××年××月××日

格式三

离婚公证书

（　）××字第××号

兹证明×××（男，××××年××月××日出生）与×××（女，××××年××月××日出生）于××××年××月××日在×××（地点）登记结婚，于××××年××月××日在×××（原婚姻登记机关名称，或者经人民法院判决）离婚。其夫妻关系自该日终止（登记离婚之日或者判决之日）。

中华人民共和国××省××市（县）公证处
公证员：×××（签名）
××××年××月××日

（三）文本范例

结婚公证书

（2005）×公外字第38号

根据××省××市××区××街道办事处颁发的编号为×××号的结婚证书，兹证明林××（男，1961年10月18日出生）与张××（女，1964年11月12日出生）于1991年5月28日在××街道办事处登记结婚。

中华人民共和国××省××市公证处
公证员：李××（签名）
二〇〇五年三月十八日

（四）注意事项

1. 办理涉外婚姻状况公证的当事人应当向其住所地办理涉外公证业务的公证机关

提出申请。

2. 办理婚姻状况公证须提供以下材料：

（1）申请人的身份证、户口簿；申请人在国外的，需提供护照复印件。

（2）已婚的需提供结婚证书；未婚的须提供单位人事部门或户籍所在地街道办事处出具的未婚证明；离婚的须提供离婚证书或法院生效的离婚判决（调解）书；丧偶的须提供配偶的死亡证明及单位人事部门或户籍所在地街道办事处出具的丧偶后有（无）再婚证明。

（3）申请人的双人合影照片3张（美国的4张）或单人大一寸照片各3张（美国的4张）。

（4）委托代理人代为申请的，须提供授权委托书和居民身份证。

3. 没有办理婚姻登记手续，而是按照当地风俗结为夫妻的，其公证属于结婚公证的范围，但其公证的格式与结婚公证有所不同。

4. 如果用于涉外方面的，应送外交部或者省、自治区、直辖市外事办公室和有关国家驻我国大使馆、领事馆认证。但文书使用国另有规定或者双方协议免除领事认证的除外。

六、学历（学位）公证书

（一）概念

学历公证，是指公证机构出具的对当事人的学习成绩单或记分册、毕业（或结业、肄业）证、学位证书等的真实性、合法性给予证明的文书。

（二）格式

学历公证书

（　）××字第××号

根据××大学（或学院）××××年××月××日发给×××的第××号毕业（或肄业）证书（或××号学位证书），兹证明××（男或女，××××年××月××日出生）于××××年××月至××××年××月在××大学（或学院）××系本科（或专科或双学位或研究生班或硕士研究生）××专业学习，学制××年，于××××年××月毕业（或肄业），并被授予××学位。

中华人民共和国××省××市公证处
公证员：×××（签名）
××××年××月××日

注：毕业证书上为授予学位的，学位公证另行办理。

（三）文本范例

学历公证书

（2005）××公外字第 48 号

根据×××大学 1987 年 7 月 8 日发给蒲××的第 1357 号毕业证书，兹证明蒲××（男，1966 年 8 月 26 日出生）于 1983 年 9 月至 1987 年 7 月在×××大学××系本科××专业学习，学制四年，于 1987 年 7 月毕业，并被授予××学位。

中华人民共和国××省××市公证处
公证员：刘××（签名）
二〇〇五年四月十八日

（四）注意事项

1. 当事人办理学历、学位公证，应向其住所地的具有涉外公证业务的公证处提出申请。

2. 办理学历（学位）公证须提供以下材料：

（1）申请人的身份证、户口簿；申请人在国外的，需提供护照复印件。

（2）申请人的学历（学位）证书（毕业证、学位证、成绩单）的原件及身份证复印件。

（3）委托代理人代为申请的，须提供授权委托书和居民身份证。

七、经历公证书

（一）概念

经历公证书，是指为了达到取得前往国入境签证或在国（境）外谋取职业等目的，申请人请公证机构出具的本人在某段时间，于某个单位从事某项工作或学习的经历这一法律事实的真实性的公证书。

（二）格式

经历公证书

（　　）××字第××号

根据××单位公务人员档案记载，兹证明×××，（男或女，××××年××月××日出生）于××××年××月××日至××××年××月××日在××省（或市、县）××单位（全称）从事××工作。

中华人民共和国××省××市（县）公证处
公证员：×××（签名）
××××年××月××日

（三）文本范例

经历公证书

(2005) ×公外字第 58 号

根据××省××市××大酒店档案记载，兹证明钱××，（男，1971 年 8 月 19 日出生）于 1993 年 7 月至 2005 年 4 月在××省××市××大酒店从事厨师工作。

中华人民共和国××省××市公证处

公证员：何××（签名）

二〇〇五年五月十八日

（四）注意事项

1. 当事人办理工作经历公证，应向其住所地的具有涉外公证业务的公证处提出申请。

2. 办理经历公证须提供以下材料：

（1）申请人的身份证、户口簿；申请人在国外的，需提供护照复印件。

（2）申请人所在单位人事部门出具的证明，证明应详列申请人的姓名、性别、出生年月日、何年何月至何年何月在什么单位从事何种工作或担任何种职务。有职称的应提供职称证书，如工程师证、厨师证、教师证等。

（3）申请人的近期大一寸照片 3 张（美国的 4 张，彩色或黑白皆可）。

（4）委托代理人代为申请的，须提供授权委托书和居民身份证。

八、有（无）受过刑事制裁公证书

（一）概念

有（无）受过刑事处分公证书，是指公证机构对我国公民（或外国公民）在我国境内居住期间是否受过刑事处分或有没有触犯过刑法等法律事实而出具的公证书。

有（无）受过刑事处分公证书主要用于当事人出国定居、入籍、移民、结婚、收养子女及劳务输出等。

（二）格式

未受刑事处分公证书

（　　）××字第××号

根据××省××市户籍管理机关档案记载（或××单位公务人员档案记载），兹证明××（男或女，××××年××月××日出生，现住××××）至××××年××月××日离境（或去香港、澳门）之日，在中国（或内地）居住期间未曾受过刑事处分。

中华人民共和国××省××市公证处

公证员：×××（签名）

××××年××月××日

（三）文本范例

未受刑事处分公证书

（2005）×公外字第68号

根据××省××市公安局刑警支队出具的证明，兹证明彭××（男，1973年2月16日出生，现住××省××市××区）至2005年5月30日离境之日，在中国居住期间未曾受过刑事处分。

中华人民共和国××省××市公证处
公证员：曾××（签名）
二〇〇五年六月十八日

（四）注意事项

1. 当事人办理工作经历公证，应向其住所地的具有涉外公证业务的公证处提出申请。

2. 办理有（无）受过刑事制裁公证须提供以下材料：

（1）申请人的身份证、户口簿；申请人在国外的，需提供护照复印件。

（2）申请人所在单位保卫部门、申请人户籍所在地街道办事处、公安局派出所或公安局刑警支队出具的有关证明；申请人在国外的，证明中应记载申请人的离境日期。

（3）委托代理人代为申请的，须提供授权委托书和居民身份证。

3. 未受刑事处分公证书应明确证明当事人在国内期间未受过我国司法机关的刑事处分，该公证书在使用时，有较强的时间性，有效期一般为6个月。期限届满后，当事人仍未离开的，需要重新申办未受刑事处分公证。

九、继承权公证书

（一）概念

继承权公证书，是指国家公证机构根据公民的申请，依法证明公民具有继承被继承人遗留的个人合法财产权利的真实性、合法性的文书。

办理继承权公证，应遵循权利义务相一致、互谅互让、男女平等、养老育幼、照顾病残、有利于家庭和睦团结的原则。

（二）格式

继承公证书

（　）××字第××号

被继承人：×××（应写明姓名、性别、生前住址）

继承人：×××（写明姓名、性别、出生年月日、住址、与被继承人的关系）

继承人：×××（同上，有几个继承人应当写明几个继承人）

经查明，被继承人×××于××××年×月×日因×××（死亡原因）在×××地（死亡地点）死亡。死后留有遗产计：×××（写明遗产的状况）。死者生前无遗嘱。根据《中华人民共和国继承法》第5条和第10条的规定，被继承人的遗产应当由其×××、×××（继承人名单）共同继承。（如果有代位继承的情况应当写明继承人先于被继承人死亡的情况；如果放弃继承，应当写明谁放弃了继承，放弃部分的遗产如何处理的内容）

中华人民共和国××省××市（县）公证处

公证员：×××（签名）

××××年×月×日

（三）文本范例

继承公证书

（2005）×公内字第78号

被继承人：谢×强，男，1920年2月16日出生，生前住××省××市××区××街198号303房。

继承人：谢×伯，男，1943年3月18日出生，现住××省××市××区××街198号303房，被继承人谢×强之长子。

继承人：谢×仲，男，1945年4月21日出生，现住××省××市××区××街198号303房，被继承人谢×强之次子。

经查明，被继承人谢×强于2005年7月9日因心肌梗塞在×××人民医院死亡。死后留有遗产计：××省××市××区××街198号303房产；银行存款10万元人民币。死者生前无遗嘱。根据《中华人民共和国继承法》第5条和第10条的规定，被继承人的遗产应当由谢×伯、谢×仲共同继承。

中华人民共和国××省××市（县）公证处

公证员：吴××（签名）

二〇〇五年七月十八日

（四）注意事项

1. 不动产继承，应到不动产所在地的公证处申请公证；如果是多个继承人的，则必须到同一个公证处申请公证。如果是几个公证处都有管辖权，当事人可以协商去一个公证处公证。

2. 继承人应提供以下材料：

（1）申请人的身份证明：如居民身份证、户口簿、护照等；代理人代为申请的，应提交本人的身份证明和委托人签署的授权委托书，国外或港澳台地区的委托书应经当地公证机关或司法部授权的机构、人员公证证明并办理外交认证；

（2）被继承人的死亡证明，死亡证明一般由公安部门或被继承人死亡时所在的医院出具；被继承人在国外或港澳台地区死亡的，死亡证明应经当地公证机关或司法部授权的机构、人员公证证明并办理外交认证；

（3）被继承人的遗产凭证，如房屋所有权证书、存款凭证、股票等；遗产在香港的，须提供司法部委托的香港律师或香港遗产税署出具的遗产清单；

（4）合法继承人情况的证明。该证明材料由当事人所在单位人事部门、街道办事处或乡（镇）政府出具。证明须详列全部合法继承人的姓名、性别、出生时间、住址及他们与被继承人的关系（如父子关系、夫妻关系等，以证明继承人是否属于法定继承人的范围）；代位继承的，应当提供继承人先于被继承人死亡的证明（要写明继承人死亡时间、地点），并提供死亡证明及其与妻子子女关系的证明。上述证明在国外或港澳台地区的，应经当地公证机关或司法部授权的机构、人员公证证明并办理外交认证；

（5）继承人放弃继承的，应亲自到公证处办理放弃继承声明书。声明人居住在国外或港澳台地区的，声明书应经当地公证机关或司法部授权的机构、人员公证证明并办理外交认证；

（6）被继承人如立有遗嘱的，应提交遗嘱原件。在国外或港澳台地区所立的遗嘱，须经当地遗嘱检验部门检定或经公证机关公证并办理外交认证。

十、遗嘱公证书

（一）概念

遗嘱公证书，是指公证机构根据遗嘱人的申请，依法证明其立遗嘱的行为真实、合法的文书。

遗嘱是公民生前处理自己所有的财产及其他事务，并在其死后发生法律效力的行为。经过公证的遗嘱一般不得变更或者撤销，如果有几份遗嘱同时存在，以最后的公证遗嘱为准。

（二）格式

遗嘱公证书

（　　）××字第××号

兹证明×××（应写明姓名、性别、出生年月日和现住址）于××××年××月××日在×××（地点或者公证处），在我和×××（可以是其他公证员，也可以是见证人）的面前，立下了前面的遗嘱，并在遗嘱上签名（或者盖章）。

经查，遗嘱人的行为和遗嘱的内容符合《中华人民共和国继承法》第16条的规定，是合法有效的。

中华人民共和国××省××市（县）公证处

公证员：×××（签名）

×××年××月××日

(三) 文本范例

遗嘱公证书

（2005）×公内字第 88 号

兹证明姜×清（男，1945 年 4 月 21 日出生，现住××省××市××区××街 178 号 503 房）于 2005 年 8 月 18 日在××省××市公证处，在我的面前，立下了前面的遗嘱，并在遗嘱上签名。

经查，遗嘱人的行为和遗嘱的内容符合《中华人民共和国继承法》第 16 条的规定，是合法有效的。

中华人民共和国××省××市（县）公证处
公证员：×××（签名）
二〇〇五年八月十八日

(四) 注意事项

1. 遗嘱是立遗嘱人单方的法律行为，因此，必须由立遗嘱人亲自到公证处办理。无行为能力人不能立遗嘱；限制行为能力人必须经法定代理人同意并与其能力相适应的情况下所做出的遗嘱行为才有效。

2. 立遗嘱人应当到遗嘱行为发生地或者遗嘱人住所地的公证处办理公证。遗嘱人所处分的财产必须为遗嘱人所有，其财产的范围包括动产、不动产和其他有价证券。立遗嘱人可以要求见证人在场见证。

3. 申请遗嘱公证人应当提供的材料：

（1）立遗嘱（遗赠）人及遗嘱（遗赠）受益人的身份证明。例如：居民身份证、户口簿、护照等；如果是遗赠，而遗赠受益人是法人的，则应提供法人营业执照。

（2）遗嘱（遗赠）所处分的财产的所有权证明。如：房屋所有权证、存折、股票等。

（3）草拟的遗嘱。遗嘱必须由立遗嘱人亲笔书写，如本人不会书写或书写有困难的，可由公证员代书，立遗嘱人在上面签名、盖章。

（4）亲属关系证明。立遗嘱人需提供亲属关系证明，证明应记载立遗嘱人的婚姻状况及生育子女状况等。

4. 公证机关应当为立遗嘱人的遗嘱内容保密。

十一、遗赠扶养协议公证书

(一) 概念

遗赠扶养协议公证书，是指公证机构依法证明遗赠人与受赠人达成的在遗赠人死亡后将其财产赠送给受赠人，受赠人负责遗赠人生养死葬或者其他附带条件的协议的真实性、合法性的文书。

遗赠扶养协议是双务的，它是公民生前处理自己财产的行为，通常用于无生活来源的人与社会组织之间的互助扶养关系。

（二）格式

遗赠扶养协议公证书

（　）字××第××号

兹证明遗赠人×××（男或女，××××年××月××日出生，现住××省××市××街××号）与扶养人××××（单位全称）的法定代表人×××（男或女，××××年××月××日出生，现住××省××市××街××号）于××××年××月××日自愿签定了前面的《遗赠扶养协议》，并在我的面前，在前面的协议上签名（盖章）。

×××与×××（单位名称）的代表人×××签定上述协议的行为符合《中华人民共和国民法总则》第143条和《中华人民共和国继承法》的规定。

中华人民共和国××省××市（县）公证处

公证员：×××（签名）

××××年××月××日

（三）文本范例

遗赠扶养协议公证书

（2005）×公内字第98号

兹证明遗赠人周××（男，1948年5月11日出生，现住××省××市××街298号）与扶养人××××有限公司的法定代表人童××（男，1963年×月×日出生，现住××省××市××街68号）于2005年9月18日自愿签定了前面的《遗赠扶养协议》，并在我的面前，在前面的协议上签名（盖章）。

周××与×××有限公司的法定代表人童××签定上述协议的行为符合《中华人民共和国民法总则》第××条和《中华人民共和国继承法》的规定。

中华人民共和国××省××市（县）公证处

公证员：席××（签名）

二〇〇五年九月十八日

（四）注意事项

1. 遗赠协议的标的物必须是遗赠人自己所有的财产或者某种权利，遗赠人不能把不属于自己或者自己无权处理的财产赠送他人。

2. 合同中要写清楚遗赠人遗赠财产的证明文件，确保遗赠行为的合法有效。遗赠人有负责保护遗赠财产完好的义务。

3. 要明确终止、变更协议的条件。

十二、赠与公证书

（一）概念

赠与公证书，是指国家公证机构根据申请人的申请，依法证明财产所有人将个人所有的财产无偿赠送给他人的行为真实性、合法性的文书。将个人所有赠与他人的人为赠与人，接受赠与的人为受赠人。

办理赠与公证，可采取证明赠与人的赠与书、受赠人的受赠书或赠与合同的形式。赠与书是赠与人单方以"赠与书"的形式将个人财产无偿赠与他人的文书。赠与合同是赠与人与受赠人双方以签订"赠与合同"的形式，将赠与人的财产无偿或附一定条件地赠与受赠人，受赠人表示接受而形成的一种协议。

根据《合同法》第188条的规定，经过公证的赠与合同，赠与人不交付赠与的财产的，受赠人可以要求交付。

根据司法部《赠与公证细则》第7条规定，办理不动产赠与公证的，经公证后，应及时到有关部门办理所有权转移登记手续，否则赠与行为无效。因此，房屋赠与当事人须提交房屋所有权证、赠与合同等书面证件，到房地产交易管理部门办理正式的房屋所有权变更登记手续后，房产赠与行为才具有法律效力。

（二）格式

格式一

赠与公证书

（　）××字第××号

兹证明×××（男或女，××××年××月××日出生，现住××省××县××乡××村）于××××年××月××日来到我处，在我的面前，在前面的赠与书上签名（盖章或按手印）。

×××的赠与行为符合《中华人民共和国民法总则》第143条的规定。

中华人民共和国××省××市公证处

公证员：×××（签名）

××××年××月××日

格式二

赠与合同公证书

（　）××字第××号

兹证明赠与人×××（男或女，××××年××月××日出生，现住××省××县××乡××村）与受赠人×××（男或女，××××年××月××日出生，现住××省××县××乡××村）于××××年××月××日来到我处（或在××地），自愿签订前面的《赠与合同》，并在我的面前，在该合同上签名（盖章或按手印）。×××与×××签订上述《赠与合同》行为符合《中华人民共和国民法总则》第143条的规定。

中华人民共和国××省××市公证处

公证员：×××（签名）

××××年××月××日

（三）文本范例

赠与合同公证书

（2005）×公内字第108号

兹证明赠与人吴××（女，1945年6月27日出生，现住××省××县××街79号）与受赠人尤××（男，1978年9月30日出生，现住××省××县××街139号）于2005年10月18日来到我处，自愿签订前面的《赠与合同》，并在我的面前，在该合同上签名。吴××与尤××签订上述《赠与合同》行为符合《中华人民共和国民法通则》第××条的规定。

中华人民共和国××省××市公证处

公证员：×××（签名）

二〇〇五年十月十八日

（四）注意事项

1. 办理赠与公证由赠与人、受赠人的住所地或赠与行为发生地公证处受理。涉及不动产的，由不动产所在地公证处受理。

2. 办理赠与合同公证，赠与方、受赠方应提交以下材料：

（1）赠与方应提交的材料；①身份证、户口簿或其他身份证明；②赠与方的婚姻状况证明：已婚的提供结婚证；未婚的提供未婚证明；③赠与财产的产权证明：如房屋应提交房屋产权证，其他财产应提交相应的产权凭证；④赠与财产为共有的，须取得其他共有人的一致同意方可赠与。

（2）受赠方应提交的材料：①身份证、户口簿或其他身份证明；②受赠人为法人或其他组织的，应提交营业执照，法定代表人证明书；代理人代为办理的，应提交授权委托书；③受赠人为无民事行为能力或限制行为能力的，其代理人应提交有监护权的证明。

十三、委托书公证书

（一）概念

所谓委托公证书，是指公证机构对委托人所委托事项的合法性和真实性进行审核后，而出具公证书的文书。

委托书公证包括：委托办理继承手续、委托管理、处分房屋、委托诉讼等种类。但是，遗嘱、遗赠扶养协议、赠与、认领亲子、收养、解除收养、委托、声明书、生存及其他与当事人的人身有密切关系的公证事项，不得委托他人代办。

（二）格式

委托书公证书

（　）××字第××号

兹证明×××（男或女，××××年××月××日出生，现住××省××市××街××号）于××××年××月××日来到我处［或在××××（地点名称）］，在我的面前，在前面的×××委托书上签名（或盖章）。

中华人民共和国××省××市（县）公证处

公证员：×××（签名）

××××年××月××日

（三）文本范例

委托书公证书

（2005）×公内字第118号

兹证明钱××（男，1958年12月23日出生，现住××省××市××街223号）于2005年11月18日来到我处，在我的面前，在前面的《授权委托书》上签名。

中华人民共和国××省××市（县）公证处

公证员：赵××（签名）

二〇〇五年十一月十八日

（四）注意事项

1. 申办委托书公证，当事人应向住所地公证处提出申请。

2. 办理委托书公证，当事人应提交以下材料：

（1）申请人的身份证明：个人的提交居民身份证或户口簿；法人单位提交单位营业执照、法定代表人证明书及其身份证；

（2）授权委托书的正文。授权委托书应当载明代理人的名称、代理事项、权限和期限，有无转委托权等，并由委托人签名或盖章；

（3）委托授权的法律依据。如：委托代理人办理管理、处分房屋的，须提供房屋产权证书；委托诉讼的，须提交涉及诉讼的合同（协议）或法院的立案通知书。

十四、项目评价标准

1. 能够熟练掌握各种公证文书的格式，能够通过亚伟速录软件生成模板，并根据需要对常用词进行造词与自定义。

2. 能够结合案例，利用已生成的模板，按照规范格式，完成所需要的文书写作。

3. 根据学习内容，建立自己的专属词库。

项目三　笔录

笔录，是指司法人员、执法人员或法律工作者在证据调查时以文字形式如实记录活动过程及结果的文字材料。司法实践中的笔录种类很多，主要有公安机关（含国家安全机关）、检察机关、人民法院、监狱等司法机关以及公证、律师、仲裁等法律机构在进行诉讼和非诉讼活动时制作的文书。我国法律只规定了刑事诉讼中的勘验、检查笔录、民事诉讼中的勘验笔录、行政诉讼中的勘验笔录、现场笔录为证据的法定形式。我国有学者将这些笔录称为证据笔录，其他笔录称为非证据笔录。

笔录是司法、执法人员、法律工作者对诉讼和非诉讼活动的如实记载，能够证明某一事实的客观情况，因而具有一定的法律效力或者法律意义。笔录是保全证据、说明证据来源的重要手段，且其自身也是一种重要的证据形式，是制作其他重要法律文书的依据。

一、勘验、检查笔录

（一）概念

勘验、检查笔录是办案人员对与案件有关的场所、物品进行勘验、检查时制作的，记录现场勘查过程以及勘查人员发现和提取各种现场客观证据情况的法律文书。

现场勘查是侦查人员发现、收集、核实证据的重要途径。《刑事诉讼法》第 128 条明确要求："侦查人员对于与犯罪有关的场所、物品、人身、尸体应当进行勘验或者检查。"第 133 条则要求："勘验、检查的情况应当写成笔录，由参加勘验、检查的人和见证人签名或者盖章。"《民事诉讼法》第 80 条第 3 款规定："勘验人应当将勘验情况和结果制作笔录，由勘验人、当事人和被邀参加人签名或者盖章。"最高法《关于民事诉讼证据的若干规定》第 24 条第 1 款规定："人民法院进行证据保全，可以根据具体情况，采取查封、扣押、拍照、录音、录像、复制、鉴定、勘验、制作笔录等方法。"《行政诉讼法》第 33 条也将勘验笔录、现场笔录列为法定的证据种类。

（二）格式

现场勘查笔录

（刑事案件用）

发现/报案时间＿＿＿＿年＿＿＿＿月＿＿＿＿日＿＿＿＿时＿＿＿＿分
现场保护人姓名、单位＿＿＿＿＿＿＿＿＿＿＿＿＿＿＿＿＿＿＿＿＿＿＿＿
现场保护人到达时间＿＿＿＿＿＿＿＿＿＿＿＿＿＿＿＿＿＿＿＿＿＿＿＿＿

勘查时间_____年_____月_____日_____时_____分_____至_____年_____月_____日_____时_____分

勘查地点_____

指挥人姓名_____ 单位_____ 职务_____

其他勘查人姓名、单位、职务_____

见证人姓名、住址、单位_____

现场条件_____

勘查过程及结果_____

_____

指挥人：×××

勘查人：×××

见证人：×××

记录人：×××

（三）文本范例

现场勘查笔录

发现/报案时间2003年3月9日13时30分。

现场保护人员姓名、单位李××、范××，××派出所民警。

现场保护人到达时间2003年3月9日13时50分。

勘查时间2003年3月9日17时05分至29日18时30分。

勘查地点××市××公园××景区树林内。

指挥人姓名陈×× 单位××市公安局二处 职务副处长。

其他勘查人姓名、单位、职务赵××，××市公安局二处四队队长；邱××，××市公安局二处四科科长；孙××，××市公安局二处侦查员；胡××，××市公安局二处四科技术员。

见证人姓名、住址、单位黄××，××公园保卫科科长，住××市××路××号×××房；××，××公园保卫科干事，住××公园内员工宿舍302房。

现场条件阴天，气温15~25摄氏度（15℃~25℃），湿度40%~60%，偏东风3~4级。

勘验过程及结果2003年3月9日14时10分××市公安局二处接××派出所电话报称："××市××公园××景区树林中发现一辆被抛弃的小轿车内有一具男尸，死者系遭枪杀而亡。现场已经被保护，请速派侦查人员勘查现场。"

接报后，××市公安局二处副处长陈××带领侦查人员、法医及刑事技术人员赶赴现场。到达现场后，现场已被××派出所民警保护起来。

现场勘查由陈副处长指挥，邱×负责照相，孙××负责提取现场物证，胡××负责对尸体初步检查，赵××和孙××制作现场勘查平面图和现场勘查笔录。

现场位于××公园后山盘山公路下42米处，距东边电线杆70米，距西边堑沟24米。现场是一片松树林，林中有1米~2米高的灌木丛，林木树叶茂盛。

中心现场位于一个约20平方米的缓坡略平的空地，小轿车撞靠在一棵周长0.3米的松树干上，车下灌木柴草被压倒。从盘山公路至轿车停稳的位置之间，有车轮从灌木上压过的痕迹。轿车是"捷达"牌，车牌号为"×B-××××"，轿车驾驶室左边挡风玻璃被子弹穿破一孔，弹孔四周玻璃有数条裂缝。轿车其他部位未受损坏。

尸体被置于后座踏脚处，死者上身穿××公司浅蓝色工作服，下身穿黑色棉质休闲裤。上衣口袋有本人工作证和1400元人民币。死者叫郑××，男，45岁，××市××汽车出租公司司机。尸体后脑正中弹孔为××平方厘米。子弹从左眼下方穿出。头部血斑模糊，上衣和裤子均沾满血浆，血浆已凝固。

经现场检查，未发现有其他伤痕和搏斗过的迹象，死者系遭凶手突然射击后死亡，未有挣扎。

现场草木丛中有两种当日留下的脚印，一种是皮鞋印迹；一种是旅游鞋印迹。旅游鞋印迹向山下延伸，至水库北岸，岸边有洗过的血迹。旅游鞋印迹又顺着水库堤坝延伸，在水库下方的公路边消失，该地点的路边草地上，有小货车停留的痕迹。

勘查中拍摄现场照片29张，绘制平面示意图2张。并提取了鞋印1枚、指印1枚、掌印1枚、血迹4份、带血浅蓝衬衣1件、"五四"手枪子弹壳1枚。

现场勘查于18时30分结束。

指挥人：陈××
勘查人：赵××、胡××
孙××、邱××
见证人：黄××、但××
记录人：孙××

（四）制作要求

勘验、检查笔录包括首部、正文和尾部三部分。

1. 首部。具体包括文书名称，发现或报案时间，现场保护人姓名、单位，现场保护人到达时间，勘查开始和结束时间（以上时间均要求具体到时分），勘查地点，指挥人姓名、单位、职务，其他勘查人姓名、单位、职务，见证人姓名、住址、单位，以及现场条件（地理环境、光线明暗、天气情况如阴、晴、下雨、气温、风力、空气湿度等）。

2. 正文。这是现场勘查笔录的中心内容。主要应写明：①现场的地点、位置和周围环境，包括发生、发现案件的简要过程。②现场中心处所，现场变动、变化情况。应写明变动、变化的原因和具体情况。③勘查发现的情况和提取证据的情况。应重点记录案件发生在现场所形成的原始情况，如有无翻动的情况、有无搏斗、挣扎的迹象、有无损坏的情况，各种物件、物品、痕迹、尸体等名称、分布状况及相互关系，从现场发现和提取的痕迹、物品的形状、性质、色泽、大小等，发现、提取证据的方法，财物的损坏和人身伤亡状况、程度，犯罪嫌疑人遗留在现场的物品和痕迹，如作案工具、衣服、血迹、毛发、指纹、脚印等，以及是否伪造现场，有何迹象。④现场勘查发现的反常现象和其他应当记载的情况。

3. 尾部。尾部要写明三项内容：①发现和提取证据的情况。分别写明痕迹、物品的名称、数量、质地、重量、尺寸、体积、标记等。②照相、录像的内容、数量，绘图的种类和数量。③现场指挥人员、勘查人员、见证人、记录人等的签名、盖章。

（五）注意事项

1. 制作顺序与勘查顺序一致，当场成文。为免记录内容失实、出现差误、遗漏、重复和紊乱等情况，应该边勘查边记录，当场成文。

2. 笔录与绘图、照相一致，互相印证。

3. 内容客观，如实记录。制作过程中应避免制作人的个人意见，不作任何的分析、判断，不使用猜测、推断性的语言文字，务求最大限度地实现笔录的真实性和客观性。

4. 用词准确，不可含混。勘查工作要求细致、准确，勘查笔录对所见现象的记载也应是准确的。

（六）项目评价标准

1. 能够熟练掌握接受勘验、检查笔录的格式，能够通过亚伟速录软件生成模板，并根据需要对常用词进行造词与自定义。

2. 能够结合案例，利用已生成的模板，按照规范格式，完成所需要的文书写作。

二、讯问笔录

（一）概念

讯问笔录，又称审讯笔录，是指侦查人员、检察人员或者审判人员为查明案件事实依法对犯罪嫌疑人、被告人进行讯问时制作的、有关问话及犯罪嫌疑人、被告人的供述、辩解和讯问活动相关情况的文字记载。

《刑事诉讼法》第 86 条、第 166 条规定：公安机关、人民法院、人民检察院对于被拘留、逮捕的人，应当在拘留、逮捕后 24 小时以内进行讯问。第 191 条第 3 款规定："审判人员可以讯问被告人。"

讯问笔录记载的是犯罪嫌疑人、被告人的供述和辩解，经过查证属实的讯问笔录是刑事诉讼中的一种重要证据，是案件处理、定罪量刑的重要依据。讯问笔录是讯问过程的客观记录，对讯问活动的合法性具有证明价值；是分析案情、研究问题、总结经验教训、检查办案质量的重要依据。

（二）格式

讯问笔录（第 次）

时间_____年_____月_____日_____时_____分至_____年_____月____日_____时_____分

地点_____

侦查员姓名、单位_____

记录员_____ 单位_____

犯罪嫌疑人_____

问：_____

_____

_____

（三）文本范例

讯问笔录（第一次）

时间__2003__年__5__月__20__日__8__时__30__分至__2003__年__5__月__20__日__11__时__30__分

地点×××公安局看守所

侦查员姓名、单位__曾×× 林×× ××市公安局刑警队__

记录员__林××__单位__××市公安局刑警队__

犯罪嫌疑人__张××__

问：我们是××市公安局刑警队的侦查员，今天问你一些有关案件的情况，你要如实回答，听清楚了吗？

答：听清楚了。

问：你的姓名？有没有别的名字或绰号？

答：陈××，没有其他名字和外号。

问：讲一下你的出生日期、民族、文化程度、住址、工作单位以及家庭等情况。

答：我1975年3月26日生，汉族，高中毕业，现住××市××区××街6号102房，在××市××有限公司工作。我老婆叫范××，在××市中心医院工作，是个护士，我有一个小孩叫陈小×，2岁。我父亲叫陈××，××市××厂工人，现退休在家，我母亲是家庭妇女，没有工作。

问：谈一下你的主要经历？

答：我1994年从××市第二中学毕业后就到了××市××厂当工人，2001年3月辞职后，到××市××有限公司工作至今。

问：你以前受过什么处罚没有？

答：没有。

问：这是《犯罪嫌疑人诉讼权利义务告知书》，你仔细阅读，看清里面的内容。

答：(看《犯罪嫌疑人诉讼权利义务告知书》约5分钟）我看清楚了。

问：你是怎么到这地方来的?

答：我因为抢别人一点钱，被警察抓到后送到这来的。

问：你把抢人钱的情况实事求是地讲一下。

答：好。今年5月15日，我和一帮朋友在饭店里打麻将，一直打到晚上12点多，我输了2000多元，心情很不痛快。我的收入不高，每月只有800多元钱，我老婆每月只能挣500多元，这次输的2000元钱是准备交供楼的房款的。输了钱我很后悔，我以前曾因为打牌，老婆要和我离婚，要是这次她知道我把供楼款输了肯定要和我大闹的。

问：后来呢?

答：打牌是愿赌服输，我输得太多，就跟他们说不玩了，然后就一个人回家。我骑摩托车回家的，那天晚上天比较黑，又是夜里24点多，路上没有什么人。当我走到××路一个胡同里的时候，我发现前面有一个女的穿得挺时髦的，手上还拿着一个漂亮的手包，我就想那包里肯定有不少钱。一想到我已经3个月没交供楼款了，就想把那女的包抢了。我骑摩托车，她肯定追不上我，周围又没别的人。想到这后，我就加快车速，到那女的身边时，我一把抓过她的包就跑了。

问：那女的怎么样了?

答：我没有注意，当时我也挺害怕的，只听到她大叫一声后，就摔倒在地下了。

问：你抢的包里都有什么东西?

答：有两个手机，一个"铁达时"女装手表，两张信用卡，还有3000元钱。

问：这些东西现在都哪去了?

答：手机我拿到街上卖了500块钱，打牌输掉了；手表给我老婆戴着；信用卡扔了，3000元钱在第二天我给存银行还房屋贷款了。

问：你还有没有抢过别的人?

答：没有，这是第一次。

问：陈××，你对5月15日的事情交待得比较老实，今天先谈到这，希望你回去后好好想一想，不要有所隐瞒。

答：我知道的都说了，没有什么隐瞒。

问：今天对你的讯问是否依法进行的?

答：是依法进行的。

以上笔录我看过，和我说的相符。

陈××（捺指印）

二〇〇三年五月二十日

(四) 制作要求

讯问笔录由首部、正文、尾部三部分组成。

1. 首部。此项一般已事先印制好，只需逐项填写即可。具体包括标题、讯问时间、地点，讯问人员、记录人员的法律职务、姓名、单位，犯罪嫌疑人姓名。

2. 正文。正文包括两项内容：一是查明犯罪嫌疑人身份情况，具体问清姓名、曾用名、化名、出生年月日、民族、籍贯、户籍所在地、暂住地、文化程度、工作单位、职务或职业、家庭情况、社会经历、是否受过刑事处罚或者行政处罚等情况。第二次讯问时，此项可简化，问明姓名、单位、职务即可；二是和犯罪事实（或讯问实况）的记录。这是讯问笔录的重点核心内容，主要记录关于犯罪事实的问答情况。包括对犯罪嫌疑人的告知事项（如宣读或签收《犯罪嫌疑人诉讼权利义务告知书》）、提问内容、犯罪嫌疑人的供述和辩解、讯问中发生的特殊事项等。

记录时应当忠实、全面地记载和反映犯罪嫌疑人供述和辩解的全部内容，尽可能逐字逐句地记录其原话。无论是有罪的供述还是无罪、罪轻的辩解，都要全面记录在案。对作案的时间、地点、动机、目的、情节、手段、结果及与案件有关联的人和事应记录得具体、完整、准确、明白。同时，与供述和辩解内容有关的神态、动作也要作必要的反映。记录工作应与讯问工作同步进行，边讯问边记录，并用第一人称按照"问"和"答"的先后顺序进行如实记录。提问和回答的内容应当分别列段，不能连续记录。记录表述，一律在段首用"问"或"答"表示，不能随意使用其他符号，例如"？"":""∵""∴"等。

几种特殊情况的记录方法：①侦查人员使用证据的记录方法。讯问中，侦查人员常利用已有证据迫使犯罪嫌疑人供述犯罪事实。如实记录侦查员使用证据的情况，可以使有关人员了解犯罪嫌疑人在讯问中的态度和思想变化的过程。为此，应在笔录中记清侦查人员使用证据的种类、方法及效果等情况。侦查人员依法将用作证据的鉴定结论告知犯罪嫌疑人的情况也应详细说明。最后，要让犯罪嫌疑人在笔录上签署意见、签名盖章、捺指印。②对犯罪嫌疑人无声语言或气焰嚣张、无理取闹等情形的记录方法。犯罪嫌疑人对提问不作回答，有的是故意对抗，有的是被击中要害，有的是心理斗争。不管原因如何，记录人员应准确记录其神态、表情、动作。对气焰嚣张、无理取闹，有呼喊反动口号、拒绝签名等行为的，都应记录清楚，作为制定讯问对策、提出处理意见的依据。③对犯罪嫌疑人答非所问的记录方法。犯罪嫌疑人答非所问，可能是没有听清楚或者理解问话的内容，这种情况只需要重复问话或解释提问内容即可，犯罪嫌疑人怎么回答就怎么记；也可能是只顾陈述犯罪事实，没有考虑侦查人员提问的具体内容。如果犯罪嫌疑人陈述的内容与案件有关，即便是答非所问，也应如实记录。对于犯罪嫌疑人故意转移目标、逃避罪责的答非所问，侦查人员要揭露其阴谋，责令其正面回答问题。不能停手不记，应该把答非所问的内容也记上，因为其中可能包含破案所需的信息情报。④对脏话、黑话的记录方法。讯问中，犯罪嫌疑人为了如实反映案件情况，会讲一些作案时说的脏话，对此，记录员一般不要照记原话，以免影响笔录的严肃性。可用相同意思的文明语言代替。原则上，一些黑话也不要照记，但对涉及犯罪性质或重要情节、必须如实记录的，应加上引号，并对黑话的本义或者指代内容通过追讯记明。

3. 尾部。笔录经犯罪嫌疑人核对无误后，应当由其在笔录上逐页签名（盖章）、捺指印，并在页末写明"以上笔录我看过，和我说的一样"。如果犯罪嫌疑人没有阅读能力，而是通过讯问人员的宣读了解了笔录的内容，则写明"以上笔录已向我宣读，与我讲的一样"。拒绝签名（盖章）、捺指印的，侦查人员应当在笔录上注明。最后，讯问人员和记录人在笔录后签署姓名，并注明年、月、日。

（五）注意事项

1. 讯问犯罪嫌疑人必须由经办本案件的侦查人员、检察人员进行。讯问人员不得少于两人。讯问同案的犯罪嫌疑人，应当个别进行。

2. 讯问犯罪嫌疑人时，应当首先讯问犯罪嫌疑人是否有犯罪行为，让他陈述有罪的情节或者无罪的辩解，然后向他提出问题。

3. 讯问未成年的犯罪嫌疑人，有家长、监护人、教师到场的应记明；讯问聋哑犯罪嫌疑人、不通晓当地语言文字的犯罪嫌疑人，记明所邀请的翻译人员的姓名、单位和职业，并要求其在笔录上签名；

4. 讯问笔录应当交给犯罪嫌疑人核对或者向他宣读。如记录有差错或者遗漏，应当允许犯罪嫌疑人更正或者补充，并捺指印。

（六）项目评价标准

1. 能够熟练掌握接受讯问笔录的格式，能够通过亚伟速录软件生成模板，并根据需要对常用词进行造词与自定义。

2. 能够结合案例，利用已生成的模板，按照规范格式，完成所需要的文书写作。

三、搜查笔录

（一）概念

搜查笔录，是公安机关侦查人员对犯罪嫌疑人以及可能隐藏罪犯或者犯罪证据的人的身体、物品、住处和其他有关场所进行搜索、检查时制作的，客观反映搜查及提取证据情况的文字记载。

搜查是侦查人员发现、收集、核实证据的重要途径。《刑事诉讼法》第140条、《公安机关办理刑事案件程序规定》第221条明确要求：搜查情况应当写成搜查笔录，由侦查人员和被搜查人或者他的家属、邻居或者其他见证人签名或者盖章。这是制作搜查笔录的法律依据。

（二）格式

搜查笔录

时间＿＿＿年＿＿＿月＿＿＿日＿＿＿时＿＿＿分至＿＿＿年＿＿＿月＿＿＿日＿＿＿时＿＿＿分

＿＿＿＿＿＿＿＿＿＿公安局侦查人员＿＿＿＿＿＿＿＿＿＿＿

根据＿＿＿年＿＿＿月＿＿＿日＿＿＿＿＿＿＿公安局签发的＿＿＿＿＿＿字（　　）＿＿＿号＿＿＿＿＿，在＿＿＿＿＿＿的见证下，对＿＿＿＿＿＿＿＿＿＿进行搜查。

搜查的简要情况：＿＿＿

侦 查 人 员：×××
被搜查人或其家属：×××
见 证 人：×××
记 录 人：×××

（三）文本范例

搜查笔录

时间<u>2005</u>年<u>7</u>月<u>5</u>日<u>14</u>时至<u>2005</u>年<u>7</u>月<u>5</u>日<u>14</u>时<u>50</u>分

<u>××市</u>公安局侦查人员<u>马××，曾××，杨××</u>　根据<u>2005</u>年<u>7</u>月<u>4</u>日<u>××市</u>公安局签发的<u>×公刑搜字（2005）23号搜查证</u>，在柴××的见证下，对<u>居住在××市××区××路××号901号的犯罪嫌疑人丁××的住处</u>进行搜查。

搜查的简要情况：<u>侦查人员在丁××的卧室内天花板上发现用报纸包裹的现金人民币60万元整；书房的壁柜内发现日本产××型索尼数码摄像机3台、××型数码照相机2台；在书柜的顶层发现活期存折1个，金额10万人民币整，账号××××××××××，定期存折1个，金额30万元人民币，账号××××××××××；在卧室衣柜内的梦特娇牌黑色西装内袋发现外币存折1个，内有港币10万元整、美元12万元整、英镑2万元整，账号×××××××××。上述存折的户口均为丁××。</u>

扣押物品详细内容，请见《扣押物品清单》。预算《扣押物品清单》已交邓××收执。

侦查人员：<u>马×× 曾×× 杨××</u>
被搜查人或其家属：<u>邓××</u>
见证人：<u>柴××</u>
记录人：<u>杨××</u>

（四）制作要求

搜查笔录由首部、正文、尾部三部分组成。

1. 首部。此项一般已事先印制好，只需逐项填写即可。具体包括标题（机关名称、文书名称），搜查的起止时间（具体到某时某分），搜查人员的姓名、单位，搜查证的签发时间、签发机关、文书字号，见证人姓名，搜查对象。

2. 正文。正文是搜查笔录的主要部分，记录搜查的过程及结果。具体制作要按照搜查的顺序写明：（1）依次搜查了哪些部位和地方，比如衣服领口、夹层、随身携带物品如香烟、书本、现场哪几个房间、哪些存放物品的家具。人身搜查有时会检查被搜查人的口腔、耳朵、鼻子、肛门、指甲、头发等细致部位，这些都应详细具体写明。（2）搜查过程有无问题，即写明搜查人员是否严格依法办事，有无违反政策的行为，有无损坏物品的现象，被搜查人及家属能否积极配合搜查，有无抵制或刁难的行为等。（3）查获的赃物、证据、与犯罪有关的物品及其他可疑物品的名称，发现的具体位置、形状、数量等。如果搜查过程中对查获的大型物品、不宜扣押的物品进行拍照的，也应在笔录中记明。

3. 尾部。尾部包括附记事项、履行签署手续。附记事项注明扣押物品详见《扣押物品清单》，以及将《扣押物品清单》交被搜查人或其家属收执的情况。搜查笔录要当场让被搜查人或其家属签署对搜查的意见，并签名、盖章或捺手印。如果被搜查人或其家属不在场或者拒绝签名的，应在笔录上注明。然后由执行搜查的侦查人员、见证人、记录人，在搜查笔录的末页签名或者盖章。

（五）注意事项

1. 制作顺序与搜查顺序一致，当场成文。搜查笔录应在搜查时当场制作，并交由被搜查人、见证人签名盖章，不应过后再补。同时对需要扣押的物品也应当场制作《扣押物品清单》。

2. 内容详略得当。记录搜查中发现的物品是搜查笔录的重点，物品被发现时所处的位置、名称、牌号、特征、质地、数量等应详写，其余情况简明扼要记录则可。

3. 内容完整无遗。制作时不能对搜查事项有遗漏。如被搜查人的意见漏记或不记、没有见证人的签名等，会导致搜查笔录因法律手续不完备而失去法律效力的严重后果。

（六）项目评价标准

1. 能够熟练掌握接受搜查笔录的格式，能够通过亚伟速录软件生成模板，并根据需要对常用词进行造词与自定义。

2. 能够结合案例，利用已生成的模板，按照规范格式，完成所需要的文书写作。

四、调查笔录

(一) 概念

调查笔录,又称作询问笔录、谈话记录,是指公安机关、人民检察院、人民法院、律师为查明案情、核实证据,依法向了解案件情况的人及其他有关人员进行调查、询问时制作的,关于谈话内容的文字记载。

调查笔录是固定证人证言、被害人陈述等证据的主要形式,是认定案件事实的依据之一。在证人、被害人依法不出庭的情况下,对其询问制作的调查笔录可作为证据使用。律师向法庭申请传唤证人出庭作证,通常也以调查笔录为先导。做好调查笔录,对及时查明案情,准确认定案件事实,具有重要意义。

《刑事诉讼法》第 52 条规定:"审判人员、检察人员、侦查人员必须依照法定程序,收集能够证实犯罪嫌疑人、被告人有罪或者无罪、犯罪情节轻重的各种证据。……必须保证一切与案件有关或者了解案情的公民,有客观地充分地提供证据的条件,……。"《民事诉讼法》第 64 条第 2 款规定:"当事人及其诉讼代理人因客观原因不能自行收集的证据,或者人民法院认为审理案件需要的证据,人民法院应当调查收集。"《刑事诉讼法》第 43 条规定:"辩护律师经证人或者其他有关单位和个人同意,可以向他们收集与本案有关的材料,……辩护律师经人民检察院或者人民法院许可,并且经被害人或者近亲属、被害人提供的证人同意,可以向他们收集与本案有关的材料。"以上诸条是制作调查笔录的法律依据。

(二) 格式

调查笔录

时间_____年_____月_____日_____时_____分至_____日_____时_____分
地点_____
调查人_____单位_____
记录人_____单位_____

被调查人_____性别:_____年龄:_____单位:_____

问:_____
_____
_____

(三) 文本范例

调查笔录

时间 2004 年 5 月 15 日时 30 分至 2004 年 5 月 15 日时 47 分

地点××市××公司保卫科

侦查员姓名、单位胡××、马××，××市公安局刑警支队

记录员吉××单位××市公安局刑警支队

被询问人齐×× 性别男 年龄43 单位××市××进出口贸易公司

住址××市××区××路××号

问：我们是××市公安局的侦查人员（出示证件），下面我们有几个情况想向你了解。根据《刑事诉讼法》的规定，你应当如实提供证人证言，如果有意做伪证或者隐匿罪证的，要负法律责任。你知道吗？

答：知道。

问：5月4日晚上22点左右你在公司吗？

答：是的，我在。当天晚上我和张××、付××、陆××四个人都没有回家，我们一起住在公司的员工宿舍里，聚在一起打麻将。

问：那天晚上仓库发生的事情你知道吗？

答：知道，我看到了。

问：那天你看到了什么？

答：那天晚上18点开始，我们四个人打麻将，大概22点左右，我出去上厕所，看到离宿舍不远的仓库里亮着灯，还有两个人说话的声音，好像在争吵。我还以为看仓库的费××又喝多了，和酒友吵架，就回去继续打麻将。刚坐下就听到仓库那边传来一声惨叫，我们四个人估计那边出事了，就赶紧跑出去，看到有一个人从仓库门口向公司大门那边跑去，我到仓库一看，发现费××躺在地上，胸口流了好多血。

问：那个跑掉的男的你认识吗？

答：不认识，当时我们一看这样，我和付××就赶紧去追那个人，我们追出厂门口，发现人不见了。

问：那个人长得什么样？

答：是一个男的，我没看到他的脸，好像是个40多岁的样子。身高1米7左右，身材比较结实，留平头，上身穿一个深蓝色的外套，下身是灰色的裤子，脚穿一双黑色皮鞋，身体很好，跑得特别快。

问：还有什么特征？

答：我上厕所时听到争吵的另一个口音不是本地的，像是××地方的口音。

问：你以前见过那个人吗？

答：没见过，至少不是我平时熟悉的人。

问：你听见他在吵什么吗？

答：没听清楚，就是隐约听到什么"借钱"之类的话。

问：那个男的从仓库跑出来时，谁和你在一起，他可能看见了吗？

答：陆××吧，他当时和我并肩，另外两个人慢一点，在我们的后面，我不知道

他们看见了没有。陆××当过兵,又年轻,眼睛好,可能看见了。

问:那个人跑的时候手上有没有拿着什么东西?

答:没有,我确定他手上没拿什么东西。他是空手,连袋子什么的也没拿。当时我还对其他几个人说这个人肯定是没偷到东西,要不怎么连什么东西都没拿就跑呢。

问:你还有什么要补充的?

答:对了,我前几天和刘××在闲谈的时候刘××说自己喜欢喝酒,欠了别人不少钱,还不起,现在怕别人追债。

问:刘××说欠了谁的钱了?

答:没说,就是提了一下。

问:好,还有什么要补充的?

答:没有了,希望公安机关早点抓到凶手。

以上记录看过,和我讲的一样。

齐××(捺手印)
二〇〇四年五月十五日

(四)制作要求

调查笔录由首部、正文、尾部三部分组成。

1. 首部。此项包括文书名称及特定项目两部分。具体写明文书名称,调查开始和结束的时间(具体到时、分),调查地点,调查人员和记录人员的姓名、单位、职务,被调查人的身份情况(依次写明姓名、性别、出生年月、民族、出生地、文化程度、职业或者工作单位和职务、住址)等。如果被调查人与案件或者案件当事人有特殊关系的,如系当事人的亲属、同事、邻居或某事件的见证人等,还应在笔录中注明,以作为谈话内容证明力大小的鉴别依据。同理,被调查人生理上有缺陷的也应在笔录上反映。

2. 正文。正文是调查笔录的核心部分,包括告知事项和询问实况两方面内容。

(1) 告知事项。首先应出示证件,表明询问人员身份,然后告知被调查人负有如实提供证言的法定义务,以及违反义务应负的法律责任。

(2) 询问实况。这是文书重要的主体部分,必须客观、全面、准确地记录被调查人陈述的全部内容。记录时,对被调查人提供与案件有关的情况要重点记录,特别要详细记录清楚关键情节和重要情节,对一般过程和情节可简略记,与案情无关的内容可不记。

3. 尾部。尾部要履行核对手续和署名。调查结束后,调查人应当把《调查笔录》交被调查人核对,对于没有阅读能力的,应当向其宣读。如果被调查人认为笔录有差错或遗漏,应当允许其更正或补充,并在修改处盖章或捺手印。笔录经被调查人核对无误后,由被调查人在笔录每页下方签名、盖章,并在笔录末页紧接笔录的最后一行写明"以上笔录我看过（或向我宣读过），和我说的相符。"在其下方签名、盖章，注明日期。

（五）注意事项

1. 注意笔录制作的合法性。调查前依法应向被调查人出示身份证件，告知其义务和责任，并应记录该过程。同时，调查对象有两人以上的，调查只能个别进行，不得以座谈会形式进行。

2. 注意笔录的准确性。既要准确记录调查过程，对被调查人陈述情况的材料来源也要记录清楚，要写明是亲眼所见、亲耳所闻，还是自己的猜测，或是道听途说。如果是自己猜测的，应记明猜测的根据；如果是听别人所说的，则记明传说人的姓名、住址等。对被调查人提供的物证、书证，在笔录中也要反映出来。对被调查人的确认程度也要准确记录清楚。如，"看得较清""看不很清""肯定是他""是他""像他""有点像他""不太像他"，等等。记录时，应及时提醒对方准确表达确认程度，并准确记录。

3. 采用问答式记录法时，提问和答应一律记作"问"和"答"，不可用其他符号来代替。

（六）项目评价标准

1. 能够熟练掌握调查笔录的格式，能够通过亚伟速录软件生成模板，并根据需要对常用词进行造词与自定义。

2. 能够结合案例，利用已生成的模板，按照规范格式，完成所需要的文书写作。

五、辨认笔录

（一）概念

辨认笔录，是侦查人员组织被害人、犯罪嫌疑人或者证人对与犯罪有关的物品、文件、尸体、场所或者犯罪嫌疑人进行辨识和再认时制作的，关于辨认经过和结果的文字记载。

《人民检察院刑事诉讼规则》第257条规定："为了查明案情，在必要的时候，检察人员可以让被害人、证人和犯罪嫌疑人对与犯罪有关的物品、文件、尸体或场所进行辨认；也可以让被害人、证人对犯罪嫌疑人进行辨认，或者让犯罪嫌疑人对其他犯罪嫌疑人进行辨认。"第261条规定："辨认的情况，应当制作笔录，由检察人员、辨认人、见证人签字。"

辨认可以识别辨认对象的来源，为分析案件情况、确定调查方向和范围、审查辨认对象与案件的关系提供依据。经过查证属实，可作为证据使用。

（二）格式

辨 认 笔 录

时间_____年____月____日____时____分至_____年____月____日____时____分

地点_____

侦查人员姓名、单位_____

辨认人姓名、住址、单位_____

见证人姓名、住址、单位_____

辨认对象_____

辨认目的_____

辨认过程及结果_____

侦查员：×××

辨认人：×××

见证人：×××

记录人：×××

（三）文本范例

辨 认 笔 录

时间2004 年 6 月 27 日 10 时 45 分至 27 日 11 时 30 分

地点　××市公安局刑警大队接待室

侦查人员姓名、单位　叶××，市公安局刑警大队副大队长；赵××，侦查员

辨认人姓名、住址、单位　李××，××街7号楼14门，××市华丰家具厂职工

见证人姓名、住址、单位　魏××，××路8号楼11门，××市华丰家具厂厂长

辨认对象　不同男性正面免冠照片12张

辨认目的　让辨认人辨别、确认本组照片是否有本案犯罪嫌疑人及其具体行为

辨认过程及结论：辨认人李××是2004年6月23日发生在××市华丰家具厂故意伤害案件的被害人之一。他在陈述中指出，虽然叫不出案犯名字，但能够指认哪些人参与了斗殴，是谁刺伤了他。为此，侦查员事先准备好不同的男性正面免冠照片12张，其中有本案4名犯罪嫌疑人照片各1张，分别编为1号~12号，无规则地排列在一张硬纸上。对辨认人说明要求后，在××市华丰家具厂厂长魏××的见证下，将照片提供给李××辨认。

李××认真将全部照片仔细地审视了一遍，然后指出：2号照片（犯罪嫌疑人黄××）、7号照片（犯罪嫌疑人周××）、9号照片（犯罪嫌疑人程××）和12号照片

（犯罪嫌疑犯人杨××）上的人参与了当晚的斗殴，其中 12 号照片上的那个人就是刺伤他的人。因为当时现场混乱，没有留意其他两个被害人是谁刺死的。

<u>至此，辨认结束。</u>

侦查员：<u>叶×× 赵××</u>

辨认人：<u>李××</u>

见证人：<u>魏××</u>

记录员：<u>吴××</u>

（四）制作要求

辨认笔录由首部、正文和尾部三部分组成。

1. 首部。首部包括文书名称及特定事项。文书名称《辨认笔录》前不必冠以机关名称。在名称下另起一行记明特定事项，具体包括时间（具体到日、时、分），地点，侦查人员的基本情况（包括姓名、单位），辨认人和见证人的姓名、单位、住址，辨认对象（即人、尸体、物品或场所等），辨认目的（即通过辨认所要解决的问题）等几项内容。

2. 正文。正文是辨认笔录的核心部分。重点记明辨认过程和辨认结果。

辨认过程首先要记明辨认人与案件的关系，是案件的被害人、证人还是犯罪嫌疑人，辨认人与辨认对象的关系；其次应记载辨认开始前辨认人对辨认对象的了解程度，比如"曾经见过""叫不出名字，但认得""女，1 米 57 左右，体态瘦，长得小巧玲珑，长脸，尖下巴"等。这是审查认定辨认结果的证明力的依据之一。再者，辨认是通过对辨认对象的直接观察或感知而进行，还是通过照片、模拟画像、录音、录像等中介进行，正文中应记明所采用的辨认方法。最后，因为混杂辨认对象的具体外貌特征差异过于明显，将可能影响辨认的证明力；辨认条件是否符合辨认人的原感知条件，也是审查判断辨认结论的证明力的重要参考因素，因此辨认的具体现实条件必须在辨认笔录中准确反映。如辨认时选择的地点、时间、光线、气候等，尽量体现辨认条件和原感知环境、条件相同或相似的因素，以供判断是否存在由于条件改变而影响辨认结果正确性的可能。

辨认结果就是辨认人能否对辨认对象作出同一认定的结论。这是辨认笔录的关键部分。组织辨认的目的在于获得辨认人对与案件有关的人、物、场所是否为曾经感知过的人、物、场所的同一认定。辨认人能够辨认、确认的，应予以准确记录；不能作出同一认定的也要如实记录。

3. 尾部。尾部由主持辨认的侦查员、辨认人、见证人、记录人分别签名。

（五）注意事项

1. 程序合法，手续完善。当案件有两个以上辨认人对同一被辨认对象进行辨认时，要让其分别单独进行，以免互相影响，更不能让其他辨认人充当本次辨认的见证人。

供辨认的人数、物品数、照片数应符合法律规定数量。作案现场的指认必须有被告人亲笔注明、不能由侦查人员代替作出说明；现场照片应注明具体地名；人身辨认应注明被辨认对象的姓名；辨认笔录应当经侦查员、辨认人、见证人签字。

2. 准确、全面反映辨认过程及结果。笔录应当全面反映辨认过程，且附有被辨认对象的照片，尤其应当记明辨认人对辨认对象隐蔽特征的描述，这有助于证据证明力的审查判断。辨认笔录是否具有证据效力、具有怎样的证明作用，取决于辨认人能否对辨认对象作出肯定的同一认定。如果辨认人不能作出肯定的结论，而是含糊其辞，使用诸如"可能就是他""从背影看很像抢劫的那个人"之类的模棱两可的语言，应如实予以记录。同时注意记录辨认人能够或不能够辨认的理由以及辨认人对辨认提出的疑义和要求。

（六）项目评价标准

1. 能够熟练掌握辨认笔录的格式，能够通过亚伟速录软件生成模板，并根据需要对常用词进行造词与自定义。

2. 能够结合案例，利用已生成的模板，按照规范格式，完成所需要的文书写作。

六、法庭笔录

（一）概念

法庭笔录，是人民法院依法开庭审理各种案件时，由书记员当庭记载法庭审理的全部活动情况的文字记录。法庭笔录客观、全面地记载了法庭审理活动的全过程。既能固定各方当事人所举证据，及其在法庭上的陈述和辩解、对证人、鉴定人的质证，还能反映某些重要的程序性事项，如法官、人民陪审员及书记员对诉讼权利的告知、举证指导、争议焦点的归纳、某一事实的发问、某一申请的裁定、调解等程序性事项。法庭笔录不仅对本审判决具有决定性的影响，也是上诉法庭审理案件的基础、审判监督的基本依据，其具有其他材料不可替代的作用。

《刑事诉讼法》第 207 条第 1 款明确规定："法庭审判的全部活动，应当由书记员写成笔录，经审判长审阅后，由审判长和书记员签名。"《民事诉讼法》第 147 条第 1 款也要求："书记员应当将法庭审理的全部活动记入笔录，由审判人员和书记员签名。"以上法律，是制作法庭笔录的依据。

（二）格式

法庭笔录（第　　次）
（刑事案件用）

时间：＿＿＿＿年＿＿＿＿月＿＿＿＿日＿＿＿＿时＿＿＿＿分＿＿＿＿至＿＿＿＿时＿＿＿＿分

地点：

是否公开审理：　　　　　　　　旁听人数：

审判人员：
书记员：
审判长（员）宣布开庭审理　　　　　　　　　　　　一案。
记录如下：

_____

_____

_____

（三）文本范例

××市××区人民法院刑事审判庭
第一审刑事普通程序庭审笔录

开庭时间：2006年3月21日9时00分

开庭地点：本院第一法庭

案由：被告人张××抢夺一案

审判长：现在开庭。请法警将被告人张××带上法庭。（法警带被告人张××上法庭）

长：××市××区人民法院刑事审判庭，今天依法公开审理××市××区人民检察院提起公诉的被告人张××抢夺一案。根据《中华人民共和国刑事诉讼法》第154条的规定，查明被告人的身份。

被：张××，男，20岁（1985年9月18日出生），汉族，出生地××省，文化程度初中，住××省××县××镇××村。

长：过去有否受过刑事处罚？

被：没有。

长：有否被采取强制措施？

被：因涉嫌抢夺罪于2005年12月21日被刑事拘留，2006年1月10日被逮捕。

长：有否收到人民检察院的起诉书副本，什么时候收到的？

被：于2006年3月9日收到起诉书副本。

长：根据《中华人民共和国刑事诉讼法》第××条的规定，依法组成合议庭审理本案。根据《中华人民共和国刑事诉讼法》第××条的规定，负责审理本案的由审判员李××，人民陪审员麦××、左××组成合议庭。李××担任审判长并主审本案，书记员吴××担任法庭记录。××市××区人民检察院检察员陈××出庭支持公诉。依照法律规定，被告人有申请回避的权利，即如果认为上述人员与本案有利害关系会影响本案的公正审理的，可以提出事实和理由申请回避，被告人是否需要申请回避？

被：不申请回避。

长：依照法律规定，被告人有权获得辩护。除自己进行辩护外，还可以委托辩护人辩护，在送达起诉书给你时，询问了你的辩护意见，被告人表示不委托辩护人，自行辩护，在法庭审理过程中，被告人享有充分的陈述权和辩护权，在法庭辩论结束后，有最后陈述的权利。

被：知道。

长：法庭调查时，被告人有权向法庭提出新的证据，申请通知新的证人到庭，调取新的物证，申请重新鉴定和勘验。被告人知道了吗？

被：知道。

长：控辩双方在法庭上的发言，必须与本案有关。今天开庭准备按法庭调查、法庭辩论、被告人最后陈述三个阶段进行。现在开始法庭调查。先由公诉人宣读起诉书。

公：宣读××检刑诉（2006）0229号起诉书（略）。

长：被告人张××，对起诉书指控你的犯罪事实及罪名有何意见，可先简要提出理由。

被：我认为我是盗窃不是抢夺。

长：公诉人可讯问被告人。

公：案发当天你是如何作案的？

被：我看见事主腰间有一手机，我就偷了，当时事主完全不知道，过了一段时间，事主的妻子才发现手机不见了，当时事主也不知道是我拿的，是因为我当时紧张，把手机丢掉了，他们才发现抓住我的。

……

长：现在进行第二轮辩论，双方有何新的辩论意见发表。

公：没有新的意见。

被：没有新的意见。

长：双方的陈述法庭已经记录在案，法庭辩论结束。依照法律规定，被告人在法庭辩论结束后宣判以前有作最后陈述的权利，被告人还有什么要说的。

被：没有。

长：你的陈述本庭将予以充分的考虑，待合议庭评议后当庭宣判，休庭10分钟。

（休庭10分钟）

长：现在继续开庭。合议庭评议认为，公诉机关起诉指控被告人张××犯抢夺罪事实清楚，证据充分，罪名成立，应予支持。现当庭作出公开宣判：被告人张××，以非法占有为目的，乘人不备，公然夺取公民财物，数额较大，其行为侵犯了公民的财产所有权，构成抢夺罪。被告人的辩解，与常理不符，而且有被害人的陈述及证人杨××的证言证实被告人抢夺手机的经过。依照相关法律之规定，判决如下：

被告人张××犯抢夺罪，判处有期徒刑1年3个月，并处罚金1000元。

现在是口头判决，判决书于宣判后5日内送达给你。如不服本判决可在接到判决书次日起10日内通过本院或直接向××市中级人民法院提出上诉，书面上诉的，应交出上诉状正本1份，副本2份。

被告人张××，判决的内容你听清楚了吗，对判决有何意见，是否上诉？

被：我要上诉。

长：本案庭审到此结束，闭庭。

（四）制作要求

法庭笔录由首部、正文、尾部三个部分组成。

1. 首部。首部应写明标题、特定事项、宣布开庭。标题除文书名称外，应用括号注明本次法庭审理是第几次开庭。在标题下依次写明以下笔录的特定事项：庭审的起止时间，庭审地点，庭审的案由和方式，（公开审理的案件记明旁听的人数）主持法庭审理的审判长、审判员、书记员的姓名。为说明本次开庭审理的程序合法性，笔录首部应如实记明如下事项：书记员核对当事人是否到庭，宣布法庭纪律，审判长宣布开庭，查明当事人的基本情况，刑事案件传被告人到庭，核实被告人身份及基本情况，讯问被告人收到起诉书副本的日期，审判长宣布合议庭及其他诉讼参与人的名单，告知当事人法定的诉讼权利和义务，询问当事人是否申请回避以及作出是否回避的决定、理由等。

2. 正文。正文是法庭笔录的重点内容，要遵循诉讼法规定的程序，准确、完整地记明如下内容：法庭调查、法庭辩论、最后陈述、评议、宣告判决等。

（1）法庭调查。法庭调查是法庭审判的核心阶段，笔录应详细记录法庭调查的内容。首先由公诉人宣读起诉书，或自诉人宣读自诉状，或原告人宣读起诉状。因相关起诉书状附在案卷中，其内容可忽略不计，只须记明程序即可。如公诉人宣读起诉书，只记"公诉人×××宣读起诉书"。其次是详细记录法庭调查的具体内容：审判人员、公诉人讯（询）问当事人及其回答，被害人的陈述，辩护人、当事人等对被告人及其他诉讼参与人的发问及回答。记录时，应以问答的形式详细记明。审判人员告知证人法定的权利与义务，要如实记明。核实证据，出示物证，宣读未到庭的证人证言，出示书证、物证、视听资料、宣读鉴定结论、勘验笔录等证据以及诉讼各方对出示、辨认证据的意见和反映，上述活动均应如实记入笔录。根据法律规定，对于当事人依法提出申请通知新的证人到庭、调取新的证据、申请重新鉴定或者勘验等事项，法庭作出是否同意的决定，要如实记明。

（2）法庭辩论。详细记明控辩双方争辩的关键性问题，如事实、证据、法律依据等。一是公诉人、当事人、辩护人和诉讼代理人的辩论情况。依照刑事诉讼法的规定，公诉人、当事人、辩护人、诉讼代理人可以对证据和案件情况发表意见并且可以互相辩论。对上述人员发表的意见，应当依次记明程序和双方的基本观点。依照我国民事诉讼法的规定，法庭辩论时，先由原告及其诉讼代理人发言，再由被告及其诉讼代理人答辩，然后是第三人及诉讼代理人发言或答辩，最后互相辩论。对上述人员的发言、答辩及辩论，也应当依次记明程序和双方基本观点。二是被告人的最后陈述和当事人的最后意见。依照我国刑事诉讼法规定，审判长在宣布辩论终结后，被告人有最后陈述的权利。民事诉讼法也要求法庭辩论终结后，审判长按照原告、被告、第三人的先后顺序征询各方最后意见。对这些最后陈述和最后意见，应当将其要点记明。三是记明民事案件的调解情况以及是否达成调解协议。

（3）评议。在刑事案件被告人最后陈述后，审判长宣布休庭，这时合议庭进行评议。民事案件调解不成的，应当及时评议、作出判决。因为评议要另行制作评议笔录，法庭笔录只须简要记明"合议庭休庭评议"即可。

（4）宣告判决。书记员应将审判长宣布的判决结果逐项记入笔录。当庭判决的，应将宣判后当事人对判决的意见、是否提出上诉、公诉人有何意见等详细记入笔录。定期宣判的，则另行单独制作宣判笔录。

3. 尾部。尾部是当事人和其他诉讼参与人签名或盖章，审判员、书记员签名。

（1）法庭笔录中的证人证言部分，应当当庭宣读或交给证人阅读。证人在承认没有错误后，应当签名或者盖章。当事人认为记载有遗漏或者差错的，可以请求补充或者改正。

（2）由审判人员和书记员签名。法庭笔录经审判人员阅读后，由审判长或者审判员和书记员签名。

（五）注意事项

1. 做好庭前准备工作。书记员要想做好法庭笔录，首先要做好充分的庭前准备工作。开庭前应详细阅读案卷，熟悉案情。将涉案的人物、地名、物品名称、当事人的方言土语等熟记在心，方便记录；了解审判员的庭审提纲，做到心中有数。首部的特定事项，在开庭准备过程中逐一填写清楚。庭审时要有配合意识，对审判员要求当事人重述的内容，应心领神会地加强记录，尽量保持记录速度与庭审速度的一致性。

2. 抓住关键，详略得当。法庭笔录讲求内容客观全面，同时要求突出重点。记录时要抓住案件关键问题，处理好详略。在全面记录法庭各项审判活动的基础上，根据不同案情、不同审判阶段的内容，分析其实质性、关键性的言论，详细具体地加以记录，尽量记原话，并做到详略得当。法庭调查要重点记明对事实和证据的核实、质证，当事人、被告人对问题的回答和陈述应重点记录；法庭辩论阶段要详细记录双方各自提出的观点、理由和法律依据；而对反映程序性事项、起诉书、公诉词等法庭已有的文件，应从简记录。辩护人、代理人对案件的分析和对政策法规的解释等只记要点。

3. 注意程序，完备手续。法庭笔录应注重反映庭审活动的程序合法性、公正性，必须忠实记录审判活动的全过程。从核对当事人、宣布案由、宣布审判人员、书记员、公诉人、辩护人、诉讼代理人、鉴定人和翻译人员名单、告知当事人诉讼权利义务、是否申请回避、法庭调查、法庭辩论到法庭宣判，每一个环节是否依据法定程序进行均有所体现，是笔录的重要功能。法庭笔录应当当庭宣读或给当事人、其他诉讼参与人阅读后签名盖章。

（六）项目评价标准

1. 能够熟练掌握法庭笔录的格式，能够通过亚伟速录软件生成模板，并根据需要对常用词进行造词与自定义。

2. 能够结合案例，利用已生成的模板，按照规范格式，完成所需要的文书写作。

七、合议庭评议笔录

（一）概念

合议庭评议笔录，又称评议笔录，是审判长宣布休庭后，合议庭组成人员对经过法庭审理的案件从事实、法律适用和如何处理等方面进行评议，依法作出裁决或者提出处理意见的文字记录。

《刑事诉讼法》第184条规定："合议庭进行评议的时候，如果意见分歧，应当按多数人的意见作出决定，但是少数人的意见应当写入笔录。评议笔录由合议庭的组成人员签名。"《民事诉讼法》第42条规定："合议庭评议案件，实行少数服从多数的原则。评议应当制作笔录，由合议庭成员签名。评议中的不同意见，必须如实记入笔录。"

根据上述法律规定，凡是组成合议庭审判的案件，必须进行评议，同时必须制作评议笔录。评议笔录是评议过程和结果的客观记载，记录了合议庭各成员的讨论意见及评议结论，是制作裁定书、判决书的依据。如果合议庭无权决定，须报请上级讨论审批的，评议笔录还是上级审批案件时必须查阅的文字依据。因此，评议笔录是具有法律意义的重要文书。

（二）格式

合议庭评议笔录（第　次合议）
（刑事案件用）

时　　　间：＿＿＿年＿＿＿月＿＿日＿＿＿时＿＿＿分

地　　　点：＿＿＿＿＿＿＿＿＿＿＿＿＿＿＿＿＿＿＿＿

合议庭成员：审判长：＿＿＿＿＿＿＿＿＿＿＿＿＿＿＿

审判员（人民陪审员）：＿＿＿＿＿＿＿＿＿＿＿＿＿

书　记　员：＿＿＿＿＿＿＿＿＿＿＿＿＿＿＿＿＿＿

评议＿＿＿＿＿＿＿＿＿＿＿＿＿＿＿＿一案

记录如下：＿＿＿＿＿＿＿＿＿＿＿＿＿＿＿＿＿＿＿

（三）文本范例

合议庭评议笔录

时间：2006年3月21日

地点：本院

合议庭成员：审判长李××，人民陪审员左××，麦××

书记员：吴××

评议：被告人张××抢夺一案。

评议记录如下：

长：被告人张××抢夺一案已开庭完毕。本案的争议焦点主要是被告人的行为是盗窃还是抢夺。根据被告人的供述，是他乘被害人不备之机，盗得被害人的手机。在盗窃得手后，被害人仍然未发现，只是后来他在逃跑时被发现才被抓获。而被害人则陈述是被告人乘其不备抢走其放在腰间的手机，他当即发现并追赶，后在公安人员的协助下将被告人抓获。这一情节，便衣公安人员蒋××亦予证实。我的意见是既有被害人指证，也有证人证实被告人实施的抢夺行为，可以认定。

左：同意审判长的分析。被告人的陈述有明显的避重就轻嫌疑，不应采信。

麦：同意审判长的意见。被告人说自己在盗窃得手后走出十多米，仍一边走一边回头看被害人，看到被害人察觉被偷手机后他才逃跑，这不符合常理。

长：既然合议庭一致认定被告人的抢夺行为，现在合议一下量刑。赃物价值人民币1137元，属数额较大，在3年以下有期徒刑内量刑。被告人没有法定从轻从重情节，我建议以抢夺罪判处被告人有期徒刑1年3个月，并处罚金1000元。

左：同意。

麦：同意。

合议庭一致意见：

被告人张××犯抢夺罪，判处有期徒刑1年3个月，并处罚金1000元。

审判长：李××

陪审员：左××

陪审员：麦××

二〇〇六年三月二十一日

（四）制作要求

合议庭评议笔录由首部、正文、尾部三个部分组成。

1. 首部。笔录包括标题、笔录特定事项和案由。因为笔录要附卷备查，所以标题直接写"合议庭评议笔录"即可，而不必冠以机关名称。在标题下行，分别依次分行写明：评议的时间、评议的地点、合议庭成员（审判长、审判员、人民陪审员）、书记员等。另起一行写案由，第二行写"记录如下："。

2. 正文。正文应记明评议情况和评议结论两方面的内容。评议情况首先要记明主持评议的审判员或审判长说明的评议方法、评议重点和要求；其次要详细记录合议庭组成人员依次发言的内容。评议结论是合议庭对案件经过充分的讨论和研究后，由合议庭主持人对讨论的意见作最后的归纳，根据多数人的意见所作出的决议。评议结论应记明事实的认定、性质的确定、适用的法律和具体处理意见。如一审刑事案件评议笔录主要记明：①对案件事实和证据的认定；②对被告人行为性质的认定。即认定被告人是否有罪，有罪的要确定是什么罪名以及有关量刑情节的认定；③对被告人的处理决定；若认定被告人有罪，是科处刑罚还是免于刑事处分，科刑则科以何种刑罚，有无附加刑，是否数罪并罚，是否适用缓刑等；④附带民事诉讼的处理、赃物、证物的处理等；⑤适用的法律依据。再如对一审民事案件的评议笔录主要记明：①对争议事实和证据的认定；②对争议性质、是非责任、权利义务、合法与非法等的判定；③当事人争执的焦点和法院的处理决定；④适用的法律依据；⑤对事实不清、证据不足采取何种措施等。行政案件除应记明被告作出的具体行政行为情况外，其他内容与民事案件近似。二审、再审、复核案件的评议，除了还须记明原判决、裁定的意见外，主要记录对原审判决的评议、对上诉或抗诉理由的评议、二审的处理决定及法律依据。

3. 尾部。尾部由合议庭组成人员和记录的书记员签名或者盖章。

（五）注意事项

1. 如实记载评议过程。这是评议笔录的生命之所在，也是其能否发挥功用的关键。制作时要按发言顺序如实记录评议过程，特别要抓住案件的事实、证据、定性、处理等重大问题以及评议中的不同意见作详尽记录。记录时尽量使用原话，以保持原意。不能只记只言片语，断章取义，甚至歪曲原意。

2. 平等对待评议发言。合议庭评议案件和作出决定时，各成员享有平等的权利，都可以自由发表意见。审判长、审判员或者人民陪审员，不论是谁的发言，都要一视同仁，不能只对担任审判长的院长、庭长的意见加以详细记录，而对审判员或人民陪审员的意见就简要概括地记录。应当按照法定的民主集中制原则，在根据多数人的意见形成评议结论的同时，如实反映少数人的不同意见及其理由，以供备查和上级法院参考。

3. 妥善保管评议笔录。对评议笔录要注意保密，根据有关规定，当事人、诉讼代理人、辩护人均不得查阅。笔录制成后，按规定入卷，妥善保管。遇有发回重审等情形，代理人、辩护人要求阅卷时应特别注意这一点。

（六）项目评价标准

1. 能够熟练掌握合议庭评议笔录的格式，能够通过亚伟速录软件生成模板，并根据需要对常用词进行造词与自定义。

2. 能够结合案例，利用已生成的模板，按照规范格式，完成所需要的文书写作。

3. 根据学习内容，建立自己的专属词库。